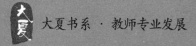

大夏书系·教师专业发展

把课堂还给学生
——如何构建理想课堂

徐洁 著

华东师范大学出版社
全国百佳图书出版单位

图书在版编目（CIP）数据

把课堂还给学生：如何构建理想课堂/徐洁著.—上海：
华东师范大学出版社，2017
 ISBN 978-7-5675-6657-6

Ⅰ.①把… Ⅱ.①徐… Ⅲ.①课堂教学—教学研究 Ⅳ.① G424.21

中国版本图书馆 CIP 数据核字（2017）第 168757 号

大夏书系·教师专业发展

把课堂还给学生
——如何构建理想课堂

著　　者	徐　洁
责任编辑	卢风保
封面设计	淡晓库
出版发行	华东师范大学出版社
社　　址	上海市中山北路 3663 号　邮编　200062
网　　址	www.ecnupress.com.cn
电　　话	021-60821666　行政传真　021-62572105
客服电话	021-62865537
邮购电话	021-62869887　地址　上海市中山北路 3663 号华东师范大学校内先锋路口
网　　店	http://hdsdcbs.tmall.com
印 刷 者	北京季蜂印刷有限公司
开　　本	700×1000　16 开
插　　页	1
印　　张	17
字　　数	260 千字
版　　次	2017 年 9 月第一版
印　　次	2024 年 12 月第二十一次
印　　数	50 101－51 100
书　　号	ISBN 978-7-5675-6657-6/G·10480
定　　价	42.00 元
出 版 人	王　焰

（如发现本版图书有印订质量问题，请寄回本社市场部调换或电话 021-62865537 联系）

目录

序一　课堂还给学生，教育返璞归真 / 7

序二　做课堂教学改革的筑路人 / 11

前言　深化课堂教学改革的走势与期待 / 15

第一章　课堂教学的内在教育使命

> 理想课堂指的是着眼于学生终身发展，顺应学生心理发展规律与学习材料的逻辑顺序，原汁原味地反映教学本质，自然本真、充满智力挑战、情趣盎然，激扬智慧、释放潜能、润泽气质、点化生命，使学生和教师内在生命活力得到充分展示的课堂。

第一节　必须警惕的课堂乱象 / 003

第二节　从"教学"走向"教育" / 016

第三节　让课堂点化与润泽生命 / 023

第四节　课堂成全生命的意义 / 027

第二章　基于评价的逆向教学设计

> 这种教学设计的最大特点就是即时评价或称嵌入式评价，也就是课堂评价是如影相随在学习目标、课堂问题、课堂活动之中的。评价过程、教学过程、学习过程同行并进，也称之为"教学评一体化"教学设计。这不仅有利于学生深度学习，而且有利于学生产出学习成果，提高学习成效。

第一节　基于评价的课堂教学流程设计 / 037

第二节　基于评价的课堂学习目标设计 / 047

第三节　基于评价的课堂问题设计 / 057

第四节　基于评价的课堂活动设计 / 066

第三章　教学方法的选择艺术

> 教始终是围绕着学进行的，学生的学是教学的依据，学情的掌握是教师教学的起点。千百年来流传下来的"教学法"，各有各的优势与不足，只有遵循教学的内在规律才能运用自如。

第一节　教学方法的分类与特点 / 077

第二节　教无定法，条条大道通罗马 / 079

第三节　正确对待讲授法教学 / 089

第四章　让学习在课堂上真实发生

> 全世界的课堂正在从"教授的场所"走向"学习的场所"，要让学生站在课堂的中央，让学生真正做学习的主人，让学习在课堂上真实发生。

第一节　谨防学生"习得性无助"现象 / 097

第二节　让学生站在学习的最前端 / 101

第三节　让学生获得学习本身的乐趣 / 108

第四节　正确理解学生是学习的主人 / 116

第五章　如何有效组织合作学习

> 自主、合作、探究是一个链条上的几个重要的相互关联的环节。合作学习中出现的一系列问题让不少老师措手不及。于是，有人怀疑合作学习的有效性，有人不再敢使用合作学习，有人对学校推行合作学习怀有抵触情绪……那么，如何正确认识合作学习，又如何破解实践中出现的不尽如人意的情况呢？

第一节　合作学习的独特价值 / 123

第二节　生命周期：破解合作学习谜团 / 127

第三节　合作学习中的学生抢答管理 / 131

第四节　省思小组合作学习弱势群体 / 135

第六章　如何引领学生深度学习

> 深度学习是主动的有意义的学习，注重理解，以反思性、批判性、审辩式思维能力培养为目标，有利于知识的迁移与应用，在解决问题过程中培育创新素养。那么，如何引领学生进行深度学习？

第一节　深度学习：教师应率先垂范 / 143

第二节　提高学生注意力促进深度学习 / 148

第三节　提升思维质量促进深度学习 / 150

第四节　走向深度学习的结构化学习 / 158

第七章　如何演绎课堂精彩生成

> 预设要求教师充分备课，不仅需要教师有丰厚的学养作支撑，还需要有效地开发课程资源。生成则靠教师的教育智慧。课程资源开发让预设这个静止的蓝图更精美绚丽，生成则是流动着的变幻莫测的画卷。

第一节　在充分预设中精彩生成 / 171

第二节　深入学科内部挖掘生成资源 / 187

第三节　结合学习内容特点达成精彩生成 / 197

第八章　如何巧用反馈评价提升课堂质量

> 课堂是师生活动的主要场所，课堂评价是提升课堂教学质量的有效手段。课堂评价能够反映出教师的语言艺术、引导艺术、激励艺术等各种教学艺术，是教师教学机智的集中体现。那么，如何巧用这门艺术提升课堂教学质量，促进学生更好地成长呢？

第一节　对学生的课堂评价艺术 / 207

第二节　反馈评价：课堂教学的制胜手段 / 216

第三节　在观评品鉴中提升课堂教学质量 / 223

第九章　"互联网+"时代如何变革课堂

> 互联网思维作为一种新的思维方式，成为当今教育的重大挑战，将对教育产生深远影响，这意味着中国教育正进入到一场基于信息技术的更伟大的变革之中。"互联网+"时代的到来，到底让教学改变了什么？

第一节　课堂：为创客式学习者设计 / 231

第二节　互联网到底让教育改变了什么 / 239

第三节　互联网背景下的教学基本功 / 246

后记　为本真课堂而歌 / 249

序一 PREFACE

课堂还给学生，教育返璞归真

多年来，我一直在呼吁要敢于直面"真教育"，尊重规律、实事求是办教育。我欣慰地看到徐洁老师不只是鲜明地提出了"把课堂还给学生"，还阐述分析了"还给学生什么""还了之后要怎么做"。这是从学生为本的立足点出发，旨在让学生做课堂的主人，让教育返璞归真的正途。那么，到底要还给学生什么？让教育归真到何处呢？

一、还学生做人之道，回归育人本位

黎巴嫩诗人纪伯伦曾经说过一句令人深思的话：我们已经走得太远，以至于忘了为什么而出发。

我们的教育不能忘了为什么出发，必须尽快回到育人为本的轨道上来。

长期以来，我们对教育本质功能的认识存在许多偏颇。对于国家社会经济发展而言，人们一味地强调教育的人力资本功能；对于家庭和学生的未来而言，人们一味地强调教育为改变命运服务。其实，教育的功利性功能的实现，都离不开学生自身发展的本体性功能。没有学生的健康成长、个性发展，这一切都是缘木求鱼。

培养人是学校教育的根本任务，让每个学生健康成长是中国教育内涵发展的根本标志。中国教育必须走出狭隘的教育工具论的桎梏，一切以促进学生的健康成长为依归。

在徐老师眼里，"课堂，一个教师和学生生命长河天天流淌着的地方，一个充满着众多生灵喜怒哀乐的地方，一个从灵魂深处氤氲着丝丝甘泉滋润精神家园的地方"。从书中的字里行间可以读出徐老师始终牢记育人之本，把"教学"上升到"教育"，把"教做人"融入"教知识"。从课堂的整体设计到琐碎细节，从精心预设到精彩生成，再到合作学习中的人际交往能力、合作精神培养等，都是对学生的人格培育、德性养成和对生命的尊重，都在践行课堂的内在教育使命。教师要同时承担起教书与育人的双重责任，这样的教师才能真正引领学生对学习、对教育产生强烈兴趣，使学生以自己的高峰体验为基础，产生对学校的爱，对教师的爱，对学习的爱。德育引领下的智育，才更能培养出完整意义上的人。

二、还学生尊重科学，回归学习本质

教育的科学精神，首先是一种理性精神。对于教育现象的认知和实践，必须摆脱盲从和愚昧。其次，对教育规律要具有敬畏之心。教育必须遵循人的身心发展规律、人才成长规律、教学规律和教育规律。再次，教育教学改革和发展必须依靠教育科学。教育作为一门科学，包括教育史、教育学、教育心理学、认知科学、学习科学等等，在教育教学实践中，尊重教育科学是教师必须遵守的专业伦理。

学习是学生个人的事情，任何人不能代替。当教学被当作一种简单的知识传递时，它便不能引发学习，甚至还会阻碍学习。这本书中所写的那些真实的故事很"雷人"：挤占音体美课的语文老师，辛苦付出，学生却恨不得把其工资扣光光；"懒"老师竟然盖过"勤"老师；优秀教师竟然用自己的上课时间与学生一起玩；教游泳的教练竟然不下水……年复一年，日复一日，我们勤奋工作、我们兢兢业业、我们执著奋进，在"脚踏实地"的同时，还要"仰望星空"认真反思：日常教育教学行为都符合人的学习本质吗？都尊重学生成长与身心发展规律了吗？我们脑海中的一些自命真理是不是真正经得住推敲？卢梭在《爱弥儿》中说："让孩子产生学习欲望，那么一切方法都会是好的方法。"那么，扼杀学生学习动机的任何急功近利的行为都会阻碍学生的学习进程。想办法让学生本人认识到自己的成长，才更容易激发学生的学习动机。书中所述理想课堂，从"以教为中心"转移到"以学为中心"，学生站在了课堂的中央，学生是"小先生"，以审辩式思维、创新性思维进入深度学习，学习真正在课堂中发生。师生是成长共同体，教学评一体化成为改进教学的有力手段，互联网让大课堂建设如虎添翼。事半功倍、轻负担高质量，在信息社会的今天，掩卷沉思，不可否认，这可以是真的现实，现实的真。

三、还学生终身发展，回归精神成长

我把着眼于人的物质力量培育的教育，称为"物质人教育"；把着眼于人的精神力量培育的教育，称为"精神人教育"。

所谓"物质人教育"，从教育价值定位上讲，要更多强调教育的人力资源开发功能；从教育内容上讲，要更多地强调知识和能力教育；从教育的个人功用上讲，则应更多地强调教育改变个人命运、改善个人生活的价值。这种教育，突出的是人与外部世界的关系，是对人的物质力量的释放。

所谓"精神人教育"，从教育价值定位上讲，更多地强调教育的文化意义，特别是人文素养教育；从教育内容上讲，更多地强调人的德性成长和人文教育；从教育的个人功用上讲，更多地强调教育对自我成长的意义。这里，突出的是教育与人的内心世界的关系，强调修身与内省，释放的是人的精神力量。

我主张，每位老师都要回到原点看待自己的教育教学工作。这个原点包括以下五个要义：时代对人的要求，学生发展核心素养所要求的公民素养，学科对培养未来公民的独特价值，学科与学科史，学科教育史。这是每位教师必须具备的学科教育基本素养。本书正是从这个基本原点出发来构建理想课堂的，通过丰富多彩的学习活动和学科学习的兴趣、习惯与方法的培养去引领学生学习，尊重学生的独立人格和个体差异，调动学生内在的学习积极性，满足学生全面而有个性的发展，打造充满活力的课堂。

优秀教师，不仅关注学生的学业，更关注学生的人生。"人是思想的苇草"，优秀教师不啻于学生的人生哲学导师、精神领袖。书中我们可以读到如何让教师走进学生心灵的方法，如何让学生发自内心热爱学习的技巧，从而使人的创造性得到完全解放，把学生的特长发展成一生的最爱。

教育承担着一个国家、一个民族人的再生产的重任，是民族兴旺发达的基石。教育可持续发展的要义，不仅要求人们当下的发展不能以牺牲今后的发展为代价，而且要为今后持续的终身发展奠定基础，造就具有终身发展能力的人。精神成长的教育才真正还给学生终身健康发展的能力。

期盼课堂还给学生，教育回归本真，让人回到教育的中央。

张志勇

中国教育学会副会长，山东省教育厅正厅级巡视员、副厅长

序二 做课堂教学改革的筑路人

我第一次见徐洁教师大约是十五年前的事情了。那时我受山东省泰安市教育局邀请去参加一个教育活动。徐老师当时在泰安市泰山区教研科研中心做教科室主任，印象中，她对教育工作有着满腔热情，而且爱好写作。光阴荏苒，时隔多年，徐老师对教育的那份热情依然没变，爱好写作则又一次结出了硕果。我曾经出版过《叩问课堂》《课堂密码》《课堂方法》等著作，对课堂教学有过一些探索与思考。因此，对徐老师这本以课堂为研究主题的作品颇感兴趣。实现理念构架的课堂，造就理性设计的课堂，这既是教学理论研究者的学术理想，也是教育实践工作者追求的目标。徐老师在课堂中的悟道所得，我认为对每一位热爱教育的同仁都具有可兹参考的价值。

一、改革课堂教学需要道法自然

课堂不是一两节公开课，也不是一节节孤零零的课，而是一天一天学生和老师的生活，是生命的一种存在方式。我们追寻的课堂之道必须符合自然规律。

首先，自然之法就是不要把事情绝对化。有人认为学生参与讨论就是以生为本，教师满堂灌就是以师为本，这样的认知未免失于偏颇。如果教师没有准备好教学内容，或者教师对学生讨论的话题没有给予很好的引领，让学生参与讨论就是以师为本；如果教师觉得在某些知识点上非得自己来讲不可，那这样的满堂灌就是以生为本。

其次，自然之法讲究整体性与持久性。课堂不是作秀，一招一式不是花拳绣腿。要实现真正有质量的教学，教师不但要上好课，更要有把课堂联合起来的能力。在同一学科中，教师要关注如何把系统化学科知识拆成单一知识点来教，更要关注如何帮助学生把单一的知识点串成系统化的学科知识；教师不仅要关注如何把自己的学科教好，更要关注不同学生在不同学科间的切换与整合。

再次，自然之法要求回归真实的课堂。我很欣喜地看到这本书中大量的鲜活案例都是来自课堂的真实记录、感悟与思考，与作者自身的体验息息相关，案例的理论阐述也是作者基于实践的理性思考。这种田野研究的方式，呈现出课堂最自然最本真的状态。

二、改革课堂教学需要大道至简

我曾忧虑教学理论与课堂实践渐行渐远。事实上，即使教学理论违背课堂教学实践常识，或者对课堂教学效率的提高并没有直接的促进作用，也不影响教学理论自身理论价值的论证与存在；即使课堂教学实践违背教学基本理论，只要这种实践做法能够提高课堂教学效率，那么它的实践功能也可以弥补理论上的缺失。

本书在一定程度上对弥补这一缺憾有所助益。为什么？这得从作者的工作经历说起，徐老师曾在基层学校任教，在区级教学科研部门工作，分管市级课程改革工作，现在仍是一位站讲台的老师。中学高级教师与大学副教授的"双师型"教师身份，让她一只脚踩在教育实践的门槛，另一脚跨入教育理论的门径。作为一线教师，她深知教育实践的问题与症结，其中的苦与乐、失败与成功；作为教育理论研究者，她又能看到教育理论真正的意义与不朽的生命力。身在其中，让她有机会认识到教育理论与教育实践两者各自具有的巨大教育价值，有利于她在教育理论与教育实践之间架起桥梁，继而使二者走向融合。教育理论与教育实践原本需要相互沟通与理解，相互支持与呼应，我在浙江省海宁市高级中学做过几年校长，对此有一些切实的体验。

研究课堂教学首先得承认教师课堂体验的真实性，并且将教师的课堂体验作为教学研究的起点。改进课堂，大道至简的方法就是捕捉真实的课堂体验，包括对好的课堂体验的回味与提升，也包括对差的课堂体验的批判与反省，这是教师让自己的课堂体验变得好起来的基石。徐老师的这份书稿正是站在这样的基石之上。身在课堂的教师，不是一堂好课的复制者，也不是一堂好课标准的实现者，而是自我课堂的优化者。我曾与一些学校尝试"邀请听课制"来优化教师课堂实践水平。这种变"被动"听课为主动"邀请"的变革，使教师出于内在需求，更加自觉自愿地改进课堂。

三、改革课堂教学需要大道归一

我们不应该抽象地谈课堂教学问题，而应该长远地看待课堂教学问题。只有当我们从整个学科教学与学生全面发展的角度来看这一问题时，我们才有可能更加公正、更加科学、更加有效地审视具体的课堂教学。

大道归一就是归到学生的生命成长上。学科教师的责任不仅是教学，更是教育。我们必须重视学科教学的教育性，这是教师的天职。学科教师上完课，怒气冲冲地对班主任说："你这个班怎么没有几个学生爱学习呀！"班主任只好向学科教师表示歉意，然后再去教训那些"不听话"的孩子。出现这一幕给人的反思很多：很大程度上大家默认了学科教师并不对学生的学科兴趣负责的事实。

课堂教学是一种面向个体与人的发展的教学，作为学习主体的学生比学习内容更重要。上面谈到的以生为本和以师为本并不能以具体的行为为判断依据，而是要看整个学期教学、整个学科教学的过程与目的究竟是有利于谁，是否真的有利于学生的全面发展和可持续发展。

教师把学生的学习生活当作真实生活的一个部分，才有可能更好地帮助学生掌握学科知识，从而既实现学科知识的教育价值，又成就学生的全面发展，这也应该是学校教育的最终目的。只有如此，才能换来学生的全面发展，才能促进学生的长远发展。本书在第一章就论述了"课堂教学的内在教育使命"，而且这一精神贯穿于整本书，在这一教育思想引领下构建的理想课堂，正是大道致远的精髓所在。

以上为学习所得，视为序！

周　彬

华东师范大学教师教育学院院长、教授、博士生导师

前言 FOREWORD

深化课堂教学改革的走势与期待

多年来，课堂教学改革方兴未艾，未来将走向何处？深化课堂教学改革，必须有正确的方向，有效的措施，科学的路径。教学内容如何改变？教学形式怎样多元？教学手段何以革新？……对于课堂教学这门高深而迷人的艺术，我们一直没有停止求索。21世纪的高度网络化和各项技术的快速发展，为课堂教学改革带来了机遇。我认为在课堂教学变革中如下三方面是现在与未来应关注的焦点问题。

一、基于核心素养培育的学生整体性发展

2014年，教育部印发了《关于全面深化课程改革 落实立德树人根本任务的意见》，把"核心素养体系"作为一个重要方面提出来，指出：核心素养是学生应具备的适应终身发展和社会发展需要的必备品格和关键能力，

突出强调个人修养、社会关爱、家国情怀，更加注重自主发展、合作参与、创新实践。2016年9月13日，《中国学生发展核心素养》研究成果在京发布，核心素养以培养"全面发展的人"为核心，分为文化基础、自主发展、社会参与三个方面，综合表现为人文底蕴、科学精神、学会学习、健康生活、责任担当、实践创新六大素养，具体细化为国家认同等18个基本要点。核心素养指学生通过受教育所形成的解决问题的素养与能力。学生学习的目标指向人的发展核心素养和形成学科核心素养。从"知识"目标，到知识与技能、过程与方法、情感态度与价值观的"三维目标"，再到"核心素养体系"，这体现了育人目标的不断发展。核心素养具体阐述出所培养人的标准和要求，使学校对"培养什么样的人"形成了更明晰的认识。由此，课堂教学的目标指向了学生核心素养的培育，这样的课堂本质目标是育人。这使教学从学科中心转向对人的整体发展的关注。同时，从学科本质出发确立学科素养，基于学科素养整合学科教学内容，进而研究学业质量评价标准。教学过程不再仅强调知识和技能，更注重获取知识和技能的能力。课堂教学从机械学习走向了有意义学习，从学科学习转向了跨学科学习，从知识、技能走向了综合素质。

二、基于课程整合的教学内容融合创新

现代人文、社会、科学学科的发展趋势是注重学科领域间的融合，这就需要学校在课程整合方面发挥协调和管理作用。课堂教学改革始终与课程改革相伴而生，相互促进。课堂教学改革只有放在课程的视野下去审视与革新，才有可能发生本质变化。仅改变课堂教学手段和形式，就好比吃营养餐，配方没有变，无论是花卷、馒头或面条，吃下去效果都一样。只有改变了营养餐的营养成分，也就是只有解决了教学内容问题才能从根本上提升课堂教学质量。课程整合就是改革课堂教学内容的有效措施。当前教育背景下，教育内容与方法以考试为本，机械训练与死记硬背现象还顽固地存在着，中小学生的课业负担相对比较重。伴随着各种课程资源的不断研发，人们的信息来源日益丰富。这对教师和学生来说都是挑战。教师应该有敏锐的

第一章

课堂教学的内在教育使命

导读

　　课堂，一个教师和学生生命长河天天流淌着的地方，一个充满着众多生灵喜怒哀乐的地方，一个从灵魂深处氤氲着丝丝甘泉滋润精神家园的地方。理想课堂指的是着眼于学生终身发展，顺应学生心理发展规律与学习材料的逻辑顺序，原汁原味地反映教学本质，自然本真、充满智力挑战、情趣盎然，激扬智慧、释放潜能、润泽气质、点化生命，使学生和教师内在生命活力得到充分展示的课堂。

第一节　必须警惕的课堂乱象

现实教学中，我们对一节好课的评价标准存在一定误解。当这个基本性的问题出现偏差的时候，课堂教学的导向就走偏了。我通过真实的课堂教学案例来分析课堂教学中的一些乱象。

一、行云流水般的顺利课

我经常到中小学去听课，曾听一位省数学优质课一等奖获得者执教一节高中数学课，学生被安排在了多媒体录播室上课。

听完课后，照例进行研讨。我问执教教师："课上完了，自己感觉怎么样？"

30多岁、充满朝气、美丽大方的女老师脸上明显洋溢着得意之色，但她微笑着，说得相当谦虚："感觉挺顺的。还是想听一听专家的意见。"

评课，我有自己的原则，一般对年轻老师，总是秉持积极鼓励精神，先要表扬优点，树立其信心，然后才指出缺点。而对这位老师，一则评课时间比较短，二则与其相对熟识，于是我就"单刀直入"，说："你这节课的问题恰恰就是出在一个'顺'字上，行云流水一般，太顺了，顺得不可思议。每一个上黑板做题的学生都做得非常正确，每一个回答问题的学生都回答得相当完满，老师始终讲表扬鼓励的话，没有发现一个问题。设若真是这样，老师教的知识学生都已经学会了，那么上这节课的意义何在呢？"

而真实的情况是怎样的呢？我拿出自己观察课堂记录的内容逐条给执教老师看：

1. 第一排第二位学生出现的错误……

2. 第二排第四位学生出现的错误……

3. 第三排第一位学生出现的错误……

4. 第四排第三位学生出现的错误……

5. 第五排第六位学生出现的错误……

6. 第六排第五位学生出现的错误……

……

会的学生自然会,不会的学生还是不会。课堂教学的效率从何谈起?

女教师先是一愣,后来脸色开始变得严肃,再后来,她这样说:"我平常上课不是这样的,我会到学生中去关注一下他们的情况,今天有些特殊。"

"为什么今天有些特殊?"

"因为您来听课。"

我笑了:"不要说我这样的小人物来听课,就是教育部的领导来听课,上课的立足点也应该是关注学生学习的真实情况。"

遗憾的是,类似的课堂在我的听课生活中还是会不断地遇到。我们所要听的是真实的课堂,而不是作秀的课堂。"外行看热闹,内行看门道",真正懂得上课的老师,课不是上给别人看的,而是实实在在地为学生学习解决问题。有些高效的课堂其实是不流畅的:学生不断出错,语言表达并不流利,学习水平偏下的学生不断地上台展示。教师不得不改变先前的预设来应对这些突如其来的情况,反而异彩纷呈。

二、教学目标内容的偏差

课堂教学内容越来越引起老师们的重视。教学内容既为达成教学目标服务,又是教学方法的依托。课堂上,如果教学内容偏离了主旨,错位、失当,那么,教学效果就要大打折扣了。

一教师执教《塞翁失马》,有学生提出了一个问题:塞翁丢失的是公马还是母马？教师感觉这是一个很好的课堂生成资源，兴奋地抓住这一"可笑"的问题让学生讨论。结果一堂课就在争论"马的公母"中过去了。

这堂课存在什么问题呢？

教师的教学内容与学习目标错位了。教师应整体设计课堂教学，包括学习目标、学习内容、教学结构、教学方法等。一堂课的教学内容应该相对集中，这样，才能在有限的时间里完成好任务。

一教师执教《只有一个地球》，学生初读课文后，教师问："同学们，此时你心中有什么滋味？是不是觉得酸酸的、甜甜的、苦苦的？"结果，有的学生说酸，有的学生说甜，有的学生说苦，杂乱无序。学生说得多，想得少，表面热闹、活跃，却缺少思维的力度和触及心灵深处的精神愉悦。

这个教学片段的问题又是什么呢？

显然，这位教师对文本解读不够透彻，思维表面化，缺乏应有的深度。教师设计了一个引学生误入歧途的问题，致使"以其昏昏"，难以"使人昭昭"。执教教师设计的问题指向过于集中，直接束缚了学生的思维。教学内容应具有一定的开放性，给学生留出思考的余地，引领学生的思考向更深、更广处推进。

一节高二语文《蜀道难》，整个教学过程，老师采取的是学校推行的学生自主探究教学模式，学生按照小组讨论的方式围坐在一起。听课者本来对本节课是抱有较大期望的，然而，随着课堂教学的推进，则完全不是那么回事了。学生围坐的形式仅是摆设而已，教师接下来的授课仍然是老套的方式。

教师首先出示了这节课的学习目标：

（1）了解李白的生平和创作。

（2）通过诵读，体会作者的思想感情。

（3）鉴赏诗歌的艺术特色。

教师出示的目标，如果把"李白"随便改成别的作者则可以作为任何诗歌教学的通用学习目标。也就是说，这一目标根本就不是根据学情，不是参照课程标准确定的，缺乏应有的个性特色和实际操作价值。

教师在介绍作者李白的时候，顺便介绍了一下杜甫，并提出一个问题：

"杜甫的风格如果用一个词来概括的话，应该用哪个词？"下面的同学默不作声，教师又进行了追问，仍然没有人回答。这时，教师自己说："这个词就是'沉郁顿挫'。"教师并没有板书出这个词，然后就开始进行下面的内容。整个过程学生的表情木然。可见，在这里，教师讲了等于没讲，白白地浪费了时间。

教师叫起一位同学朗读，评价说读得特别不好，但没有指出这位同学什么地方读得不好，应该怎么读。教师自己也没有范读，而是通过多媒体设备播放了一段名家朗读，这样一来，学生的朗读相形见绌。我发现，这位朗读的同学一直垂着头，情绪受到打击。

接下来，按照事前编制的学案要求，教师让同学们分成六组分别讨论学案上出示的六个问题，也就是一个小组讨论一个问题，讨论完后，每个小组选出一个人到黑板上把问题的答案板书出来。这个环节占用了很长时间。

每小组都有一位同学到黑板上去板演，同学们非常认真。我发现，有一位女生为了把答案写正确，在黑板上修改了好几遍。接下来是学生自己进行点评。令人惊奇的是，学生们写在黑板上的答案都是完全正确的，因此，这个环节进行得异常顺利。为什么会出现这种情况呢？原来，学生们的手中都有一份教辅资料，学生们是直接抄答案。

有的题目，学生说完答案，教师并不放心，而是自己又把所谓的"标准答案"重复了一遍。

三、课堂气氛沉闷，难有精彩生成

这是一节初一的语文课，学习朱自清的《春》，教师的基本素质非常好，整堂课设计得可圈可点。教师用温馨提示语引领学生学习：

读完这篇课文，我仿佛看到了……
读完这篇课文，我仿佛听到了……
读完这篇课文，我仿佛感受到了……

教师注重对学生的朗读指导，组织了小组学习，让学生展示小组讨论成果。教师使用了很多手段，但是，课堂氛围仍然是沉闷的，学生明显表现出紧张、拘束。

或许这是因为有外来者在课堂上听课造成的，但是，深入分析，背后还是有很多原因。我与教师进行了座谈，教师自己很茫然，不知道问题到底出在哪里。

我尝试作如下分析：

（1）教师没有对教学内容进行深刻理解，没有设计出开放性的能够激发学生思维能量的问题，这是难有精彩生成的主要原因。要想设计出得当的教学内容，教师要站在课程的角度看课堂——并不是一节节独立的课，而是一个整体。教师要努力在整体的框架中，看到一节课在一个单元以及整册教材中的地位与意义，对每篇课文的侧重点有一个全局把握。教师必须充分备课，深入钻研，透彻理解教材，完成对文本的感知、理解、感悟。教师要掌握文本细读的本领，以自己的细读引领学生的细读，以自己的细读体验唤醒学生的细读体验。教师不能做一个放任自流的旁观者或毫无价值倾向的中立者，而是要发挥引领作用，引导学生与文本（或作者）进行对话。

（2）规定过死，禁锢了学生的思维。如，温馨提示：_____图中，_____写得美，因为它用_____的修辞方法从_____角度（感官）写出了_____的特点。

（3）教师想在一堂课上解决太多问题，面面俱到。文中描写的六幅图平均用力都要讲完，事实上每个小组的发言雷同，基本上都是把课文读一遍，有的学生直接在搬辅导书上的句子。

（4）教师没有深刻了解到学生的学习需要。没有注重对重点词句的深入涵泳，重点词句教师应该强调或者用红笔画出，读的时候注意抑扬顿挫，提醒学生这里是需要重点品味的地方。学生展示时可让学生到讲台上来，给学生更大的空间和舞台。

（5）缺少对学生学习的正确评价。评价是引领与指导的过程，也是激励学生学习的过程。

（6）教师对课堂的自我反思改进能力不足，不能在先进教育理念指引下驾驭课堂。这其实是教师整体专业素养缺失造成的。教师本人很想有所进步，而培训与学习机会不足，限制了教师的专业发展。

四、教与学之间的距离

在现实课堂中沉浸得太久了，对传统课堂的弊端，我们会浑然不觉。

李老师是生物学硕士，专业能力特别强，如下是他执教一节课的片段，我们会得到什么样的启发呢？

师：同学们打开课本第 23 页，我们来学习"建立减数分裂中染色体的模型"。我们一起来讨论"精细胞""卵细胞"。

接下来教师进行了一段很有深度、很有激情的讲授，然后让同学们画出这个减数分裂中染色体的模型。两个同学到黑板前去画，一个错误是大小错，另一个错误是方向错。教师纠正。

然后再让两个学生去画，然而也出现了错误，其他同学已经无事可做。

教师要求学生对照课本看一下答案是否正确，然后问了一系列问题：同学们，精细胞模型是不是这样？我们可不可以这样来看待？画出模型一定要结合细胞特点对不对？这样画是不是符合它们的特点？这样画是不是就错了？以后我们是不是要这样画？以后我们是不是不能这样画？看，老师画的对不对？好，我们学习下一个内容。

分析一下这个案例，这位教师讲课的优势是：讲授系统条理、讲练结合。但存在着明显不足：教师的教和学生的学的脱节；表面互动与学生生命状态的游离；合作互动的缺失；实践性学习的缺失。

下课后，我问其中一个学生是否画了模型，答：没画；再问，答：不会；再问，答：课下问同学。至于这位同学课下是否去问同学则不得而知。即使去问了，课堂上没有弄懂的问题，课下又能有多少时间去搞明白呢？这不是太低效了吗？

在这样的课堂上，教师认为自己教了，但是教师的教与学生的学是有距离的，教师教过了，并不代表学生学会了。

五、学生"被泣不成声"的课堂

我从来不反对情感在教育中的重要作用,也赞同在教学中调动学生的情感因素开展教学工作。但是,在现实的课堂上所捕捉到的三个画面还是让我对情感教学有话要说。

画面一:××感恩教育全国巡回演讲会在××学校隆重举行,3000多名师生及家长聆听了号称感恩教育终身推广第一人的某老师持续近3个小时感人肺腑的演讲。该老师先是深情回忆了自己从穷苦孩子走向成功的历程,深情追忆父母恩情;然后又朗读了极具感染力的母爱内容的诗歌,讲了几个感人至深的父母爱子故事;接着,在《感恩的心》的动人旋律中,全体同学低下头,闭上眼,体味父母的艰辛付出,早有人流出了眼泪;音乐中,该老师又设计了孩子与家长含情脉脉四目对视,家长与子女拥抱等环节。学生、家长泣不成声……

画面二:有位语文名师为近千名教师上了一节示范课,他先让学生在一张纸上写下这个世界上自己最爱的五个人。然后他说:这是你最割舍不下的五个人,拿起笔,划掉一个,划去一个等于这个人不存在了。有学生提出能否不划时,老师说:我很理解你的心情,这个世界难以割舍的是亲情,但必须放弃。这个学生哭了。第二次拿起笔时,哭的孩子更多了。第三次划时,老师要大家讲出自己的感觉。一个孩子说,当划去妈妈的时候,我仿佛把自己生命的一部分划去了。当学生最爱的亲人都被划去时,老师问:留给你的是什么?学生有的说留给自己的是一片黑暗,有的说是生不如死的感受。教室里哭声一片……

画面三:我们曾组织全区新道德优秀主题班会展评活动,有的课的主题是感恩父母。老师先用多媒体渲染氛围,然后深情地配乐朗诵有关爱父母的诗歌,并引导学生也参与了朗诵。随后,启发学生述说自己与父母之间的亲情故事,学生说了父母守在自己的病床前,说了父母患病在身还要照顾自己,说了父母工作非常不容易等等。几个女学生痛哭失声……

人是感情动物,这样的画面使任何一个看到的人都为之感动。感动之余,我也进行了一点冷思考:为什么总有人利用亲情,去触动学生那根最柔软的神经？亲情是一种自然的感情，为什么非得放在大庭广众之下晾晒？这样的感恩教育能不能保持持久？

"画面一"中类似的视频可以从网上搜到许多，"感恩教育巡回演讲老师"也如雨后春笋般不断出现，称号也冠冕堂皇，足以唬人，有的视频上还附有联系电话。德育教育在当前备受关注，推动学校感恩教育无可厚非。现实中，演讲人作完报告开始卖光盘和书时，学生们又恢复了相互攀比的心态，吵嚷着让家长买书和光盘，把刚才受教育的事丢到了脑后。另外，东方人的感情是以内敛为特点的，我们不习惯像西方人那样时时刻刻告诉父母"我爱你"，父母也少有经常在孩子耳边说"我爱你"的。其实，亲情之爱是一种天然的感情，哪一个父母与子女之间又不存在爱呢？纵然有的学生一时不懂得感恩父母，可以采取多种方式教育他们，不见得张扬得如此兴师动众、声势浩大。

"画面二"采用这种残酷的抉择方式对小学生来说是不是有点"狠"？这样的教学设计，似乎违背了生命教育中与青少年身心发展一致的原则。"珍惜亲情"这样的主题是好的，如果讲课人不是为了追求所谓的讲课效果，何必如此煽情？况且，这是上语文课，应以语文知识的传授为主要教学目标，情感教育不应喧宾夺主。

"画面三"的主题班会可以通过情感调动来达到以情动人的教育目的，但是，主题班会的目的仍不是煽情。老师把学生讲哭，这不是最终教学目标。我们的教学是让学生受到切实的教育，知道应该在生活中做什么。有的老师见学生们哭得泣不成声，自己也感动地说："老师也忍不住掉眼泪了。"大家都沉浸在悲伤之中，老师却忘记了正面引导学生应该如何去做。这样的课是我们要努力追求的好课吗？

我并不反对课堂融入情感因素，但煽情应煽得恰到好处。有的老师明明看到学生泪光盈盈，此时应该适可而止，转入理性思维即可。可是，某些狠心的老师偏偏又是放催泪音乐，又是说动人话语，又是采取肢体辅助手段等让学生的眼泪滚滚而下，甚至泣不成声，无法正常开口回答问题。这是有违正常课堂教学要求的。试问，一个正在播报节目的主持人能只顾着泣不成声而不继续播报吗？播音员的职责是播报节目，不能因为感情失控而影响正常工作。学生上课的根本目的是学习，而不是痛哭流涕。

生活中的很多事情不是感情用事就能解决的。对学生的教育，需要感情也需要激情，但另一方面，我们更需要德性和理性。就像学生们看了一个颇有感染力的电视剧，一次还可，两次凑合，三次以上就容易把他们的神经搞麻木了。而且，这样的教育方式，让受教育者极不舒服。如果仅针对那些确需加大教育力度的个别学生也就罢了，现在却是面对全体学生，甚至还有家长和老师。恰恰是最懂得感恩的学生在活动中最受伤。因此，我认为这样的教育方式，打着人文的旗号，实则缺少人文关怀。

诗人泰戈尔说："不是锤的敲打，而是水的载歌载舞，使鹅卵石臻于完美。"教育正是"水的载歌载舞"。感恩不是靠短短几个小时的突击教育就能一蹴而就的，更重要的是营造人人知道感恩的社会风气，是家长天长日久的以身作则，是教师润物无声的时常启发，是学生发自内心的自悟自省。这样"催产"的"感恩"如果得不到及时巩固，学生将很容易重返原来的轨道，一时"被泣不成声"只能是一种作秀。

六、教学容量大的课堂

敬业的老师往往是勤勤恳恳不惜力气的。有的老师会不辞辛苦努力多上课、多布置作业。这样的做法有效吗？

这是一节九年级毕业班高密度的数学复习课。教师主要是把前一天刚考过的试卷讲给同学们听。因为内容多、容量大，老师一上课就开讲，而且语速偏快，即使中间有个别学生回答问题，也是急匆匆的。教师从第一题一直讲到最后一道题，生怕遗漏了什么。因为老师要赶时间，提问学生的人数就不多，多数干脆集体回答。

听完这节课后，我立即对身边坐着的一个小组的学生开展了调研，我指着教师刚讲过的试卷上出错较多的一道题，让学生们告诉我这道题怎么做。学生们竟然张口结舌，还是没有一个人能够回答出来。这时，执教老师也走了过来，他着急地说："这道题我不是刚才讲过了吗？"学生们七嘴八舌地说："没听清就过去了。"后来了解到，这个小组里有一个学生的学习成绩是班级前五名。这就意味着,这道题很可能全班 90% 以上的孩子仍然是不会的。

教师认为讲过了这道题,却淹没在众多的题目之中,学生们根本没能细细地研究与回味,课上完了,学生不懂的地方仍然不懂。一节课下来,教师筋疲力尽,但是效果是什么?课后与老师们在一起评课时,在事实与证据面前,执教教师不得不承认,盲目下苦力不是有效课堂之道,也不是本真课堂之道。教学必须关注学情,而且要密切关注学情,必须弄明白学生哪个地方不会,哪里是需要教师重点教的内容,而不是想当然地遍洒毛毛雨,这极大地影响了学习效果。

实效,这是理想课堂追求的目标。教师往往习惯于设计好课堂的各个环节以及所占用的时间和最终的标准答案,如果学生没有按照教师预设的步骤走,教师就会千方百计想尽各种方法迫使学生朝着既定的方向努力推进。课堂求"顺"求"快",追求表面的"好看"。这样的课堂,班里的不少学生学习之初是什么水平,学习之后仍是什么水平。

七、"懒"老师盖过"勤"老师

我在江西作了以读书、阅读为主题的报告之后,当地教育局领导在最后的总结发言中,深有感触地说了一个故事。

"这是一个真实的故事。"局领导第一句话这样说。

他接着说:"在我们当地的一所高中学校,一位语文老师比较懒,上课时经常说:同学们你们自己看书。于是,老师经常不讲课,学生很多时候都在自学。另一位语文老师很勤奋,课堂上总是不遗余力地给学生们分析'字词句篇语修逻文'。上课一讲到底,能讲的都给学生讲,生怕落掉了什么耽误了学生。两位老师教出的学生同时参加高考,结果,'懒'老师的学生的语文高考成绩远超那位'勤'老师的学生的语文高考成绩。"

我还听过另一个类似的真实故事:某高中高一有个班政治老师要休产假,由于种种原因无人接岗。政治老师休假前只好给同学们下发了学习计划,提了要求,安排学生自学。期末考试,这个班级的政治考了全校第一名!

这让其他政治老师情何以堪!

有的教师追求用"水多泡倒墙"的方法,不仅把自己本学科的课堂时间占用得满满的,而且还侵占其他学科上课时间,企图获得优异的教学成绩。可是实际情况怎样呢?如下是我调研时的真实案例:

我与某地一所小学的五年级和六年级的16名学生座谈,问及"如果你当了校长,你会做什么"这个问题。

学生们异口同声地说:"反对占课。"

我很惊讶大家为什么回答得如此整齐。我是知道孩子们说的"占课"是什么意思的,但是我还是故意问:"什么是占课呢?"

学生说:"就是语文老师、数学老师、英语老师占了我们的音乐课、美术课、体育课。"

"这种现象很严重吗?"

学生又齐声说:"很严重。"然后七嘴八舌地告诉我:"最多的一次语文老师一天上了六节课。""有一次我们同学都在往操场跑的路上,语文老师从四楼探出头来招手,'快回来!快回来!都快考试了,怎么还上体育课呢?'我们只好没精打采地回教室了。""我们学语文都没兴趣了,能学好吗?""我最讨厌的就是语文课。""我也是。"

我说:"你们语文老师太勤奋、太敬业了。"

学生大声说:"反对勤奋的老师!""反对敬业的老师!"

我给学生们出主意:"你们可以向老师反映情况啊!"

"不敢!"

"为什么?"

"有一次,我跟语文老师说了,她批评我学习不努力,罚我写作业。""我跟班主任说过,她罚我做值日。""班主任还会把反对占课的学生叫到办公室谈话,有时整整一个下午。"

"徐老师,你怎么不早来啊,一定帮我们说句话。"

说了一大通之后,我们的话题又回到"如果你当了校长"。

一位男班长站了起来,小脸红扑扑的,喘气的声音有些大,显然情绪比较激动,他大声说:"如果我当了校长,我会召集全校大会,把所有的老师都叫进大会议室,我拿上话筒,站到讲台上,大声地告诉所有老师:你们谁要是再敢占课,就把谁的工资扣光光!"说得咬牙切齿、铿锵有力、义愤填膺!

我惊呼:"太狠了吧,老师们就靠这点工资生活,把老师的工资扣光光,老师们怎么吃饭呢?"

"我们不管!""就是要扣光光!"

古话说:"亲其师,信其道。"呜呼!勤勤恳恳、呕心沥血的老师怎么会让学生如此反对、反感呢?悲哉!

这让我想起了一句话:能力欠缺的老师太勤奋,对学生来说无疑会成为一种灾难。

我才毕业的时候是 20 世纪 90 年代初,作为吃住都在学校的单身一族有着大把的时间。为了提升教学成绩,我经常把学生留到晚上七八点钟做功课。由于学校没食堂,学生走后我自己再做饭吃,通常九点钟才吃完晚饭,还美其名曰自己很勤奋、很敬业。那时非但没有遭到什么批评,而且还会受到表扬。现在,当属加班加点的违规行为了。

该放学不放学,让学生们留下来学习我教的课,我一门心思认为是为了学生好。现在想来,我是多么自私啊,学生们是不是也在恨我剥夺了他们的时间呢?我现在给学生们上课坚持从不拖堂。

有一句话说:真理与谬误是相对的。不能想当然认为自己以与人为善之心做出的事情都是对别人有益的。

读了点《易经》,阴阳之间那些人生的哲理太令人难以捉摸了,课堂教学方面的哲理又何尝不是如此呢?老师的辛苦努力不但换不来学生的尊敬,反而适得其反,可见是违背了教育规律,违背了学生成长规律,失却了教育的本真。

理想课堂所回应的就是课堂的"失真"现象。教师要更多地受到内心指引,寻找内在动力,厘清教学中自己的核心价值观,让课堂的预设、实施、评价都回归到课堂的本源与真实,原汁原味地反映教学本质,让课堂变得更本真，更有效。

理想课堂反对唯模式化，不拘泥于教材、不局限于一节课，而是着眼于学生的终身发展，使学生和教师内在的生命活力得到充分展示，得到不断滋养。要发挥学生主体的主动性、能动性，这是学生生命活力的源头活水。教师应让学生的学习回归自然本真状态，应掌握学生认知的科学规律，顺应学生心理发展规律与学习材料的逻辑顺序，让课堂教学具有智力挑战，成为能够怡人性情、益人心智、润泽气质、点化生命的精神漫游。

课堂不是表演给别人看的，要反对哗众取宠与华而不实。课堂不应摆花架子，而要崇尚朴实的家常课，追求情趣盎然、扎实有效、激扬智慧、释放潜能、养成善性。我们要注重课堂形式与内容的和谐统一，崇尚生态教学，还原课堂教学本色，追求自然、自主、自由、灵动的课堂，强调平等和谐的教学环境，使学生不被拘束、不呆板、不被强迫，能够进行自主探究性学习。教是为了学生更好地学，要以教促学，让学生自己做主。要使学生在课堂上的展示体现出全员性、互动性、层次性和生成性。教师要关注每一位学生的情感体验和人格养成，尊重生命的独特性，理解生命的成长性，善待生命的自主性，尊重学生的个性张扬，有意识地培养学生的思维能力和创新能力。

理想课堂以学生的成长为起点和依据，着力改变教学过程中不合理的行为和思维方式，充分考虑学生的各种需求，培养求真向善崇美的高素质学生，追求教育实现人的主体价值和促进人的社会化两种功能的和谐发展与统一。

第二节　从"教学"走向"教育"

现实中，有一种老师没有获过讲课比赛大奖，甚至教学基本功也不是很出色，而教学成绩却很突出。获得优质课比赛一等奖的老师不服气，质疑这样的老师凭什么会超过自己。为什么会出现如此看似"不合理"的现象呢？

一、字字珠玑爱意浓

我在山东省泰安市泰山区教研科研中心做教科室主任时，曾到泰安迎春中学开展"草根式"小课题调研，第一次见到了孔红军老师。她还未开口讲话，就给我留下了温柔、娴静、端庄、美丽的印象，等到一开口，我又一下子感受到了她的智慧与亲和力。在她身上，处处流露出优秀教师的气质美。

孔老师做的小课题是"利用批语与学生进行心灵对话研究"，她相信"爱能让我们把事情做好"。她把在学生作业本上写爱心批语作为开发学生非智力因素的途径。她谈到自己对爱心批语的研究大体经历了三个阶段。首先是"吹毛求疵"找学生的优点，总要想办法找到学生的优点并加以放大。比如，学生虽然内容写错了，只要字写得好，也提出表扬。当教师用爱和宽容逐渐走近学生后，就开始进入指出学生的薄弱环节阶段，帮助学生修正学习中的不当之处，增强学生的信心。第三个阶段就是努力走进学生的心灵，教师与学生倾心对话交流，同时让学生给老师提出意见或建议，在互动中建立深厚的师生情意。

下面是节选自孔老师批语中的话，意味深长，爱心浓浓。

韩翔宇：你写的作业比我们书上的课文都详细、生动，师感动。

伍梦龙，你们这么认真、仔细地做笔记，对我是很大的鼓舞。我一点不敢偷懒，一定做一个对你们有益、有用的人。

清晰！蔚杰，加油、使劲！你有潜力，相信自己！

王鹏，老师愿意成为对你们有用的人，请多帮忙。

你是咱级部中最有潜力的五个同学之一，祝贺你！

洪芳，吾儿，一下写这么三大张，真好孩！受累了！

你的作业最棒，刚才看过的几本写得不多，我正忐忑不安，一打开你的作业，顿感安慰，谢谢！

字秀气，师羡慕！

思路清晰。

看你的作业既美又爽！

你的字大气有力，老师向你学习。

王鹏，小蹦豆，聪明，有个性，知错就改，有很强的自制力，必成大器。

小米，眯眯着眼，整天笑，教师喜欢你。

王鹏，加把劲，你头脑敏捷，有很强的理解力、记忆力，这是一个学生很难得的能力，你有幸都具备了。祝天天进步！

朱晓，原来我也有一个叫朱晓的学生，聪明又懂事，我现在还不认识你，但从作业看，一定也是个好孩子。

师喜欢贾阔，四个班中，咱班作业是最认真的，与你的英明领导分不开，谢谢！平时要注意多鼓励对历史学习有惰性的同学。OK，再努把劲，做值得我骄傲的好学生，愿咱俩合作更加愉快！

兴珂：你的字很好。字与字间若留的间距大些，肯定更好看。

王雅洁，你的作业像你的名字一样，又雅又洁，我对你们还是不太熟悉，但因为你的作业，我已喜欢了你，也祝贺你的父母亲，有这么好的孩子。

认真！上节课你没偷偷地跟女同学说话，行！

以下是孔老师与学生之间的交流文字：

生A：光说话不管用，您得靠我们"大班"老薛了。我们"老班"给我们分配的任务是："大班"管纪律，"小班（也可称副班）"管学习。所以您还得与"大班"多交流交流了。

师：OK！我立刻就在他的作业本上"交流"起来了。真好姑娘，像我们女儿那样体贴老师，谢谢！

生B：老师您教得特别好，我也非常喜欢您的历史课，就是有一点不足，您能不能写字不连笔？

师：好，我再写连笔字时你随时告诉我，谢谢！

生C：老师您可真逗，上您的课一点压力也没有，也让我这个不太喜欢上历史的孩子，喜欢上了历史，而且在您的课上感觉很轻松、愉快。对您的建议暂时没想好，以后知道再告诉您，希望以后和睦相处。我会把历史学得更上一层楼。

师：你的鼓励，使老师信心倍增，谢谢！

以下是部分学生写的心里话：

这学期我最喜欢上的就是历史课，因为历史课上得生动、幽默，让同学们都喜欢上了历史课。

您非常幽默，在我们心里的地位很高。您的知识也非常丰富，我很钦佩您，我希望您能更好地教我们。

孔老师的学生特别喜欢她，毕业班的学生晚上做作业困了，就在历史作业本上画一个趴在桌子上睡觉的小人，旁边写上："孔老师，我今天的任务好多啊，累得不行了，想起您来了，给您画个小人看看。"

第二天，孔老师收到学生交上来的作业本，好激动啊，立即回复："我的儿啊，您这么晚了还想着我，我太感动了！多加注意，千万别太累了。"

我还注意到，在孔老师用红笔写的批语旁边大都有一个醒目的"100+"。细节处见精神，对学生真挚的爱心保障了孔老师的教学质量稳步提高。这样的优秀教师，她的学生幸福、快乐，同时，让我感动、敬佩。

孔老师对学生用真心付真情，学生对她真情回报，一心一意愿意学习她教的历史，做她的学生幸福、快乐。虽然生源基础不是太好，孔老师的教学成绩却是数一数二的。教学是一门艺术，只有从教学走向了教育，真正的教学才会发生。孔老师则说，自己这辈子当老师太有成就感、幸福感了。

孔老师的事迹不胫而走，在家长中传为美德。孔老师也被评为了优秀教师，被教育同仁请去介绍经验。

二、奥妙在于与学生一起玩

优秀教师提升教学质量的奥秘竟然是与学生一起玩，这是真的吗？

我给广西的老师作了以课堂教学改革为主题的讲座之后，一位年轻的美女老师与我聊了起来，她介绍说自己既教数学又教体育课。

由于"把占课老师工资扣光光"学生的呐喊声在我的脑海中留下了深刻印象，我说："那你太有条件把体育课上成数学课了。"

美女老师莞尔一笑，坚定地说："我从不会把学生的体育课上成数学课。即使下雨天也会上体育内堂。"

我对她的这种教学理念大为赞赏，为她竖了大拇指："您这种做法太令人敬佩了！其他老师也有这种观念吗？"

她又笑了笑，轻轻地说："不是的。"

我问："为什么很多老师转不过这个弯呢？"

"我也不知道哇。"然后，美女老师羞涩地告诉我，她很受学生欢迎，学生很喜欢她，也很喜欢她的课，她的教学成绩很高。她经常带领学生玩，比如爬山、做游戏、打球等。与她搭档的语文老师的儿子在这个班里上学。儿子回家告诉妈妈："为什么同学们喜欢数学老师的课而不喜欢您的课呢？是因为数学老师经常跟同学们一起玩。"

学生的话太耐人寻味了，老师不仅要教学，更重要的是要做教育。老师所面对的是活生生的人，教育真是一门常研究常新的艺术。

或许可以这样说：那些能经常陪学生一起玩的老师，教学成绩就是差也不会差到哪里去的。

三、细微处的尊重

教学首先是教育。没有对孩子的爱与尊重就不会有好的教育。

人都有自尊。科学家做过实验，即使是襁褓中的婴儿，当大人分别给他看微笑的脸和严肃的脸时，会有不同反应。幼儿园的小朋友会对真心爱自己的阿姨格外亲热。因此，在课堂上，老师应小心地呵护孩子们的自尊，不要让自己不经意的言语和行为伤害了孩子。以下通过几个主题班会的课堂花絮来看一看细微处体现出的尊重。

（1）这节班会课的主题叫"诚实的劳动"，有一个教学环节是这样的：

执教老师询问同学们："家长是教师的同学请举手。"

有几位同学自豪地举起了手。

"家长是医生的同学请举手。"

又有几位同学自豪地举起了手。

"家长是工人的同学请举手。"

又有几位同学自豪地举起了手。

"我的家长是农民，家长是农民的同学请像老师一样自豪地举起手。"老师一边说一边带头高高地举起了右手。

有几位同学同样自豪地举起了手。

这是一个令人感动的细节，所有的孩子都以自己付出诚实劳动的父母而自豪，这也让孩子们懂得，所有的诚实劳动都是值得称道的。

（2）这是一节"节约是美德"的主题班会，执教教师指着大屏幕说："我搜集了一部分关于非洲饥民的照片。其中有一张画面极为惨烈，可以用'惨不忍睹'来形容，我怕太刺激同学们，就没有把这张照片在大屏幕上展示。这里，我只用语言向同学们描述一下……"

通过老师的描述，我回想起这张照片自己恰好曾在网上见过的，的确

"惨不忍睹"，我为执教老师的人性化处理暗暗叫好。

（3）我听了很多"感恩教育"为主题的班会课，这是一个非常好的选题，对独生子女来说，接受感恩教育既重要又必要。

这种主题班会有一个重要的环节就是烘托氛围，老师一般采取诗歌朗诵、播放音乐、亲情故事讲述等触动学生灵魂，引发学生情感共鸣。多数情况下，学生都会感动得热泪盈眶。这个教学环节之后，不同的老师采取了不同的处理方式。

有的老师说："我看到很多同学流泪了，就请同学们站起来说一说你与父母之间的亲情故事。"然后，老师专门挑了情绪激动的女同学站起来讲述，学生讲得泣不成声。

学生热泪盈眶时，有的老师要求他们进行小组讨论，说说父母是怎样爱自己的。小组讨论时，有的同学要回过头去，又害怕自己的眼泪被别人看见，一边抹眼泪一边扭扭捏捏地回头。

有的老师，看到气氛烘托得差不多了，担心同学们的情绪控制不住，就进入了感恩回报的课堂环节，缓和了气氛，把学生从陷入流泪的情境中拉了出来。

事实上，学生们很不愿意让老师和同伴看到自己流眼泪。第三位老师营造氛围适可而止，而不是一再刺激学生，懂得让学生避免尴尬。

（4）主题班会课上，有的老师喜欢让一个或两个学生担任主持人。当然，被选作主持人是一件光荣的事。但是，在现实的课堂上，主持人一般都是拿着老师准备好的稿子在讲台上读，给人机械、被动的感觉。其他同学写字的时候，主持人站着没事做，其他学生滔滔不绝说的时候，主持人也站着没事做。有的课，主持人的话少得可怜，很多时候老师忍不住代替主持人说了，结果担任主持人的学生就在讲台上站了整整一节课，基本上无所事事，非常尴尬。

美国著名教育心理学家吉诺特博士在谈到教师的作用和力量时有这样的叙述：在经历了若干年的教师工作之后，我得到一个令人惶恐的结论，即教学的成功和失败"我"是决定性的因素。我个人采用的方法和每天的情绪，是形成学习气氛和情境的主因。身为教师，我具有极大的力量，能够让孩子们活得愉快或悲惨，我可以是制造痛苦的工具，也可能是启发灵感的媒介。我能让人丢脸，也能叫人开心，能伤人，也可以救人。无论在任何情况下，一场危机之恶化或解除，儿童之是否受到感化，全部决定在我。

每一天的课堂，都会发生很多很多的细节，在这些细节的处理上老师能不能考虑到学生的感受，是不是处处从尊重学生的角度出发去关爱孩子，决定着孩子们的心灵能沐浴到多少阳光。

第三节　让课堂点化与润泽生命

一、充满生命温情的课堂

好的教学充满了对生命的温情，是点化与润泽生命的。真正好的教学质量的取得有时靠的并不是正面进攻，而是侧面突破。有生命温情的教学就是以学生为本位备课、上课。教师的心中要始终装着学生，否则再巧妙的教学方法、教学技巧，失去了这个根本都是无意义的。质之不存，术将焉用？

课程标准将"过程与方法""情感态度与价值观"作为与"知识与能力"并列的目标维度，其中"情感态度与价值观"是动机方面的因素，是最重要的。教师要想方设法引领学生对求知产生兴趣，激发学生把学习当作不间断的精神需要。教师无论学习什么样的教学理论、教学流派，都不要失去根本，都要从关照生命的角度出发，长期实践摸索，不断总结经验。"充满生命的温情"内涵极为丰富，仅举两例以管中窥豹。

有一次，我在北京听于永正老师讲《林冲棒打洪教头》，于老师带领学生朗读感悟，分析人物形象总领课堂，重点突出，问题设计不多，但个个直指要害。我最欣赏的是于老师对学生发自内心的尊重，不是作秀，是实实在在的。于老师引导学生分析林教头的为人及人格特点，要求学生用一个字概括，他自己当场在手心里写下一个字，发动学生把想好的一个字也写在自己的手心里。于老师对学生说："小声告诉我，不要让别人听见。"学生们一个一个地趴在于老师耳边跟他说话，老师尽量俯下身子，给的评价往往是："有道理。还有更好的吗？""不错，再想想看。"这样的做法与有的教师当着很多学生的面大声地挖苦、斥责学生完全不同。这给了学生充分的思考余地、讨论的余地、改错的余地，既不会干扰其他学生的思路，又让学生即便说错了也没有压力感，学生得以在自由民主的氛围里参与活动。

有一位教师讲鲁迅的《祝福》，要求学生分析"我"和祥林嫂这两个人物。一学生说："祥林嫂是一个愚昧的农村妇女，'我'则是一个觉醒的知识分子，这两个人物在社会地位、经济地位和思想上，都是不同的，是愚昧者和觉醒者的对立关系。"另一学生说："'我'时时刻刻都存在着一种逃避的心理，因为'我'是无法拯救祥林嫂的，同情她是没有任何用处的。"老师肯定了学生的观点的同时，阐述道："'我'对祥林嫂的悲剧无能为力，却忘不了祥林嫂的悲剧，无法摆脱掉自己内心的痛苦。正是这种同情心，使我们在《祝福》的阅读中，仍然感到有些温暖的东西，使我们仍然不会完全绝望于人生，绝望于社会。"这是一种充满生命温情的文本解读，要想做到这一点，就需要教师首先做一个具有博爱情怀的人。

二、"马神"老师二三事

"马神"是学生们给教语文的马老师起的外号，他教的课有口皆碑。既然"神"，就透着一般人所不及的意思。"马神"到底"神"在哪里呢？

1."再鼓掌我就不好意思了！"

"马神"的课是很绝的，每次都在学生们自觉爆发的掌声中下课。这与那些捂着心口说让学生气得胃疼的老师该是多么大的对比啊！

不过，这无形中让"马神"觉得哪节课上不好就对不起学生们，他真诚地说："再鼓掌我就不好意思了！"结果学生们还是坚持鼓掌，即使在"马神"觉得不是很精彩的时候。

校领导经常随时安排到校参观团听"马神"的常态课。

"马神"课上得愉快，又少作业甚至不留作业，教学成绩还不错，何等神气！

"马神"上课绝在他有自己的"功夫"——语文素养之深厚堪比大学教授。

"马神"的国学功底相当深厚，声名远播，很多地方邀请他去作国学报告。

"马神"的班会课,通常就是国学课,一切德育要求都渗透到让弟子们入迷的来自中国传统文化的故事与经典话语中,班会课成为学生们最爱上的课之一。

"马神"要求学生人人会背《弟子归》:"父母呼 应勿缓 父母命 行勿懒 父母教 须敬听 父母责 须顺承""朝起早 夜眠迟 老易至 惜此时 晨必盥 兼漱口 便溺回 辄净手"。

于是,家长们欣喜地发现,孩子自己的房间,原来是不怎么打扫的,现在房间里的东西竟然规规矩矩。孩子不仅自我扫除工作做得好,还要督促家长:"爸妈,客厅摆得太乱了,该收拾收拾了。"

还有家长说,孩子越变越可爱了,对父母尊敬有加,吃饭从不挑食,衣服从不讲究,出门必打招呼……

国学在"马神"那儿则是个宽泛的概念,比如,他还懂中医,处处可以派上用场。

一位男生的脸上长了些"青春美丽疙瘩豆",在"马神"的建议下,这位学生调节饮食,脸上的疙瘩逐渐消失了。"马神"马上发现了该生的变化,及时对他说:"你的脸上变光滑了,我真高兴。"学生被老师细致入微的观察感动得说不出话。

到办公室送作业的学生,有时会看到"马神"正在给同事做按摩、推拿,便确认"马神"的中医技术名不虚传,对老师又增不少敬意。

2. 鞠躬礼

"马神"人品极佳,这其实不算出奇,重要的是怎样把优秀品质传给自己的学生,这才是真正见水平的。

"马神"的教育渗透在无数个细节中。

上课了,一声起立之后,"马神"与全班同学相互鞠躬。同学们鞠完躬抬头,看到"马神"还保持着弯腰九十度的姿势。顷刻,全班肃静,不存在维持班级秩序一说了。时间长了,"马神"的弟子们都是纯正的九十度大鞠躬,一色的虔诚。

这让我想起了山东潍坊诸城一中的鞠躬礼和云南巧家三中三千师生操场

上的相互鞠躬。在这个古老的礼仪中，教师与学生把这个细节做到极致，且天天如此，这会带给学生们影响一生的修养、素质。

3. 息息相通

"马神"总是对学生有着精细入微的观察，表扬学生时能够进入学生心灵深处。

暑假里，"马神"布置的作业是读《曾国藩家书》《了凡四训》等书目。一开学，"马神"表扬一位日记写得好的学生："经过一个暑假的阅读，我发现你的目光有神了，表现出一种定力！"这样的话语对学生具有"过电"般的效果，学生受鼓舞激动不已。

一次，班里不少同学的考试成绩提高了，好些学生们回家后是这样跟家长反馈信息的："我们班的好几位同学进步都很大，'马神'高兴坏了，连说话都激动得声音发颤了！"这让人惊讶，学生怎么会如此敏锐地感知到老师对自己进步的高兴之情呢？师生间的这种息息相通好让人佩服！

人有两个世界，一个是物质世界，一个是精神世界。这是人区别于动物的本质的不同。一个人只有在自己的感知、情感、想象、理解等各种心理机制处于活跃状态下，创造力才会爆发出来。人们的创造力并非单纯来源于知识的多少，更重要的是人的感知、感情、想象和理解等各种潜能的发挥与挖掘。因此，具有人性温暖的课堂，关注学生的精神世界，充满了人性的光辉。

第四节　课堂成全生命的意义

一、一位美术老师的教学智慧

我还清晰地记得自己上学时非常糟糕的美术课与非常窘迫的美术老师。

美术课，被非常不公正地鄙视为"小科"。因此，经常有这样的情况发生：课堂上，有的学生不但不跟着老师学习，还故意捣乱，扰乱教学秩序。面对不公正待遇，美术老师应该怎样去做呢？

我所认识的这位美术老师讲述了自己的教育故事。

该美术老师在讲关于家具艺术的课时，发现一位男生不仅不认真听课，还一只手拿着一根吸管，在空中随便挥舞，以引起他人关注。老师走向了这位学生，学生以为老师会狠狠地批评他一顿。没想到，老师和蔼地告诉他："吸管是一种很好的道具。下节课拿 20 个吸管过来，可以用它们制作出一把椅子。"老师的这个要求巧妙地跟当天的课结合了起来。

第二节美术课时，这位男生果真带来了很多吸管，还别有用心地把一部分吸管染成了红的、绿的。老师上课的时候，这位学生就在制作凳子，老师并不去干涉他。学生做得很认真，把吸管进行弯折、修剪、插排等。下课前，学生带有色彩的颇有创意的凳子制作好了。老师让他在全班同学面前展示了作品，还大大地夸赞了他。

这位男生受到了莫大激励，从此，不仅在美术课上不再捣乱，而且还时常制作出精美的作品带给老师看。

这位美术老师还介绍了自己针对学生的不同情况因材施教、巧妙运用教学技巧的事情。如根据学生的不同情况，分梯队、分层次地对学生的学习提出要求。教剪纸，老师当堂展示剪纸过程，让学生参与其中。老师展示很多的精美剪纸作品，对剪纸进行分类，并引导学生自己总结出不同的剪纸技法。有时，老师为了完整详细地展示剪纸的操作步骤，就把自己复杂的剪纸过程自拍成实录，拿到课堂上展示，增强了学生对民间艺术的喜爱之情。有时，老师有意识地剪错，让学生捉摸为什么该连着的地方断了。这不仅很好地解决了难点，还让学生更有兴趣。这些做法调动了学生参与美术课的积极性，激发了学生对美术的热爱。老师把培养每一位学生的美术素养当作自己的责任，发现学生的闪光点，把学生的点滴进步都看在眼里。老师既让调皮学生喜欢上美术课，又特别关注那些对色彩、图形敏感的学生，注意发现具有美术天分的学生，以进一步培养。

老师在讲述自己的教育故事时，脸上洋溢着自豪与幸福的笑容，说："在我的美术课上，我不用费心去管纪律，不会痛苦，而且还收获了不少快乐。"

在生活中，我们崇敬美术人才，我们把美丽的画作挂在自家的客厅、书房里，如果是熟人为我们创作的丹青作品我们会格外喜欢，而名家的作品常常价值连城、流芳万世。因此，我们没有任何理由漠视美术课，学生没有任何理由故意让美术老师尴尬。一个人的美术素养会潜移默化地影响基本素质，如此智慧的美术老师值得我们学习与尊敬。

二、用心倾听的"聋子"

《唯一的听众》这篇课文说了这样一个故事："我"拉小夜曲像锯床腿，惹爸爸和妹妹嘲笑，让"我"感到非常沮丧，不得已偷偷跑到清静的树林子里练琴。在那儿，"我"碰到一位老妇人，她自称是个"聋子"，让"我"放心大胆地练习，不过她的心会倾听。在老妇人的精心呵护和鼓励下，"我"练琴非常刻苦，不断进步，竟然在文艺晚会上表演。其实老妇人是音乐学院最有声望的教授，所谓"聋子"只是一个善意的谎言。

一个多么美丽的教育故事，让人心底余香袅袅。一个多好的教育案例，引人陷入沉思。帮助"我"这个"音乐白痴"变成了一位小提琴手的既不是使"我"沮丧的父亲,也不是认为"我"没有任何音乐天赋的妹妹,而是那位"聋"老人,她假装的"聋"拯救了"我"那颗受伤而失望的心。老教授具有爱护、鼓励年轻人的美德,又深谙教育艺术,她与"我"并没有交谈什么,只是在一个个美丽的清晨,"我"轻轻地拉,她静静地听。老人微笑着靠在木椅上,手指悄悄打着节拍,慈祥的眼神平静地望着小伙子,像深深的潭水……老教授不仅是"我"唯一的听众,更是"我"心灵的听众,听着"我"拉着"锯床腿"般的小提琴声。她不光装作聋子一般,还说琴声能给她带来快乐与幸福,不断地用温柔的话语鼓励"我":"真不错,我的心已经感受到了。谢谢你,小伙子。"这让"我"的心里洋溢着从未有过的感觉。在老教授真诚无私的帮助下,"我"重燃希望,从没有信心学会拉小提琴,到能够奏出真正的音乐。

教育是慢的艺术。有时沉默也是一种力量,学生所需要的不是过多的干扰,而是信任。教育者要学会等待,学会倾听。倾听是一种关注和分享,教师要用极大的宽容和耐心去倾听,让学生在自尊、自信中敢于敞开心扉。课堂教学中,教师要用心倾听学生的发言,从学生的动作、表情,甚至一个眼神了解学生的心情和想法以及它们的由来,力求真正读懂学生,产生同感共鸣,这实质上体现了一种民主精神和对学生的尊重。教师不要急于对学生的想法作主观判断,而是让学生充分发言。即使有时学生的发言初听不知所云,细听却可能有一定的合理性,还可能是创新。教师不要过早判断,让学生感到不平等而噤口,进而关闭心灵。心灵的倾听引发心灵的共振——心与心、感情与感情、灵魂与灵魂的交融和共鸣,这更能激励一个人。教师要做学生心灵的听众,当学生沮丧时给予微笑,当学生气馁时给予鼓励,当学生灰心时给予期盼。一个懂得用心倾听的教师,必定满怀真诚与耐心,以一颗博大的爱心,深情地信心十足地期待着那些稚嫩的生命之音。

教师应时刻以一颗期待的心关注学生的成长,包容(不是纵容)他们在成长过程中暴露出的任何缺点。课堂应具有民主平等的教学组织形式,创设有利于学生个性发展的开放的学习环境,关注尊重学生独特的情感体验。学生的情绪状态是衡量课堂教学成功与否的重要因素。要让学生以主人翁的姿态活跃在课堂上,使课堂生活成为师生共同创造的美好时光。

优秀教师往往与学生有着良好的师生关系，师生关系对学生学习具有极大的影响力。教师与学生要建立起牢固的相互信任系统。作为教师，我们应该经常向学生说的话是：

·我相信你们是爱学习的！
·我相信你们能够学好！
·我相信你们彼此的合作与交流非常有效。
·我相信你们在课堂上会有优秀表现。
·我相信你们一直在努力，每天都有进步。
·我相信你们会把自己的学习成果拿出来与大家分享。

三、永远的"太老师"

我们的老师的老师或者比他们更早的老师，我们称之为"太老师"。"太老师"们是怎样教书的？在过去的时代，为什么涌现出了那么多有用的人才？当年小学毕业生的语文素养，为什么比现在的大学生水平还要高？[①]

豪华落尽见真淳，中国教育史上曾有一批优秀知识分子——卓然不群的"太老师"形象，具有永不磨灭的大家风范，是那个时代特有的文化人的风貌，是教育守望的财富与指路的明灯，或许，也是今天不可登攀的精神高地。

1. 丰厚的学养做背景

一位教师怎样才能赢得学生的尊重？教师素质是关键因素。"太老师"们知识背景深厚，厚积薄发，他们有能力在课堂上让学生听得如醉如痴，他们站在课程的高度处理教材，他们身怀某种绝技，在不知不觉中就征服了学生的心。

当年，李叔同先生教图画和音乐课，因为李先生的诗文比国文老师好，书法比习字老师好，英文比英文老师好，学生对图画、音乐竟然看得比国文、数学还重。

---

① 商友敬. 过去的教师[M]. 北京：教育科学出版社，2007：11.

北京师范大学附中，有一位教数学的程廷熙先生，学生学习他教的数学格外轻松。程先生画几何图时，先定好圆心，一笔下来，一定是一个闭合的圆，几乎与用大圆规教具画的一样圆。

在南开中学，殷美姑老师能把艰深的物理概念化作润物无声的细雨，轻轻地浸入学生的心扉。

朱永福先生写有《激情孟夫子》，说：我最崇敬的是孟志荪老师的"国（文）选（读）"的教学。孟老师知识渊博，口才雄辩，讲课既富哲理，又充满激情，或议论时事，或臧否人物，或抒发感情，或嬉笑怒骂，都非常生动精彩。孟老师有使学生进入角色的神功，任何人听他的课，都会被他吸引，感情随他的指引而回荡起伏，进入秦汉和唐宋诗文的美妙境界，下课铃响后，才如梦初醒，回到现实。

今天，我们提倡教师成为课程的建设者，殊不知，"太老师"们在这方面已经做得很好了。在金克木先生写的回忆录《化尘残影》里，他记述了自己上小学时的一位教员：教师每星期另发油印的课本，实际上代替了教科书。他选的文章极其杂乱，古今文白全有。这些文章后来都进入了中学、大学的读本。一个教小学的教员能独立看上这些诗文，选出来并加上自己的见解讲课，不是容易的事。当时的小学生，在学校里竟然学的是《老残游记》《病梅馆记》《鸿门宴》《看山读画楼坐雨得诗》，这是我们现在的高中生才学习的内容，而且当时要通通背过！

2. 不同一般的职业精神

"太老师"有着深厚的职业情感与职业操守，他们上对历史文化负责，下对莘莘学子负责，处处给学生以榜样的力量。

梁实秋先生记叙了自己在公立第三小学读书时的教师周士棻先生：他特别注意生活上的小节，例如纽扣是否扣好，头发是否梳齐，以及说话的腔调，走路的姿势，无一不加指点。他要求学生很多，谁的笔记本折角卷角就要受申斥。学生的课业本子永远不敢不保持整洁。老师本人即是一个榜样。他布衣布履，纤尘不染，走起路来目不斜视，迈大步昂首前进，几乎两步一丈。说起话来和颜悦色，但是永无戏言。在学生心目中他几乎是一个完人。

"太老师"对于教育工作的执著与负责是我们今天的教师所不及的。楼适夷先生写教他国文的沈九香先生：住宿的学生还在嬉闹的时候，老先生一个人在宿舍里点了一支红烛，审批学生们的作业。学生们不敢作声轻轻脱衣上床。他用一套三叠不及一尺高的小屏风，三面遮住了烛光，继续批改学生的作文。学生们一觉睡到天亮，见红烛依然点着，老先生仍在继续工作。原来为了学生的一堂作文课，他整整地熬了一个通宵。第二天，他一个个地把学生们叫到身边，指着本子上朱笔修改的行格，一句一行地向学生说明，为什么这句用错了，这个字要那样改动，为什么这儿前后句画上勾勒，颠倒过来，语气便顺了。然后说明总评，指出哪点有了进步，哪点上次已经指出，这回又犯了老病，下次必须改正。最后批了一个行书"然"字，跟两个阿拉伯数字"85"（分）。

戏剧家焦菊隐先生所写的《终身受益的小学教育》，编者商友敬先生建议作为"校长培训班"的教材。校长对教员和学生都是十分和蔼的。上课时，他的神色很严肃，一到下课，他就混在又打又闹的小学生中间，和这个说说，和那个笑笑。学生们都喜欢他，和他很亲近。每个学生的情况，他都了如指掌。全校几百个学生，他没有一个叫不出名字的，也没有一个说不出家长的姓名和职业的。一到中午和下午放学的时候，他就站在学校铁栅栏门口，等着列好队的学生出来，他一定一个一个地叫着学生的名字，把孩子交到家长手里。大班的学生，他也一定看着个个都过了街道，才回学校。一年四季，天天如此。同样，在天津耀华中学，赵君达校长每天早晨都在大门口迎接师生。这不仅显示人格平等，更是一个学校生气勃勃的校风之所在，是教育精神的生动体现。

这些经历了时间的沧桑被学生牢记在心的教育细节，足以让今天的每一位教师感动。"太老师"们用自己人格的魅力不仅教会了学生怎样做人，还在学生的心灵种下了理想。

3.轻松活泼的学习环境

当时，先进的教育理念与科学的教育方法，让我们今天的很多学校自惭形秽。钱学森先生回忆自己在北京师范大学附中学习的情形时说，当时国家的存亡问题压在心头，在这样的气氛下，学生们从思想上就知道为了振兴中华而努力学习。生物老师带学生到野外去采集标本，教博物的老师自编矿物硬度的记法,教几何的老师自编讲义。钱先生认为:现在的中学能像当年附中那样的水平就行。那个时候,学生没有像现在这样受罪——放了学在学校里玩,不天黑不回家,不怕考试,不突击复习,没有考不上大学的,班里最好的学生考 80 分就行了。不死抠课本,提倡多看课外书。选修课很多,学生的知识面很广。每天午饭后,在教室里交谈感兴趣的各种科学知识。化学实验室对学生随时开放。学生的求知欲强,把学习当成一种享受而不是一种困难。师生关系密切,息息相通,对学生诱导而不是强迫。学生学得轻松活泼已经让人感慨了,再比照一下钱先生做出的成就,更足以让今天的教育工作者羡慕不已。

过去的教师不仅给了我新鲜知识,更重要的是给我带来了思想上强烈的冲击力。在那个清贫的岁月里,"太老师"们怀着一颗沉静的心,在教育的领地里潜心耕耘,达到了今天的教师很难达到的境界,足以引发人们进一步思考与深入细致实践。这是一个比"太老师"生活的时代具有更多诱惑的时代,我们的教育教学效果并不理想,还没能为民族强盛培养大批有创造力的人才。因此,旧时代的教育,一些杰出教师的教育教学方法,是值得我们好好继承和学习的。

四、学生喜欢上学还是喜欢放假

当我向教育同仁请教"学生是喜欢上学还是喜欢放假"这个问题时,大家一般都认为我问了一个不该问的问题:"当然喜欢放假了,这还用问吗?"

果真如此吗?

这不是一个空穴来风的问题。这个问题源于我的儿子读初中时,我被这所学校的校长邀请到学校作一个关于微型课题研究的报告,开场时我称赞这所学校办学质量好,说我儿子很愿意上学以至于都不愿放假了。台下的三百多名老师哄堂大笑,我连忙辩解:"大家不信吗?我说的是真话啊!"台下又是一阵笑声。作为家长,隐约感受出大家为什么笑,但我是来讲微型课题研究的,不便于在这个问题上继续纠缠。不过,"学生愿意上学还是放假"这个问题却在我的脑海里形成了一个不解的谜。我见到同事、教育同仁就向他们请教。大家给我的答案尽管非常一致，却并不让我满意。我那时是在山东省泰安市泰山区教研科研中心做教科室主任，有一帮学校的教科室主任朋友，于是，我就委托他们在学生中做问卷调查。问题只有一个——"是喜欢上学还是喜欢放假"，要求选出答案后说明理由。选取的样本有城市、农村、城乡结合部的各个学段的学生。最后的调研结果是这样的：

平均起来看，喜欢上学的学生占到76.98%，喜欢放假的学生占到22.77%，其余的学生表示既喜欢上学也喜欢放假。有一个班喜欢上学的学生高达94.67%。

这个"喜欢上学"学生比例最高的班级是山东省泰安市第一实验小学的一个五年级的班级。得出这样的结果让每一位调查者感到震惊。不少人一并给我送来了自己写的感想文章。记得当时在泰安市第一实验小学做教科室主任的赵晓兵主任（现在已经做校长了）看到这个结果后非常激动，在一篇很长的感悟文章中说："以前，我不知道自己的学生如此喜欢到学校来，现在看到这个结果很感动。自己一定要更努力工作，让学生更喜欢学校。"

关于学生们喜欢上学的理由，排在第一位的是：同伴。

很多同学写道：放假后爸爸妈妈都去上班了，我一个人在家里写作业，感到非常无聊。有些学生上了若干个学习班，放假比上学还要忙。还有的毕业班的学生说，一个十一假期，每科老师都要发试卷当家庭作业，恨不得有一百份卷子，还不如在学校与同学们一起做更好些……

孩子们的世界到底是什么样的？学生们到底在想什么，需要什么？成人必须俯下身来，从孩子的眼光来看这个世界，才能够真正了解他们的精神世界，才能够真正成全一个个活泼泼的生命。

第二章

基于评价的逆向教学设计

导 读

逆向教学设计是以确定预期结果为开端的，也就是先根据学情设计可操作、可测量的学习目标，然后确定可接受证据，即确定成果评价标准。继而设计学习体验和教学，也就是设计学习活动。这种教学设计的最大特点就是即时评价或称嵌入式评价，也就是课堂评价是如影相随在学习目标、课堂问题、课堂活动之中的。评价过程、教学过程、学习过程同行并进，也称之为"教学评一体化"教学设计。这不仅有利于学生深度学习，而且有利于学生产出学习成果，提高学习成效。

第一节　基于评价的课堂教学流程设计

一、逆向教学设计分析

1999 年，美国课程与教学领域的专家威金斯和迈克泰在反思传统教学设计不足的基础上，提出了一种新的教学设计模式——逆向教学设计，即"从终点——想要的结果（目标或标准）开始，根据标准所要求的学习证据（或表现）和用以协助学生学习的教学活动形成教学"。

逆向教学设计的流程是：

确定预期结果→确定可接受证据→设计学习体验和教学。

相当于我们所做的：

确定学习目标→确定成果评价标准→设计学习活动。

教师为达到一定的教学目标去设计教学活动，设计考察目标是否达成的方法。要将已经设计好的评价融入教学活动之中，强调目标为起点和归宿，活动设计是教学达成的手段。

这里，可以用布鲁姆教学目标翻转的方式进行解读。如图 A 所示，根据布鲁姆设计的教学目标，学生的学习是从识记开始的，然后是理解、应用、分析、评价，最后抵达创造，这是课堂教学的顺向设计思维。如图 B 所示，在基于评价的逆向设计的课堂上，学生的学习是从创造切入的，是在运用中掌握的，最后的理解与识记只是自然而然达成的结果而已。

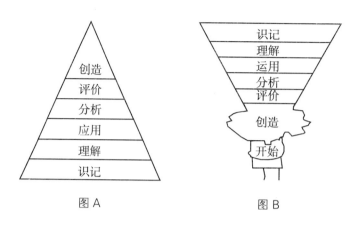

图 A　　　　图 B

逆向教学设计最大的特点就是即时评价。"目标、评价与教学的一致，是目标达成的根本保障"，"教学设计的有效性最终取决于学生的学习成果"①。教师以评估者的身份进行教学，评价标准先于教学实施，教学过程伴随着评价过程，牢牢地盯住学生的学习效果，对学习目标的达成具有积极意义。

二、理想课堂基本教学流程

教学流程是教与学的有机结合与统一，是师生围绕教学目标、任务在时间与空间上展开活动的过程。教学流程不是以知识学习为线索，而是以学生的自主学习为线索，通过教师"教"的流程来指导、帮助学生"学"的流程，与教什么、怎么教、教的效果紧密相连。

从教育哲学、系统科学、认知心理学、建构主义理论出发，在吸纳逆向教学设计思想、卢仲衡的自学辅导教学法、邱学华的尝试教学法、张熊飞的诱思探究教学法、李吉林的情境教学法、王敏勤的和谐教学法、顾泠沅的青浦实验、熊川武的自然分材教学等多种教学流派精华，归纳总结洋思中学、杜郎口中学、东庐中学等的课改经验，研习名师的课堂教学，深入分析国内外的相关文献与现实中的教学样例，归纳其共同元素的基础上，我们梳理构建了理想课堂的操作环节与基本教学流程（见下页图）。

---

① 叶海龙.逆向教学设计简论［J］.当代教育科学，2011（4）：23-26.

理想课堂基本教学流程

教学评一体化	学生	流程	教师	师生 生生互动
	独立思考找出疑难	自主学习	导入课题展示目标	
	合作交流讨论探究	合作探究	组织讨论安排展示	
	展示点评质疑升华	交流反馈	解疑反馈质疑提升	

⇆ 学习成果 ⇄

教学流程是教学环节展开的过程，从上图可以看出，理想课堂的基本流程是"自主学习，合作探究，交流反馈"。从学生角度讲，这个环节就是"独立思考找出疑难，合作交流讨论探究，展示点评质疑升华"。从教师角度讲，这个过程就是"导入新课展示目标，组织讨论安排展示，解疑反馈质疑提升"。这当中包含着嵌入式即时评价、师生互动与生生互动，最终目的是学生产出学习成果。

如果用简要的字来归纳的话，理想课堂的基本教学流程可以概括为四个字："学议展评"。（1）学：学生先自主学习，也就是预习，可以放在课下，也可以放在课上，视情况而定。预习的目的是学生找出疑难点、不会的地方。（2）议：先同位讨论，解决不了的问题提交学习小组，小组解决不了的提交全班，学生解决不了的教师出面解决。（3）展：展示学生的学习困惑和成果，把学习的舞台让给学生。（4）评：学生互评与教师点评。解决疑难，归纳总结知识结构。这个评是渗透在"学议展"之中的。这几个环节可以在课堂上循环使用，而且可根据教学内容的不同拓展出不同的变式。

二、课堂教学流程关键要素与案例分析

教学流程是学习活动的充分展开，理想课堂的教学流程有几个不可忽视的关键方面。

1. 瞄准目标，先学后教

以国家教育方针、学生发展核心素养、学科核心素养和课程标准为依据，努力把握学情，了解学生的实际状态：学生提出的问题是什么，哪些懂

了,哪些不懂,可能在哪儿感兴趣。教师需收集学生学习的数据改进教学,根据学情进展情况调节教学行为。课堂教学的开端是学情的考察,找到课堂教学的起点,这是很多教师容易忽视的。考察学情,有的可以放在课下,有的需要课上完成。放在课下的教师要细致认真指导,放在课上的,可以是学生自主学习时,也可以是同位讨论、小组讨论或者学生回答老师问题互动时。

教师对教学内容要深入分析,找出学生学习的重点、难点、易错点,确定学期教学目标、单元教学目标、课堂教学目标,让目标合适、准确,重点明确、集中。

理想课堂倡导先学后教,先学意味着学生要进行预习。预习可以放在课前,也可以放在课上,这要视学科与教学内容而定。如果教学内容需要学生课下搜集资料,如学生在学习数学的统计知识时,需要实地到饭店去调研服务员的工资收入,那么就必须安排课前预习。为了防止学生因预习而失去对知识学习的新鲜好奇感,或者防止学生课下抄袭参考资料的假预习,就可以把预习安排在课上完成。比如,初中物理探究电流与电压的关系,可以在课堂上让学生对照实验器材预设实验步骤,开展实验操作,保持学生对知识探究的情趣并提高预习效率。

教师应对学生的预习进行有针对性的、强有力的指导,也就是要给学生自主学习的"拐杖":把教学目标转化为学生的学习目标,给学生提供自学方法。合理设计学生自主学习问题,最好不要把难点问题放在预习环节,让学生养成自我检查预习效果的习惯,再进行小组互相检查,把检查结果列入评价内容。学生的预习可以求助于家长、亲朋、合作小组同伴、网络等,最大限度地让学生自己学习能会的知识。

学生预习的方式可以多种多样。以语文学科为例,预习不是简单地预习课文,而是可以围绕拓展类的、有利于深入学习课文的内容来进行。比如,学习《散步》,可以先让学生写一篇以《散步》为题的文章,再让学生去学习《散步》这篇课文,这样学生会更容易体会到作者作文的精妙之处。在学习《林黛玉进贾府》《葫芦僧判断葫芦案》《香菱学诗》时,可先让学生读整本的《红楼梦》,可以读简写本,也可以看电视连续剧和电影,帮助学生更好地理解、把握教材。

2. 问题导学，合作探究

人们对问题的探索是一种本能，也是一种主动求索的过程。教学中问题的产生方式、问题的组织形式、问题的解决途径等都对学习结果有着重要影响。在教学流程中，要注重让学生动脑、动口、动手，要明确学科教学中培养学生什么样的能力，明晰哪些知识要让学生掌握以及运用到什么程度。

自学是一种很好的学习方法，能动地独立接触新知、自主尝试、自我思考，使学生成为学习的开发者。这种独立获取知识的能力一旦形成，将极大地促进学习效率提高，让学生受益一生。

问题导学的步骤是：问题由学生自学产生，个人解决不了的问题放在小组中讨论解决，小组解决不了的问题由全班同学解决。学生实在解决不了的问题，教师出面解决。由此，以问题为导引，培养学生的探究能力。问题是提高教学有效性的重要工具，要鼓励学生发现问题、解决问题。要把问题融入课堂教学实践的每一个细节、环节中，锻炼学生的思维。

钱梦龙老师在讲《故乡》一课时，由于借班上课，学生预习后反映"没有问题"。钱老师就对学生进行了启发指导，帮助学生学会提出问题。结果，学生一下子提出了600多个问题！钱老师不仅让学生知道了应该怎么提问，更告诉学生，学问学问，问对于学非常重要。

教师要对学生提出的问题进行科学理答。如黄厚江老师在讲《阿房宫赋》时，是这样说的："今天我们一起学习第三个专题第一个板块的第二篇课文《阿房宫赋》。同学们在课前预习课文时，提了很多问题。但是大家提的问题我们在课堂上不可能一一解决，实际上也没有必要一个一个地解决。因为很多问题，只要把注释用心琢磨一下，把上下文结合起来想一想，就能够自己解决。在这里，我们一起研究几个具有普遍性的问题。"[1]这里，学生们首先自主学习，然后提出问题。这些问题，黄老师认为有些是"假问题"，是学生可能通过自己的努力而自行解决的，学生"非不能也，是不为也"，因此黄老师鼓励学生们自己去解决。而且黄老师给出了具体方法：看注解、察语境。黄老师指出这节课要解决"普遍性的问题"，这些问题来源于学生，是学

---

[1] 黄厚江. 你也可以这样教阅读[M]. 南京：江苏凤凰教育出版社，2014：16-17.

生提出的，这是基于学情考察之后得出的，这种问题导学的基础就是对的。

钱梦龙老师在讲《故乡》时是这样开篇的：

师：昨天，同学们提出了许多问题，都提得很好。有两位同学各提了20多个问题，又多又好。大家提的问题涉及课文的各个方面，我把它们分为七类。（板书：一、一般提问；二、回乡途中的"我"；三、闰土；四、杨二嫂；五、宏儿和水生；六、离乡途中的"我"；七、写景。）大家提了这么多问题，第一步走得很好。那么，第二步该怎么走呢？大家说说看。

生：（齐）解决问题。[①]

钱老师将学生的提问分成了七类，下面的教学全部是基于学生的学情进行的。教师根据学生的问题依照类别分别进行探究。教师对问题进行了归纳梳理，围绕小说的特点，抓住人物（从主到次）、环境（社会的、自然的）逐一进行探讨交流，直至领悟文本的思想内涵。教师的主导作用显而易见。

合作探究学习是指学生在小组或团队中为了完成共同任务，在学习情境中通过观察、阅读，发现问题、搜集信息、形成解释、获得答案并进行交流、检验，有明确责任分工的互助性学习。合作探究学习有助于培养学生的合作精神和竞争意识，有助于因材施教、分层教学、同伴互助，有助于培养学生的思维能力、创新能力。合作探究学习应在学生自主学习的基础上进行。

四川绵阳三台外国语学校的曾富强老师在讲《三角形的三边关系》这节课时，以一个教学情境引入课题：同学们喜欢去游乐场吗？（生：喜欢。）游乐场里可好玩了，有摩天轮、穿梭机等好多玩具。游乐场还要搭一个三角形的架子，现在已经准备了两个长分别为6米和4米的钢管，假如你是设计师，你会再设计一根几米的钢管才能搭成三角形？（取整米数）

学生先进行猜想，然后进入合作探究阶段。

活动一：围一围，初步感知哪些能围成，哪些不能围成。

师：老师为每个小组准备了4根小棒，大家在这4根小棒中选一选，围

[①] 钱梦龙. 钱梦龙经典课例品读[M]. 上海：华东师范大学出版社，2015：1.

一围，想一想，能围成三角形的三条线段有什么秘密呢？（三组小棒组合：4、5、6、10，3、5、8，9、6、6、6、10。单位：厘米。）活动要带着目的性，请看探究要求：

（1）从四根小棒中选取三根小棒。

（2）记录每次使用小棒的长度。（取整厘米数）

（3）围一围，看看能否用所选小棒首尾相连围成一个三角形，把每次研究的结果填在表中。（提示：首尾相连什么意思？）

实验次数	三根小棒的长度（厘米）			能否围成三角形，能的"√"，不能"×"
	第一根	第二根	第三根	
①				
②				
③				
④				

教师引导学生思考在操作过程中怎样能够又好又快。学生讨论后开始动手。

3. 精讲多练，解疑提升

以学生为主体绝不是一个简单、作秀的口号，而是一个具体、实在的指导理念。以学生为主体的重要方面就是要激发学生的学习愿望，把学习的主动权交给学生，引导学生把学习看作有质量的自主学习过程，激发课堂教学的生机与活力。然而，仅仅实现学生的主体地位是根本不行的，还必须充分发挥教师的引导作用，让学生的思维成为一种发展的、动态的、生成的过程。课堂上，教师在把握教学内容方面需格外注意：那些规定性的重要内容可能会被学生冷落，教师要进行引领，把教师需要教的内容转化为学生的学习需求。

精讲多练的是针对学生的疑难点，重点解决学生的困惑。练习要根据教学的重难点进行。

钱梦龙老师在教学《论雷峰塔的倒掉》时，有一个教学环节是这样组织的：这篇文章比较难学，要真正读懂，还有很多难题要解决。同学们在自读中提出了不少问题，做了问题卡片。接下来我们就来讨论大家提的问题。由于问题多，时间有限，只挑选了一部分卡片并编了号，请拿到有编号的问题卡的同学，按序号提出问题。① 这里，钱老师按卡片序号引出问题，非常巧妙。钱老师不仅鼓励学生提问，而且对学生问题的理答处理得非常得当，突出了精讲要求。

黄厚江老师在讲《黔之驴》时，是这样安排学生练习的："我们刚才解读了驴的故事，也解决了虎的故事，下面我们开始根据课文从不同角度讲故事。请同学们不看书，讲一讲《黔之驴》的故事，好不好？请大家注意：前面我们读课文时说过，讲故事，首先语调应该怎么样？（部分学生：夸张一点。）对，适当夸张一点，可以突出形象特征，表达自己的感情。其次，要注意口语化，不要仅仅是翻译。比如'荡倚冲冒'，就不必说成'碰撞靠近冲击冒犯'，可以说'老虎就用各种动作戏弄挑逗驴子'；'驴不胜怒'，也不必说'驴子承受不住愤怒'，可以说'驴子终于忍不住发怒了'。还可以适当想象补充，当然不能脱离原文，不能违背原文的意思。比如'蹄之'，不妨说成'使足浑身的力气向老虎踢了一下'。"②

我所听的一节九年级的数学复习课上，学生同桌对学、小组互学、全班群学之后，仍然解决不了的问题，教师出面讲解，并引导全班同学对感到最难解出的一道习题归纳出了一题多解的方法，而且还拓展提升到了高中的一部分知识。

可见，学生的练，是基于学情的练，是教师有效指导下的高效率的练。教师的引导示范，既有对学生的点拨、解疑，更有对学生学习水平的真正提升，这样，学生的学习是有成效的。

4.教学评一体化

教学评一体化就是教师的教、学生的学与评价相一致，相融合。教、学、评共同指向学习目标。

要设计合适的评价量规。评价量规是描述性的评分量表，列出了对某种任务的一系列评价标准，其目的是为了分析学生学习结果，包括学习作品和学习过程。作为一种评分工具，它是连接教学与评价的一个重要桥梁。特别

---

① 钱梦龙.钱梦龙经典课例品读［M］.上海：华东师范大学出版社，2015：145.
② 黄厚江.你也可以这样教阅读［M］.南京：江苏凤凰教育出版社，2014：77-78.

是，评价量规能有效地评价学生能力、情感态度等方面的学习成果，而这些往往不能在传统的纸笔测验中体现出来。

评价量规具有评价要素、指标、权重、分级描述这几个基本构成要素，但并非必须，形式可以多种多样，有的量规采用表格形式。

反思评价有利于培养学生的元认知能力：让学生对照学习目标分析学习要达到的效果，对自己的学习进行自我诊断和同伴评价，更好地发现并解决学习任务中出现的问题，不断作出改进和调整。教师利用评价可以及时了解学生的学习信息，为教学反思提供依据，也有利于对学生学习的不足及时给予帮助和引导，使对学生的导学和助学更有针对性。如在信息技术支持下的课堂上，教师可以即时在技术平台上获得学生做题后的汇总反馈数据——做对同学的比例、做错同学的比例、哪道题出错率最高等。针对这些信息，教师可以让学生自己反思、讨论出错原因，及时纠错、解疑。

5. 产出学习成果

学习成果是学生是否真正学会的证据体现，教师要提供合适的内容、问题、教学活动设计帮助学生获得学习成果并展现学习成果。学习成果表现形式很多，可以是学生的口头回答、背诵、计算、复述、表演等，也可以是文本产品、作品等。

由于知识之间的关联性，课堂教学传授的不是孤零零的一节一节的支离破碎、片段的知识，而是具有一定逻辑关系的知识结构。老师要帮助学生把一节课的教学内容纳入一定的知识体系之中。

在山东德州，我听了江苏省宜兴市实验中学的王俊校长执教的《如何认识区域——以南非为例》一课，他始终以"认识区域"的知识树（见下图）统领课堂，帮助学生掌握认识区域往往可以从四个方面入手：一是学习地理思维，包括地图法、比较法、综合法、人地关系；二是从人文环境方面分析，包括经济、城市、人口、文化；三是从自然环境方面分析，包括资源、河湖、气候、地形；四是从范围位置分析，包括相邻、海陆、纬度、半球。这样，教会了学生概括知识的关键特征，认识知识的内在联系，形成知识的框架结构。学生学习了这一节课之后，所有"认识区域"的课就都学会了自学。

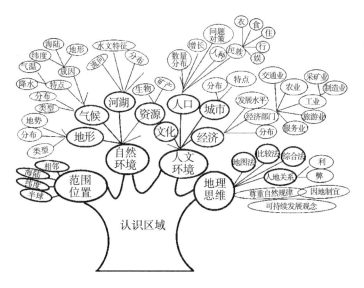

这种梳理知识结构的方法可以迁移到其他各门学科。

基于评价的逆向教学设计以学生创新出学习成果为评价标准，这个成果是教师以"助产师"的身份帮助达成的。这个成果是多样化的，比如学生用思维导图梳理的知识结构、一次演讲、一篇作文、一个手工作品等，学习成果是与最初的学习目标设计——呼应的。

一节课的教学效果不在于教师教了多少，而在于学生是否已经学会。要最大限度地保证学生学的时间，减少教师讲的时间，确保学生有练的时间。教学流程的展开是师生共同推动的，教师不能作为独裁者。推动教学流程进行的力量是学生已有的学习经验、学生学习过程中的问题和体验、学生对达成目标与产出成果的期盼。推动教学流程前行的另一种力量是教师的问题设置、点拨引领、归纳总结。

怎么把课堂还给学生？给学生时间，让他们自己去安排；给学生问题，让他们自己去探究；给学生机遇，让他们自己去抓住；给学生矛盾，让他们自己去处理；给学生权利，让他们自己去选择；给学生项目，让他们自己去创造；给学生大海，让他们自己去遨游；给学生天空，让他们自己去飞翔。

第二节　基于评价的课堂学习目标设计

课堂学习目标是课堂教学首先要精心设计的重要内容，以往我们习惯从教师视角谈，称之为教学目标，这里采用学生视角，称之为学习目标。一节课的质量与一节课学习目标的质量有着直接关系。

在基于评价的逆向教学设计背景下，课堂学习目标设计要根据评估证据具备可操作性特征。教师以评估者的身份在设计目标之初就要考虑在目标呈现中，是否可以获得证据来了解学生是否已经学到了应学的内容。

一、课堂学习目标设计存在问题

调研发现，不少教师对课堂学习目标的确定，往往凭经验或照抄参考书，存在违背一般原则的不规范现象。学校虽然检查教师的教案或导学案，却没有格外检查教案或导学案中是否有学习目标，更不用说检查学习目标设置得是否科学合理。加上有的课堂教学并不展示学习目标，造成了很多教师目标意识不强，没有从内心深处真正重视学习目标设计，也根本没有在行动上加强对学习目标的重视，目标制定具有盲目性与随意性，影响了课堂教学效率。课堂学习目标设计是教师的一项重要能力，看似简单，实际上任重道远。因此，很有必要理清存在的问题，探索科学设计课堂学习目标的策略。

根据听课与阅读相关资料，我梳理出课堂学习目标设计主要存在如下问题。

1. 表述用语不清晰

华东师范大学教育系曾对一所重点中学展出的 35 份教案作过一次统计，发现 5 份无目标陈述，其余 30 份陈述目标常使用的词语是掌握、了解、培养、理解（见下表），这些词语所表达的教学意图是含糊的。①

词语	30 份教案中出现的次数	词语	30 份教案中出现的次数
掌握	21	培养	9
了解	14	理解	7

学习目标中如果使用一些混杂的、无法观测的描述心理状态的术语或抽象动词，会使得学习目标空泛不实，表述笼统，难以操作，难以对学习活动发挥应有的指导作用，也为确定是否达到目标造成了困难，导致教学效率低、教学效果差。

2. 以教师为中心定目标

教师由于对学习目标的功能认识不清，加之受传统思维习惯的影响，常常不自觉地随意转换学习目标的主体，如"培养学生……""引导学生……""使学生……""教育学生……"等表述俯拾皆是。这是以教师的施教行为代替了学生的学习行为。学习目标的设计以教师为主体，而不是学生，违背了"发挥学生主体作用"等教学原则。同时，目标的叙写缺少"默写、说出、列举、认读、复述"等表现学生外显行为的动词及可检测的目标，使得学生的知识和能力是否达标不容易认定，对评价教学实效价值不大。

3. 脱离内容实际定目标

不少教师对文本研究不够透彻，却热衷于各种教学方法的求新，盲目挖掘文本的人文性，随意拓展，脱离文本实际。如将《为人民服务》一文的学习目标设计成"理解论点、论据、论证三要素之间的关系"。其实，表面上看这篇文章是议论文，但此文议论文的三要素并不明显，需深入分析、归纳才能明确，这显然不利于学生学习。这篇文章属于语文版八年级下册第四单元，该单元是以演讲词为中心设计综合训练的，是以演讲为组元特征的，这篇文章也恰恰清楚地体现出演说文的口语特征，毫无疑问，设计学习目标就应围

---

① 皮连生.学与教的心理学（第三版）[M].上海：华东师范大学出版社，2003：250.

绕演讲词的基本特征及写作要求。又如有的教师执教《荷塘月色》，让学生寻找中心句、掌握中心句的作用就是不恰当的，因为中心句在该文并不突出。

4. 目标能级水平偏差

教师对学生的学习状况缺乏深入了解，致使学习目标出现能级偏差。细读《义务教育语文课程标准（2011年版）》，各个年级段的阶段目标是不同的。如"理解词语"这一目标，在小学阶段便分为了三个能级——第一学段（1～2年级）："结合上下文和生活实际了解课文中词句的意思，在阅读中积累词语。"第二学段（3～4年级）："能联系上下文，理解词句的意思，体会课文中关键词句在表达情意方面的作用。能借助字典、词典和生活积累，理解生词的意义。"第三学段（5～6年级）："能联系上下文和自己的积累，推想课文中有关词句的意思，辨别词语的感悟色彩，体会其表达效果。"[①] 对5～6年级的学生来说，如果老师把主要精力放在通过查字典等方法去理解词语的意思就是与学习目标的能级不符。

5. 目标缺乏灵活性

为应付考试，一些教师在设计课堂学习目标时过分强调知识性，呆板僵化，阻碍了师生发散思维。如《背影》的传统目标设计：能掌握本文的中心思想和写作特点，能正确把握文章段落的划分。这种目标设计在教学中很好操作，但容易导致学生死记硬背，不利于学生思维能力的培养与长远发展。课程标准是国家制定的某一学段共同的、统一的基本要求，每个学生都是特殊的个体，学生的发展具有巨大差异，为了照顾学生的差异，可以在课堂上根据学生的实际情况作适当调整，在课堂学习目标的设计上就要体现一定的层次性与灵活性，使每个学生都学有所得，学有所长。

6. 目标的设计繁杂

我听一位教师教《从百草园到三味书屋》，可以归纳出的学习目标大大小小不下十几个：了解文章主要写了什么事情，体会作者表达的思想感情；了解作者是怎样进行过渡的，分析作者的写作顺序；体会作者童年时代在百

[①] 中华人民共和国教育部. 义务教育语文课程标准（2011年版）[M]. 北京：北京师范大学出版社，2012：8-12.

草园的乐园生活；培养学生热爱大自然，追求新鲜知识的童心；体会文章丰富的内涵和美学价值；掌握经典散文的解读方法；把握文章"情与景的关系"，辨析段落的中心句，体会中心句与文章主旨的关系；了解作者写了哪些景物；揣摩和理解文章精彩的语言；体会"我"对先生的敬重之情，并找出相关的词语进行分析；等等。另外，在课后练习中，还设计了学习目标：找出课文中使用对比手法的内容，学习两相对照的文章结构，体会作者写景手法的高妙。这些目标中，有的与文章几乎沾不上边，有的是无中生有硬加上去的，叙述混乱，既不合乎教学内容的要求，也不符合学生的认知规律。许多目标其实并不在一条逻辑线上，随意性大，跳跃性强，使得教学中心游移不定，致使教学过程缺乏逻辑性。

7. 目标大而失当

我曾经听过一堂《麦琪的礼物》，教师设计的课堂学习目标是：（1）学会尊重他人的爱，学会去爱他人；（2）理解小说情节结构；（3）理解小说塑造的人物形象；（4）理解小说的主题。学习目标的第一点还是有针对性的，但第二、第三、第四点就显得大而空了。学习小说，类似的学习目标是通用的——每一篇小说都有情节结构、人物形象和主题。这样设计课堂学习目标，就一点针对性也没有了，只是运用模糊与不确定词语来搪塞罢了，对引领学生学习没有实际意义。也就是说，当课堂学习目标中包括了过多的语文知识，实施效果就大打折扣了。

以上所述这些目标设计既不利于学生对学习目标有清晰的认识和把握，也不利于教师帮助学生达成目标和考核学生的目标达成情况。

二、课堂学习目标设计操作策略

学习目标是课堂教学设计的核心，也是教学的起点与归宿，是开发教学内容，创造性使用教科书和课程资源，灵活选择教法，进行科学调控和评价的依据，对整个教学活动具有很强的引领性和规定性。只有有了明确的学习目标，才能科学地设定学习内容，组织和调整学习材料，合理安排和开展学习活动，大力提高课堂教学效率。

国外有一种正式的观课评教,叫"结构性的课堂观察","观察前的准备工作表"有十项内容,其中与教学目标相联系的就有四项:该课的教学目标是什么,即学生在这堂课上将会学到什么?为什么教学目标是适合这些学生的?这些目标是怎样来支持学区课程以及内容标准的?这些目标是怎样与更广泛的课程目标相联系的?[①]

教师应高度重视课堂学习目标设计,积极探讨学习目标设计的有关策略。一般说来,一节课的学习目标要素包括行为主体、行为动词、行为条件和行为程度等四个要素。例如:"在熟读的基础上,学生能将文中陈述事实与发表议论的句子进行分类,至少有85%的句子分得正确。"在这个课堂教学目标中,行为主体是"学生",行为动词是"将……进行分类",行为条件是"在熟读的基础上",行为程度是"至少有85%的句子分得正确"。当然,这四个要素教师可以灵活把握。(见下表)

目标要素	要求	示例
行为主体	学生	学生应该、学生要、学生需、学生做到
行为动词	描述可观察、可测量的具体行为	说出、背诵、辨认、列举、复述、解释、概述、归纳、推断、说明、设计、制作、模仿、举一反三
行为条件	影响学习结果的限制或范围等	用尺子在中国行政地图上标出、在十分钟内做完、根据所提供的文章来概括
行为程度	学生对目标所能达到的最低水平,学习结果所能达到的程度	至少给出三种解答方案、能做对80%、完全无误、能默写其中的一首诗、能解释其中的九个关键词语、能说出各种四边形之间相互转换关系

如下所示的高中生物"说明细胞的分化"的学习目标,是一种标准的学习目标设计方式。

(1)能自己组织语言完全无误地解释细胞分化的含义。

(2)在教师的提醒下能推断分化的特点,准确率至少达80%。

(3)在新的情境中能扩展分化的意义,至少能说出一点。

---

① [美]丹尼尔森,等.教师评价——提高教师专业实践能力[M].陆如萍,等,译.北京:中国轻工业出版社,2005:86-89.

（4）能在具体的情境中区分分化程度与分化能力的关系，准确率至少达60%。[①]

从学习目标中可以看出想要的学生的学习成果。

以下谈谈我在语文课堂学习目标设计策略方面的尝试。

1. 目标设计应以学生为主体

课堂学习目标是指通过课堂教学所要达到的预期的学习结果，是指向学生的变化的，教师的职责是引导学生主动学习、探究学习、合作学习，帮助学生在学习活动中体验成功的快乐。教师应该做什么并不是学习目标所应陈述的内容。学习目标的设计是为了使教师把握教什么、怎么教，使学生明确学什么、怎么学。课堂学习目标的制定须从学生学的角度考虑，而绝非只考虑教师的教。我们特意强调要设计的是"学习目标"。学习目标陈述的应是学生通过学习而产生的行为变化和学习结果，因此须把学习目标真正转化为学生的学习应达到的要求。在学习目标陈述上必须以学生为主体，切忌使用像"引导""培养""组织""教会"之类描述教师行为的语词，而应用"认读""背诵""解释""写出""仿照……对……写一段话""对……作出评价""根据……对……进行分析"等来描述。学习目标应采用可观察、可操作、可检验的行为动词，以增强所设计学习目标的实效性。传统中使用的"熟悉""揣摩""体会"等笼统、含糊、难以观察、仅表示内部心理过程的动词，则难以测量和检验。而采用"说出""描述""说明""分析""讨论""交流"等能直接反映学生活动的行为动词，则意义明确、易于观察、便于检验。甚至有必要直截了当地点明学习什么字、词、句，怎样的人、事、物等。

2. 目标简洁清晰针对性强

科学合理地设计课堂学习目标应有课程意识，课程标准对不同学段的目标要求是不一样的。学习目标既不能越位，也不能不到位。钻研课程目标与教材是教学活动的起始环节，深浅程度直接影响到教师对学习目标的设计水平。教师如果只掌握些零碎的理论概念、提问技巧，看起来很出彩，放在一堂课中则可能会相互冲突，没有多少作用。课堂学习目标的设计要考虑一

[①] 崔允漷. 有效教学 [M]. 上海：华东师范大学出版社，2009：114.

篇文章在教材中的整体地位，考虑编者希望该文章所要承担的知识序列的示范价值。在设定课时目标时，要从整体出发，把眼前所教的这一课放到一个单元、一册书、一个学年、一个学段的具体要求上考虑。一篇课文分几课时上，每一课时要落实哪些目标，都应有科学安排。教师在设计课堂学习目标时，应使其上下关联，互为照应，分解合理，体现出科学的序列性。一堂课最好集中一两个学习目标，以便于教师组织教学，也利于学生集中学习和掌握。当然，每一个教学板块可以设分目标，但这些分目标、中间目标，都要围绕全课统一明确的贯穿主线，指向总目标。人教版语文七年级上册第三单元的文章都以大自然为描摹对象。单元提示要求："品味诗文优美的语言是一种艺术享受。要反复朗读，在整体感知内容大意的基础之上，揣摩、欣赏精彩句段的词语，并将它们摘抄下来。"教师不能把单元教学要求直接挪为一节课的学习目标，而是要进一步深入钻研教材以合理设计。如《夏感》这篇文章，作者发现了充满整个夏天的"紧张、热烈、急促的旋律"，写出了自己对夏天的独特感受，从这里着眼定学习目标比较恰切。上文所述《麦琪的礼物》一课，可把学习目标设计成：（1）品味作品巧妙的构思，引人入胜的悬念，出人意料的结尾。（2）体会详略得当的处理材料的方法。（3）学会尊重他人的爱和爱他人。

课后习题也同样体现了教材编写者的意图，其中显示的信息不是文本的重点，就是难点，因此，这必然是学习目标的重要组成部分，就不能把课后题目当成课后学生的自由练习题随便处理。如《桥》课后的习题2是："课文里的老汉是个怎样的人？你是从哪些地方感受到的？"从这里可以得到启示：这是非常关键的问题，只要学生能通过读书说出答案，就说明他们理解了课文内容，而且体会出了文章的思想感情。因此，这一课的学习目标就可以设为："能认真读书并小组讨论，说说课文里的老汉是个怎样的人，自己是从哪些地方感受到的。"

3. 突出学科核心价值

语文课的根本目的是学科性的，是增强学生的听说读写能力。语文课就是要展示语言文字的美丽和魅力，无论如何也不能脱离语言和文字，这是语文之本。语文课的学习目标要定位在培养学生的语文能力上。因此，必须重视语言教学,必须讲究咬文嚼字,培养和提高学生理解和运用祖国语言文字的能力。课堂学习目标应着眼于研究揣摩选文的内容结构、写作技巧和语言风格等。对文选型教科书,应确立文本的主要特征,防止对文本的浅读、误读和衍生解读。教师应适当弱化文本可能隐含的其他教育价值,应善于从文本的原生价值中寻找到课文的教育价值,防止随意逸出文本,恣意解构。如有的教师把《明天不封阳台》的主题定位在"环保"上就属于语义层面的浅读。"人要守护好自己的精神家园"是本文哲学层面的主题。《我与地坛》这篇文章,如将学习目标定位为朗读能力的培养,或定位为通过反思对照感受作品中亲情的情感基调,或定位为通过分析感受生命的意义等,都算是完成了学习目标。但是,郑桂华老师认为:应从语言的角度,挖掘出这一篇文章在语文学习上的价值,感受作者的处境、个性、思想特点与语言表达的关系,使学生学习一篇文章,获得阅读一类文章的方法,提高语文的感受能力、学习能力、鉴赏能力。具体说来,她重点用《我与地坛》的第一部分,引导学生梳理关于景物描写的知识,使其通过景物描写这样的具体例子,感受语言与情感表达的关系,并潜移默化地理解一个人的精神家园在他心目中的地位。① 这样做正是突出了语文课堂教学的核心价值。

4. 选取合宜的角度

文选式的教材体系决定了语文教学有较大的随意性,一篇文章往往可以有多个训练角度,在教学时务必找准侧重点,选好主攻目标。叶圣陶先生认为:文章是多方面的东西,一篇文章可以从种种视角来看,也可用在种种目标上。例如朱自清的《背影》可以作为"随笔"的范例,可以作为"抒情"的范例,可以作为"叙述"的范例,也可以作为"第一人称立脚点"的范例,此外如果和别篇对照比较,还可以定出各种各样的目标来处理这篇文章。②

因此,针对同一篇文章,选取哪个角度由它所在的阶段性目标及单元的组元方向来确定。实际操作中,还可根据文体内容定目标。文体作为文章的认知技能图式,是语文教学规律的体现。文体类型不同,目标取向就不同。

---

① 郑桂华.语文有效教学:观念·策略·设计[M].上海:华东师范大学出版社,2009:69.
② 孙绍振.《背影》的美学问题[J].语文建设,2010(6):41-44.

每一篇文章一般都有明显的文体特征，无视或放弃文章的体裁特征，就会使教学偏离方向，导致教学的低效。语文教材中很多是话题组元，可能是为了便于对学生进行人文教育，加上有些课文的文体本来就具有多样性，这样一来就不可避免地增加了学习目标确立的难度，教师要考虑教科书在选用文章时选择的是其中的哪一方面的教育价值，以利于把握方向设立目标。

5. 联系学生实际

了解每个学生的学习需要是成功设定目标的重要保证，教师应抓准重点、难点，摸清学生的最近发展区。成功的学习目标往往能唤起多数学生的认知需求。如李卫东老师在上《风筝》一课时，先让学生速读课文并把问题写在小纸条上。李老师浏览并简单解决若干问题后，与学生一起确定了以下三个需要共同研讨的问题：（1）为什么"我"看到远处有一二风筝浮动，就感到一种"惊异和悲哀"？（2）"二十年来毫不忆及的幼小时候对于精神的虐杀的这一幕"具体指什么？为什么说是"精神"的"虐杀"？（3）既然弟弟已经全然忘却那件事，"我"的心为什么依然沉重着？① 教师可通过课前谈话、作业批改、课堂问答、学情测验等方法了解学生的需要。联系学生实际，还意味着制定的学习目标具有较大包容性、层次性，这需要联系课文所处的层级序列。教师要面向全体，尊重学生的个性差异，使不同层次的学生都得到提高。可以采用像"谈谈你的感受""用你喜欢的方式""找出你认为最精彩的地方"等话语方式较大程度地包容不同学生的学习需要。要根据学生的年龄特征和已有的基础、能力，以及兴趣、爱好、特长等，仔细斟酌目标的难度，防止目标脱离学生实际，否则会抑制学生的积极思考与自主探究，无法最大限度地调动学生的兴趣与热情。

6. 目标设计要有灵活性

教师应从学生与文本的相互关系出发，使学习目标具有一定的弹性。不要僵化地预设学习目标硬性地控制课堂教学进程。学习目标的设定不要过于具体和详细，要给学生留足自主、自由思考的时间，以更好地拓展生成空间。有时看似简单、粗线条的目标，却能带来意外的收获。于永正老师在执

---

① 荣维东. 课堂教学目标的确定与陈述［J］. 语文建设，2007（2）：14.

教《林冲棒打洪教头》时将目标定为"朗读课文，说说林冲为人中最可贵的一点是什么"。这个目标为课堂现场生成预留了充分的时间和空间，调动了每一个学生的积极性，再加上教师的合理点拨引导，学习目标就实现得很好。同时，课堂教学是师生相互影响、共同参与的过程，是动态变化的，会不断有新生成的东西，有的甚至超出了教师课前的预设，所以课堂学习目标的设计必须有一定的灵活性，又必须预设好接纳始料未及的情况，让师生在互动中能够有即兴创造。同时，预设的目标在实施过程中也可根据需要随着课堂情景变化，随时调整。有位教师执教《五柳先生传》时，设计了"认真读书，分析人物"的目标，但是，课堂教学中学生们讨论"五柳先生是怎样的人"时，只看到了陶渊明"懒散、嗜酒、不求甚解"，在理解上存在严重偏差。这时就需要教师调动自己的知识储备，补充相关资料，及时纠偏，利用教学机智调整学习目标。

7. 三维目标相互融合

三维目标有着不同的育人功能。知识与技能：立足于让学生学会，主要解决学生"学什么"的问题；过程与方法：立足于让学生会学，主要解决学生"怎么学"的问题；情感态度与价值观：立足于让学生乐学，主要解决学生"为什么学"的问题。三维目标是课程目标，而不是课时目标。课堂教学中并不要求每堂课都必须按三维目标去设计，而应根据教学内容的不同加以区别对待。三维目标不是相互割裂的，而应该相互融合。我听温儒敏教授作报告时，记得他曾讲过一个典型的三维目标融合案例：在一次听课中，教师执教的课文是《在大海中永生》，这篇文章写的是把伟人邓小平同志的骨灰撒向大海一事。课文中有这样一句话："飞机在高空盘旋，鲜花拌着骨灰，撒向无限的大海。"读课文的时候，一个小男孩举手说："书上写错了一个字。"老师问："哪个字写错了？"男孩说："'拌'写错了，不应该写成提手'拌'，而应该是单立人的'伴'。因为不是'鲜花搅拌着骨灰'，而是'鲜花陪伴着骨灰'，不让骨灰寂寞。"全场一片掌声。在文本分析中，孩子用心体验，在字里行间中品出了感情。当时正有课本编写者在现场听课，接受了这位同学的建议，在后来的教材中，就改成了"飞机在高空盘旋，鲜花伴着骨灰，撒向无限的大海"。

第三节　基于评价的课堂问题设计

一、课堂提问中存在的不良倾向

问题是驱动课堂教学前行的"心脏",直接影响着课堂教学质量。多次听课后,我感觉课堂提问中存在着一些共性问题,现归纳梳理如下。

1. 提问一点即过,学生思考时间短

在关于"课堂提问中存在的问题"的调查中,55%的教师认为"留给学生思考的时间太短"是常见问题之一。教师提问后,留给学生思考的余地少,改变话题快,无形中舍弃了问题本身应挖掘的、值得探讨的东西,提问如蜻蜓点水,毫无实际意义,学生的主体地位得不到落实。如讲诗歌《大堰河——我的保姆》时,有的老师问:"诗中所写的大堰河关心疼爱'我'的情节,大家感觉熟悉还是陌生?"学生答道:"熟悉。"老师觉得对,就此结束。提问暗淡无光、索然寡味。若教师再问学生"为什么熟悉?自己的母亲是怎样爱自己的?你是否体会到了母亲的伟大?应怎样对待母亲?"等,便会有实际教育意义。有专家指出,若教师增加等待时间,课堂会发生以下变化:学生的回答时间变长;学生不回答的次数变少;学生回答问题时更有信心;学生对其他同学的回答敢于进行挑战或加以改进;学生会提出更多的解释。

2. 提问过于频繁,碎问碎答

教师在备课时,已预设好了每一个要问的问题,致使课堂教学拘泥于预设,缺乏生成,以"满堂问"代替"满堂灌"。教师提问数量过多使学生忙于应付,无暇深思,重结论轻过程,提问流于形式。有的教师试图挖掘文中的每个知识点,肢解课文,问题无论大小,面面俱到详细阐述。教师虽然责任心强，用心良苦，但破坏了作品的整体美，学生淹没在大量问题中，没有时间进行自主解读和质疑，不利于掌握知识，出力不讨好，得不偿失。学生看似在回答老师提出的零碎小问题，实质上还是老师讲授，学生只是在揣摩老师的意思。问题都是老师提出的，不是学生自主思考的，难以让学生与文本充分对话。如果问题难度过小，学生不思而果，容易造成思维惰性。虽然很多时候也热热闹闹，但课堂浅尝辄止，缺乏生成与灵气。有时，教师就是为了追求课堂热烈气氛而提问，在一定程度上是做给听课者看的。

一位老师教《天上的街市》时，在一个教学环节提了六个问题：

（1）课文所写的牛郎织女的生活是怎样的？
（2）牛郎织女的生活在诗歌和神话故事中有什么不同？
（3）诗人为什么要进行这样的想象？
（4）诗人为什么要用很多的"定然"？
（5）诗人为什么要进行这样大的改动？
（6）这首诗表现了作者怎样的思想感情？

以上每个问题单独看都很有思考价值，但仔细审视，六个问题尽管形式不同，实质相近，即对课文主旨的理解。一个教学环节要求学生解决的问题过多，会造成学生没有思维深度，只仓促回答，自主活动时间不够，最终变成教师自问自答。因此，这个教学环节可只设计一个问题：牛郎织女的生活在诗歌与神话故事中为什么不同？另外，问题的泛化使不同的学习目标杂糅在一起，影响学习目标有序、有效达成，上述关于想象的问题也是学习目标之一，放在体会写作特点的教学环节更为适宜。

3. 提问随意性大，过于概括或模糊不清

有的教师没有精心钻研教材重难点，课堂提问粗制滥造，或不够简洁，或空泛、抽象，随意性大，东拉西扯，偏离主题，让学生摸不着头脑，也就无法回答。如讲《假如给我三天光明》一课，教师开始就问："同学们，你们要从文章中领悟出什么样的生活真谛？"这个问题过于空泛、笼统，学生不知所措，无法给出确切答案。由此，学生思维能力的培养无从谈起，甚至无形中培养了学习不动脑的习惯。

4. 提问没有层次性，对较难问题没能铺设好台阶

问题设置梯度不够，提问超前、复杂，学生不能理解或只处于一知半解状态，出现冷场现象。如教《项链》时，学生刚初读课文，老师就提问"路瓦栽夫人的悲剧是怎样造成的？"，学生就不知从何入手。难度过高的问题，容易挫伤学生思维的积极性。

5. 没有充分考虑提问方式的使用条件

各种提问方式各有长短，应该视具体情况选择合适的提问方式。如果想让大多数同学都投入学习，最好不要先点名后提问，被提问者很紧张，而没被点名者则放松或放弃思考，等待观望，也使有想法的学生可能会感到失望。让学生按座次站起一个接一个地回答问题，表面上节省了提问时间，但是，可能造成问题设置与学生学情不匹配而影响效果的情况。让学生齐声回答提问，表面气氛活跃，可能有学生滥竽充数，不能真实地检查学生的学习情况。这对调动每一个学生的思维积极性不利。

6. 提问形式单一，简单僵化，提问面较小

教师忽视对问题的精心设计和组织，问题单一，过于简单僵化，缺乏科学性。如：今天你学会了什么？你知道了哪些信息？你能提出什么问题？……了无新意，很难促使学生积极思考，不利于学生的思维训练。

有的教师在一堂课只提问少数学生，提问比较固定，不能兼顾全体学生。有时，其实是用优生的思维代替了全班学生的思维。

7. 问题的开放性不够，忽视培养学生的提问能力

教师或许是怕学生的回答与自己想要的答案相去甚远，就把问题简化，只问"是不是""对不对""好不好""同意吗"等毫无启发性的问题。表面上，教与学双边活动热闹非凡，实际上问题多而滥，线索不清，重点不突出。表面上是提问，实际上是"灌输"，提问和思维的质量极低。所提的问题停留于表面，缺乏深度，学生在课本上可以轻易地找到答案。这既不能活跃课堂气氛，也不能充分调动学生学习的主动性，更谈不上创新精神的培养了。

有的教师重视自己提问，却忽视了培养学生的提问意识。有的教师没有为学生留出提问时间，或对学生的提问不理不睬，容易使学生的学习热情降低。

8. 理答不当，提问中流露出歧视现象

正确理答是提高提问质量的重要保障。有的教师不会正确倾听学生的回答，对学生的回答不作评价或评价不合理。有时只讲究回答的对与错而不作具体分析；或者消极反馈，打击了学生参与课堂交流的意愿，挫伤了学生思考回答问题的积极性；或者陶醉于学生能答出正确答案，不能灵活应变，追问扩大战果。还有的教师习惯于把学生的答案重复一遍，这虽然有利于其他学生听清楚，却浪费了宝贵时间。

二、课堂提问问题解决策略

针对课堂教学中提问出现的不良倾向，我们必须寻找到破解方案。

1. 围绕学习目标提问

教师要围绕学习目标进行有效提问，把课堂学习目标及由此产生的核心问题转化为有效的问题集。问题要针对需解决的教学重难点、能力发展点。通过问题设计，把课堂教学的相关内容引导出来。

2. 系统设计问题

问题的设计要站在育人目标，课程标准要求，学年、学期和单元的层面来进行，要考虑问题在知识系统中的地位和关系，根据目标要求与学生的实际情况，提出问题系统。这有利于拓宽教师的教学视野，更准确地把握课程标准。这是基于课程视野设计问题，使教学内容达到结构化、网络化，降低学生掌握知识的难度。

3. 问题有层级性

根据教学内容与学生实际情况，问题设计要层层深入，具有阶梯性。教师应精心设计问题，可以先从了解学生和查阅资料中尽可能多地发现问题，然后再根据需要对问题进行精心筛选。

4. 提问把握适当时机

何时需要提问，何时不需要提问，时机的掌握显示了教师提问能力的高低。问题的抛出不仅取决于预设时的设想，更取决于上课时生成的情况。

5. 问题简练明晰

为了解决重点问题，可以在充分论证思考的基础上设计主问题。主问题应聚焦于解决一节课的重点。问题的多少不是关键，重要的是问题的设计指向教学内容的核心，而且这个核心是清晰明确的。

6. 问题难度适宜

教师设计的问题太容易，价值不大；太难则学生回答不出，浪费时间。教师要在充分了解学情的基础上设计出难度适宜的问题，并让问题具有开放性，答案多元，给学生的创造性更多发挥空间。

7. 创设问题情境

好的问题情境来源于生活。

如在"乘法估算"的学习中，老师们从生活中取材：

例1：三年级学生小红每天从家走到学校，一般情况下，用10分钟左右可到学校。一天，数学老师问她从家到学校大约有多远，她思索了一下说："也就2000多米吧。"

教师让学生判断小红的估算是否正确。

例2：妈妈在农贸市场买了每千克8元8角的芒果4千克，摊主向她要了31元2角钱。

摊主少要了钱，怎么办？妈妈应该告诉摊主实情，不占小便宜。在这样的问题情境中，就可以适时对学生进行品德培养，也就是进行德育渗透。

三、基于评价的优质问题特点

逆向教学设计的特点在于评价是与学习目标、课堂问题、课堂活动的设计相伴相随的，评价时时嵌入到教学过程之中，优质问题能够有效推进教学工作前行。简要概括，基于评价的优质问题具有"四性"特点：

1. 思维冲突性

引起学生的认知冲突，激发学生积极思维。

如果问题是：请计算一下 $10 \div 2$ 等于几？这就只关注了计算，是一种简单的没有思维冲突的问题。

如果把问题改成：你能举两个 10÷2 等于几的例子吗？这样的问题就更多地关注到学生的思维开发，能够更好地让学生进行课堂讨论。

2. 情境趣味性

优质问题应该有趣味性、情境性，与生活相贴近。

例如，学习"日界线"之前，教师先讲一个小故事：一孕妇乘船从中国的上海去美国的旧金山，在日界线以西的东十二区先产下一女孩，越过日界线后，在西十二区又产下一男孩，但先出生的女孩却叫后出生的男孩为哥哥，这是怎么回事呢？

3. 启发引导性

问题提出时暗含着方法引导。

原提问：请同学们看这两个图表。

修改后：请同学们比较这两个图表，各说出它们的三个相同和不同点。

问题中的方法提示控制着思考的核心，是问题具有启发性的重要标志之一，是优质问题的显著特征之一。

例如："请依据世界表层洋流的分布图，归纳出世界表层洋流的分布有哪些规律？"再如："已知反气旋是气旋的逆现象，请同学们根据气旋的气压、气流运动方式和形成的天气等特点，利用逆向思维的方法来推测反气旋的特点。"学生在解决问题的过程中也就学会了归纳的方法和逆向思维的方法。

4. 创造成果性

优质问题的提出有利于学生进行发散性思维，开阔学生的思路，继而产生出自己的创新性产品。

例如：你能做出 10÷2 这样的案例吗？这样的问题比在前面所讲的两个问题就更进了一步，是让学生在做中学，可以通过生生之间的互动，产生出创新性成果。

以初中数学"等腰三角形的性质"为例：

请说出等腰三角形有哪些性质？（记忆水平）

将剪好的等腰三角形沿顶角的平分线对折，你能得到什么结论？（解释性理解，有思维冲击力）

你能运用全等的知识来验证等腰三角形的三线合一吗？（探究性水平，

综合解决问题能力）

因此，不同的问题设计，所评价的内容不同，应根据学科素养、课程标准、学习目标等的要求设计适合学生发展的课堂问题。

四、问题来源于何处？

通常的备课，问题来源于课程标准、教材要求，是由教师设计的。在理想课堂上，这只是问题来源的一个方面，更重要的方面是什么呢？

倡导鼓励学生提问，因为提出一个问题比解决一个问题更重要。

课堂上，看到一种现象非常普遍：

小学一年级的课堂，学生们为了抢到机会回答问题，激动地站起来，手臂举到最高，急切地喊着："我！我！我！……"多么令人感动、欣喜、振奋！但是，随着年级增高，学生逐渐变得不愿意举手回答问题。

学生的提问可以放在课前预习时进行，也可以在课中与课后，在现代信息技术条件下，学生可实现与教师、同学及其他各种资源的时时互动。

曾记得，有一位教师提问一个在课堂上小睡的学生，学生因不知所问，胡言乱语，教师却丝毫没有生气，极绅士地微笑着让他坐下。这给了我启发，在实践中，我始终注意保护学生在课堂上发言的积极性。

有一次我上物理课，学习惯性定律。这节课主要讲解了人坐在汽车上开车时容易向后倾的原因以及类似的物理现象。临下课时，我问："同学们还有问题吗？"一位学生举手，我高兴地请他发言。他一语惊人："我不明白，人坐在汽车上，为什么开车时容易往后倾？"话音未落，全班哄堂大笑。

当时我真的目瞪口呆，但很快冷静下来。

待全班安静后，我郑重其事地说："首先，我们要钦佩这位同学有勇气说出自己心中的困惑，这值得表扬。其次，现在立一个规矩——凡在课上，无论哪位同学提出什么样的问题，大家都不要笑。再者，当有同学发言时，大家要从心里感谢积极回答问题的同学，感谢他愿意与大家共享思维成果。其他的同学要用心倾听，积极去寻找错误和导致错误的原因，帮助同学认识错误，改正错误。这样，大家可以共同进步。"

课后，我与提问的同学交流并探讨答案，他说上课思想开小差没听见我的讲解，言语中很感谢我。而最好的感谢是他一直保持着提问题的热情，学习更加自信，成绩逐步提高。同学们也把不懂就问当成习以为常的事。

学生无论提什么样的问题，都是自主意识觉醒的标志，都应当得到教师的尊重。教师应努力使班级里形成一种良好风气，即不以回答的正误而戴有色眼镜看人，努力呵护每一位学生的自尊心。为了能使学生踊跃发言，我坚持创设民主的课堂氛围，给学生支持接纳的学习环境，为学生准备好敢问的心理基础，努力做到激发学生发现问题、提出问题的积极性，树立学生回答问题的信心。

我想，学生在课堂上积极回答问题就是对教师最好的赞赏。

我有一次听课，执教老师临下课时问："同学们还有问题吗？"

学生齐答："没有了。"

老师非常高兴："太好了，下课！"

这是一种值得商榷的教学观、问题观。我们所追求的理想课堂，并不是学生上完课后没有问题了，而是学生在解决了旧问题的基础上，又产生了深层次的新问题，促进了学生高阶思维的发展。

五、课堂问题分类

我们在课堂上使用了很多问题，但是否想过，这些问题可以分为多少类别呢？了解一下问题分类会对设计优质问题有很大帮助。归纳起来，可把课堂教学中的问题分为以下几个类型：（1）管理交际类问题。（2）简单事实类问题。（3）判断推理类问题。（4）想象类问题。（5）评价述评类问题。

有的老师或许没有特别关注"管理交际类问题"，而这类问题恰恰在课堂教学中承担着重要功能。

如果在课堂上发现一位刚入校不久的小学生在座位上屁股不断地扭来扭去，是不是要批评这位小朋友不遵守课堂教学纪律？不要！有经验的老师会俯下身子，轻轻地问一句："是不是想去卫生间？"一般情况下，这位小朋友就会箭一般地跑出去。可是，一等不来，二等还不来，有经验的老师会怎眼光选择课堂学习内容，学生也应培养选择个性化学习内容的能力。课程整合是教师所拥有的课程自主权之一，整合学科内、学科间、学科与生活及社会中的相关元素，打破学科壁垒，让学生学习最适合自己的，更精当、合理的知识。引导学生学习结构性知识或使学生学习的知识结构化，同时兼顾学习方式整合，这不失为实现"轻负担高质量"的科学路径。

三、基于信息化技术支持的深度学习

深度学习的特征是以理解为指向，可对应用、分析、综合、评价等较高级的认知层次，学生能够批判地学习具有挑战性的内容，形成内在学习动机，具有积极的情感、态度和正确的价值观，能够将学到的知识迁移到新的情境中，作出决策和解决问题。深度学习能促进元认知能力发展。互联网倡导开放、平等、协作、分享精神，信息技术的发展使学习方式具有碎片化、情境性与互动性的特点。信息技术可对海量的数据进行分析与反馈，这让教师能够更好地使用循证教学，根据学生的学习动态及时调整教学。信息技术模糊了课堂内外的界限，拓宽了课堂教学时空，使学生实现了泛在学习和移动学习，就是说学生可以在任何地方、任何时刻获取所需的任何信息，随时随地获得资源自主学习。这不仅使学生的学习增强娱乐性，而且使个性化学习成为可能，更有利于帮助学生走向深度学习。在纷繁的信息中，重要的已经不再是掌握特定知识，而是对信息的重要性作出判断，在各种可能的候选方案中快速作出抉择，这就突显了培养学生审辩式思维能力的重要性。这种思维更强调培养反思、质疑、分辨能力，是学生进行深度学习的重要思维品质，是创新人才的重要特征。

做呢？会从身上掏出卫生纸，悄悄地塞给小朋友的同桌，当然是同性别的，让其给小朋友送去。刚入学的小朋友是畏惧老师的，甚至不敢向老师提出去卫生间的请求。老师要学会用细致敏锐的心，为他解除烦恼。如果是没有经验的年轻老师，不分青红皂白就把这位小朋友劈头盖脸地批评一通，估计这位小朋友就惨了。

教师组织管理课堂的能力非常重要，课堂纪律乱哄哄不可能保证教学质量。有这样一个真实案例：一位初中老师在讲课，发现一位男同学在位子上讲话。这位老师非常生气。于是，气呼呼地跑到这位男生跟前，大声呵斥道："你给我站起来。"全班同学的目光都盯了过来。大家猜猜看，老师这样做会出现什么样的结果？

其实，无非会有两种结果：一种是这位同学乖乖地站起来了；另一种结果是这位同学就是不站起来，甚至用敌视的表情瞪着老师。这时候老师怎么办？我在课堂上给大学生讲这个案例时，有好几位学生竟然喊："揍他！揍他！"这些年轻气盛的学生真是信口开河！《教师法》第三十七条规定：体罚学生，情节严重，依法追究刑事责任。现实中的教训太多了，不要将"为了学生好"作为冠冕堂皇的理由。刚才说到的那位老师见学生不但不站起来，反而用敌意的目光盯着他，一时冲动，就伸手上前去抓学生的衣领。学生本能地扭身一挡，结果，学生伸出来的手恰好扇在了老师脸上。老师更加怒火中烧，"啪！啪！"两巴掌打在学生的脸上。结果，这位老师受到了严厉处分，甚至连工作都无法继续再干下去了。那么，在课堂上真遇到有同学肆无忌惮讲话，破坏课堂教学秩序，老师应该怎样处理呢？我让学生动脑筋思考。比如，老师可以暂停授课，看着讲话的学生。如果还制止不了怎么办呢？有办法，眼睛盯着这位学生一直向他走过去，但要保持相对安全的距离，千万不要与学生发生肢体冲突。就这样盯上几秒钟，什么也不要说，返回讲台继续上课，就OK了。老师不能在这种事情上与学生较劲，其实，当老师气呼呼地大吼着让学生站起来时，就已经置自己于尴尬的境地了，是不明智之举。老师不能跟学生真生气，不要让一位学生影响到正常的教学秩序，耽误全班同学的时间。

此上案例都属于管理交际类问题，对教学效率产生直接影响，不可小觑。

第四节　基于评价的课堂活动设计

科学合理的活动设计有利于学生注意力集中，提高课堂教学效率。

很多时候学生抱怨课堂任务无聊。我听过一节九年级毕业班语文生字复习课，教师、学生们人手一张生字表，教师上课就是照着表上的生字顺序一直念下去，直到下课。不少学生趴在桌子上睡着了，即使听讲的也昏昏欲睡。这种单调乏味的课堂教学任务让学生失去了学习兴趣。

如何设计高品质的课堂活动以激发学生的学习动机呢？

一、课堂学习活动难度适中

学习任务过难，学生因不会而失去信心。任务过易，则缺乏挑战性，也不会引起学生的学习兴趣。中等强度的动机最有利于任务的完成，教师要在充分了解学情的基础上，把课堂学习活动放在学生的最近发展区。

教师选取的任务难度与学生的能力水平通常会有较大偏差，因此，挑选难度适中的任务是一项非常有难度的工作。对于认为课堂学习任务难的学生，教师要设法降低任务难度。对于认为课堂学习任务简单的学生，教师可以加大学习任务难度，还有一个办法就是让学生当"小老师"把他认为容易的知识讲给其他同学听——这样做事实上增加了任务难度。

陶行知先生曾大力提倡"小先生"制。我曾经与学校老师一起研究如何培养学生当"小老师"，让学生在课堂上承担授课任务。敢于放手让学生讲课，学生会给老师带来意想不到的惊喜。从假期就开始让学生认领下学期的讲课任务，学生会很兴奋，积极利用时间整理自己的备课稿，做出精美的

PPT讲稿，铆足了劲把课讲好。从对学生的调研可以看出，不仅讲课的学生很喜欢这种开放性、自主性很强的学习活动，而且听课的学生也喜欢。我问学生："同学难道比老师讲得还好？"学生说："不是的。是我们想看看自己的同学表现到底怎样，会不会出洋相。"原来如此，"小先生"若讲好了，对自己的同龄小伙伴有着莫大的示范作用呢！

二、课堂学习活动的多元化

教师在设计课堂活动时不能太单调，从学习方式上来看，可以设计自主、合作、探究交叉型的学习模式。从活动设计的丰富性上来看，可以设计课堂游戏、辩论、比赛等。从教学手段来说，可以有多媒体的辅助，采用视频、音乐等方式。

有位数学教师每节课都要给学生设计趣味题、数学游戏或编趣味故事，在课堂中自然融入，引发学生兴趣，活跃课堂氛围。如下就是一道极其有趣的数学题。

鸡一屁股坐地上了

一土豪朋友没读过书，生意却做得相当的大，我一直很好奇。今天去拜访他，终于找到了答案。

他儿子在做作业，有道题不会，叫我们帮忙。

题目是：鸡和兔共15只，共有40只脚，鸡和兔各几只？

我答："设鸡的数量为x，兔的数量为y……"我还没算出答案，朋友已给出了答案。他说你们这些念过书的人不残废才怪呢！

他的算法是：假设鸡和兔都训练有素，吹一声哨，抬起两只脚，40–（15+15）=10。这时鸡都一屁股坐地上了，兔子还两只脚立着。所以，兔子有10÷2=5只，鸡有15–5=10只。

如此这般的题目适时穿插于数学课堂，学生不亦乐乎！

课堂展示是一种颇受学生欢迎的学习活动，应注意不要只给少数学生机会，而是尽量让全员参与进来。我与老师们一起做课堂教学改革时，曾经给每个合作小组的同学都专门制作了一块"小白板"作为展示用板。学生在小白板上写出本组答案，随着老师的口令，大家一起亮出答案。也可以采取"答案卡"的方式，上面写有"ABCD"，或者是红黄绿牌，学生可以举牌回答问题。还可以在教室里开辟专门的展示区，所有学生将答案张贴到墙板上全面展示。当然，如果有了多媒体技术辅助，则可以利用网络测试软件，让学生在网上提交答案，统计数字显示在教师的终端系统上，便于教师及时掌握学生学习情况，效果会更好。

三、课堂学习活动的梦幻与游戏性

学生玩游戏时会精力集中、兴趣盎然，这与游戏的特点有关：新奇能调动学生的好奇心，让学生具有控制感，带有梦幻色彩。在教育中融入游戏精神，是教育回归生命本真的路径。

1. 游戏之于生命成长的意义

中华民族的传统文化从根子上就充满了严肃、正统的色彩。虽然我国的游戏源远流长，但游戏在中国人的印象中基本上与玩耍、娱乐联系在一起，始终难登大雅之堂。教育又历来被认为是一项极其神圣、严肃、规范的活动，因此在我国，教育与游戏一直没有走向融合。游戏一般出现在幼儿教育或文学评论的文献资料中，但是把游戏仅当作小孩子的玩意，这是一个很深的误解。并不是只有儿童才需要游戏，在各个阶段的教育中，游戏都有着必不可少的作用。但真正探讨各学段教育与游戏的文献资料非常少。我国学者石中英教授在《教育哲学导论》中提出"重塑教育知识中人的形象"（包括游戏人、文化人、劳动人三种）。"游戏人"的概念是在20世纪初正式提出的，受到越来越多人的认同和青睐，但尚未对教育知识和实践产生广泛影响。这里的"游戏"概念与平常意义上对"游戏"的理解不同。石中英首先提出的就是"游戏人"的形象："人人都喜爱游戏""人人都生活在游戏之中""人人都是'游戏者'"。他深刻地看到了游戏在教育中的作用，认为："从一定意义上说，教学活动中游戏状态的缺乏是造成教师厌教学生厌学的一个重要原因。""游戏的精神应该渗透到教育活动的方方面面。""以人的培养为己任的教育就应该充分展现其游戏性,使教师和同学们的整个身心经常处于一种游戏状态:自由、自愿、自足、平等、合作、投入和忘乎所以。"[①]

近代西方思想史上,以理论家的身份谈论游戏的第一人是世界十大思想家之一、哲学家康德,他在讨论艺术和审美现象时连带地谈到了游戏。康德的基本游戏观是自由论,即将游戏看作是与被迫的劳动相对立的自由活动。真正对游戏进行专门研究的第一人应该是18世纪德国的启蒙文学家席勒。席勒把游戏看作是自由的活动,着重提出了"审美的游戏"概念,这实际上是指他心目中的人的理想或本真的存在状态——感性与理性的和谐统一状态,而不是通常意义上的游戏。教育可以被看作是一种审美的游戏,是指人以感性与理性和谐统一的方式进行的有形式的活动。席勒认为"只有当人是完全意义的人的时候,他才游戏;只有当人游戏时,他才完全是人。"[②]

因此游戏是人类的自由本性和完整人格充分展现的途径与证明,并不是无所用心的普通意义上的娱乐,而是一种创造过程。这种状态没有太多的目的性和功利性,其实是一种更执著更纯粹的追求。席勒曾举例说明这个观点:当狮子不为饥饿所迫,无须和其他野兽搏斗时,它闲着不用的精力就为自己开辟了另一个领域,它使雄壮的吼声响彻沙漠,它的旺盛的精力就在这无目的的显示中得到了享受。如果以精力的充沛为它的活动的主要推动力,如果绰有余裕的生命力在刺激它活动,它就是在游戏。苏霍姆林斯基在《给教师的建议》中恳切地说:"我再一次强调指出:游戏成分在教学过程中具有很重要的意义。""作业就带有游戏的性质,这种游戏是鲜明地表现出自我教育、自我检查的成分。"[③]

教育需要游戏精神,应使教育具有游戏特点:有一定规则,充满竞争的刺激,自由、平等、合作,伴随着激情投入、紧张、愉快、幸福的体验。游戏是人类的天性,孩子们无不痴迷于游戏。即使成年人,也常常经不住游戏

[①] 石中英.教育哲学导论[M].北京:北京师范大学出版社,2005:107-108.
[②] [德]席勒.审美教育书简[M].冯至,范大灿,译.北京:北京大学出版社,1985:80.
[③] [苏联]苏霍姆林斯基.给教师的建议[M].杜殿坤,译.北京:教育科学出版社,2005:13-14.

的诱惑，毕竟，玩总是快乐的！把教育作为游戏来看待，揭示了游戏在教育中的重要意义。但是，必须明确：游戏不完全等同于教育，也不只是娱乐。

2. **游戏精神缺失的现实表现**

应试教育大行其道，游戏精神在教育领域不断枯萎，甚至根本看不到游戏的踪影。教育日益远离游戏，危害极大。教师一统课堂，"填鸭式"的教学现象依然存在，枯燥而漫长的机械训练使学生们失去了学习的自由。"你讲我听""你说我做"的教学方式从根本上泯灭了学生的好奇心、探究欲。教师的教与学生的学充满了功利主义色彩，求知本身带来的乐趣几乎荡然无存。学校游离了本然的职能，成为社会政治、经济的工具。教育致力于发展迎合社会需要的个体，成为制造劳动者的机器。教师和学生变成了追求物质利益的人，生命被技术和专业所束缚。教育忽视生命自身，没有了作为完整人的精神属性，生命活力受到了无形压抑。有些学生虽然不喜爱任何科目，在高分的利益追求下，仍痛苦地拼命学习。孩子丰富、快活、美好、生机勃勃的生命本真的东西，被按照成人的模式加以规范，孩子不再是完全意义上的孩子。

随着年龄增长，孩子们变得越来越不会游戏。幼儿园的课堂比小学的课堂活泼，小学的课堂比初中的课堂活泼，高中与大学的课堂则充斥了呆板与麻木。课堂上各种规矩太多，其中大多要求学生"听话""乖"，举手的高度、拍手的动作，都有统一、规范的要求。学生好动、好问的天性被压抑，只能老老实实，唯恐做错事、说错话，招致老师的批评和同学的讥笑。课堂教学变得机械、沉闷和程式化，缺乏生气与乐趣，缺乏对智慧的挑战和对好奇心的刺激，师生的生命力在课堂中得不到充分展现。长此以往，学生们背负着沉重的生理、心理负担，感到校园无欢乐，学习无兴趣，学校和教室成了"文明监狱"。特别是对升学无望的学生来说，沉重的课业负担、紧张的升学压力和单调的课余生活更是难以承受，进而由厌学走向辍学，致使厌学而不是贫困成为学生辍学的主要原因，这完全背离了教育的本意。

3. **教育教学具有游戏特性**

生命是自由的，充满活力的，这是发自生命的内在需求。教育应体现人文关怀的宗旨，应该承认、尊重并利用人的游戏本性。人在本性上是乐于求知的，当教师和学生"在教育中游戏""通过教育游戏""为了教育而游戏"

时，就超越了功利目的，获得一种愉悦和享受。把教育与游戏相结合，就是为了摆脱枷锁，把追求自己的人生目标变成内心所求，回归生命的本真。教育应充分展现游戏性，当教师以一个游戏者的身份加入学生的学习之中，学生也是游戏者，师生之间的平等关系就建立得非常自然。这样的课堂教学真正成为学生生活、生命的一部分，提高了学生课堂教学的主体性体验，给予了学生充分自由，张扬了人性，展现了学生的智慧、创意。学生被欣赏、被关注、被激励，在竞争中得到成功的喜悦，享受游戏的快乐，这种状态是人人都喜欢的。游戏在教育中具有重要作用，能为年轻的生命注入激情，创造体验，唤起学生人格的魅力和灵性，发现和唤醒生命的潜能。教育工作者应充分尊重并利用游戏天性在教育中的作用，让游戏精神渗透到教育活动的方方面面。身心处于游戏状态，能激发兴趣、陶冶性情。我们不能回避学习的艰苦性，但是艰苦的环境、枯燥的劳作，一旦与游戏相伴，艰苦就会化为快乐，能赶走疲倦，带来欢笑，祛除沉闷，寓学于乐。那些通宵达旦沉湎于游戏厅的学生，从来就不把熬夜玩游戏当成负担。当学习真正以游戏面目出现时，学生投身于愉快的游戏中，想在游戏中获胜，出现废寝忘食的忘我状态，负担何有？反而乐在其中！学生怎能不对学校与课堂产生兴趣和依恋呢？

教学具有游戏性，从逻辑上讲，课堂就是游戏场，教材、课程资源是游戏资源与情境，教师与学生则既是游戏的创造者也是游戏者。那么，怎样在教学中融入游戏精神呢？

首先，建构教学的游戏规则。有公共的约定俗成的游戏规则，也有各学科根据各自特点而设的游戏规则，如数学课用火柴做游戏，两人一起玩，先置若干火柴于桌上，两人轮流取，每次所取数目可先作限制，规定取走最后一根火柴者获胜。这个游戏根据不同的规则，可进行不同的数学训练。

其次，教学中给学生自主选择的权利，让每个人在游戏中扮演一定角色。比如物理课《大气的压强》，教师提供了水、广口瓶、鸡蛋、纸板、抽气筒、塑料瓶等器材，让学生自己设计实验证明大气压强的存在。学生积极动脑，争先恐后，一试身手。当瓶子挂在学生的嘴上、鸡蛋掉进小口玻璃杯等情景出现时，学生欢声大笑，在笑声中学到了知识。最佳境界的课堂，学生感受不到教学的意图，师生都摆脱了原来的身份，选择一个游戏角色进入课堂，摆脱了束缚。学生可以扮演师生、演员、歌唱家、裁判等多元角色，采取表演、辩论、唱歌、朗诵、演讲、小品、相声、舞蹈、快板等多种形式。游戏角色的选择必须建立在尊重学生选择与理解的前提下，教师不能控制学生选择某个角色。如果学生选择欣赏者或评价者的角色，只要其欣赏与评价是依据此游戏的游戏规则，学生还是游戏者。例如：寓作文于游戏。让学生用放松的心态对待作文，把写作看成用语言、文字做游戏。这在《红楼梦》中有着太多的精彩描述：诗社写诗、行酒令、猜谜等等。在"猜猜是谁"的作文游戏中，每个学生仔细观察班上某同学的外貌，抓住主要特征写一段话。然后，随机抽读，让大家连猜四次写的是谁。若第一次猜中，说明作者观察和描写基本正确。如果连猜四次都不中，说明作者没有抓住特点，就"罚"作者站起来再说一说所描写人的外貌特点，大家帮助修正补充。

再者，丰富的游戏情境是教学的核心。游戏之所以具有吸引力，一个重要原因就在于其不确定性和挑战性。课堂中的每一个问题的解决或每一项活动的开展，相当于游戏者闯过了一关。由于问题具有不确定性，答案也是多元的，因而更具吸引力和挑战性。问题逐渐深入，更容易激发学生的深度思考和渴望解决问题一试身手的欲望。更重要的是师生不仅是游戏者，还是游戏的创造者。在课堂上学生拥有提出问题、发现问题的主动权，相当于具有创造游戏的主动权。这样，游戏就不是教师规定的，而是学生自我发现的，学生亲身体验、理解，教学意味着一种理性的探险。

教学过程中除了让学生学习技能与知识，还应让学生感到好玩、快乐。游戏的最终目的是带给人们快乐，否则游戏就不会被大家喜欢。如果把学习的过程变成愉快的游戏过程，学习就有了动力。就像电子游戏每过一关就有相应的分数提示一样，体会成功是强化快乐的方式之一。教学中应及时对学习效果进行评价，使学生的自信心、"我要赢"的决心一次次得到强化。强化快乐的另一种方式是在游戏中不断摸索规律，发现游戏的技巧或方法。就像学象棋可以学到很多取胜的技巧，这种愉悦得到进一步强化和维持，可以转化为幸福的享受。学习亦如此，学习者发现经验与方法、发现自身的问题、发现具体情境下学习本身的规律，成为学习的创造者。游戏化学习的真正魅力在于每个人独特的感受和理解，在于学习中的合作、交流与分享，在于不断发现问题、找到思维方法与规律，在于体悟、升华生命的价值和意义。

游戏中蕴涵着人的智慧、人的情感以及属于人的许多东西，教育中的游戏成分有待于深入挖掘。"学校的任务就是设置一个环境，在这种环境里，游戏和工作的进行，应能促进青年智力和道德的成长。"[1]当教育与游戏有机融合时，人人都有天生的可爱和足够的聪明，毕竟，性情的自由与生命的舒展才是人生的紧要。应该看到，教育融入游戏精神并不是轻而易举的，对教师素质提出了更高要求，教师必须付出艰辛的努力、辛勤的汗水和超人的智慧。

四、课堂学习活动的可选择性

尽量给学生选择的机会。这个选择体现在方方面面：学生可以选择学习内容，比如学生阅读的书目可以自己选择，教师把关。学生可以选择如何完成学习任务。教师设计不同的作业供学生选择。学生可以自由选择解决问题的方法、步骤和借助的资源。

学生可以选择何时完成作业，课堂上完成多少，课下完成多少。

学生可以选择课堂规则和不当言行的后果。与学生一起协商破坏课堂纪律后应当采取什么样的处罚手段。如有的学生选择如果完不成作业就到操场上跑三圈，并且让自己的小组长监督执行，效果很好。

五、增强课堂学习活动对学生的价值与意义

建立课堂学习活动与生活的关联。学生的学习任务很多都具有生活价值，教师要设法让学生看到学习任务与生活的关联。

如小学数学中的钱币认识完全可以放在生活中采购物品时进行学习。这让学生感到学习到的东西可以帮助自己解决问题，从而增强对学习活动的兴趣。

可以让学生进行研究性学习，做与课程内容相关的实际考察活动。如济南的学生研究如何保护泉水资源问题。家长、社会上的工作人员都成为孩子

---

[1]［美］杜威.民主主义与教育［M］.王承绪，译.北京：人民教育出版社，2011：213.

们可以请教的老师，身边的事、大家的事，成为学习中的事。

总之，课堂活动伴随着解决课堂问题而出现。课堂问题是基于评价而设计的，课堂活动则能体现出评价特色。如，山东省泰安市实验学校设计的学业纸就很好地体现了基于评价的逆向教学设计思想，见下表。

	问题与活动	规则与评价
成果指标	学习目标的转化（可操作、可测量）	
思维导引	先行组织者 图形组织者	
思维碰撞	情境问题： 活动一： 活动二： …… 情境问题： 活动一： 活动二： ……	
思维迁移	新情境、新问题： 活动一： 活动二： ……	
思维导图：		
学生问题单：		

"思维碰撞"教学模式创始人，山东泰安实验学校的正高级教师、特级教师崔成林说："学业纸"是承载"问题设计、活动设计、评价设计"三位一体课程的支架，是承载学生产出"学习成果"的平台。

该校的陈彦梅老师，在讲授《现代交通的烦恼》一课时，让学生"辩一辩"：面对"现代交通病"，有人说汽车、火车等现代交通工具就是"行走在路上的杀手"，应限制现代交通工具的使用和发展，你怎么看？

教师给出的评价量规是：（1）观点与他人不同 +1 分；（2）列举理由准确，每条 +1 分；（3）有条理地论述 +2 分；（4）能发现别人发言的漏洞 +1 分。

该校教师在备课中都有这样的评价量规，这就是使学习目标、课堂问题、课堂活动置于评价之下的典型案例。

第三章

教学方法的选择艺术

导 读

教始终是围绕着学进行的，学生的学是教学的依据，学情的掌握是教师教学的起点。老子所谓"道法自然"，就是自然而然，不加造作，也可以解释为尊重规律、尊重科学。千百年来流传下来的"教学法"，各有各的优势与不足，只有遵循教学的内在规律才能运用自如。

第一节 教学方法的分类与特点

当代教学方法有很多,据学者黄甫全的研究,可以从"层次性特征""媒介性特征""行为性特征"等几个方面,对教学法进行梳理与分类,以利于学习与应用。①

第一,从教学方法的"层次性特征"而言,分为如下几类:

(1)原理性教学方法,指人们将教育、教学、学习思想应用于课程实施领域的一种指导性的方法取向。诸如启发式教学法、注入式教学法、发现教学法、设计教学法等,其特点是为具体教学方法提供原理性指导。

(2)技术性教学方法,指在教育思想与学校课程实施之间发挥技术中介作用的教学方法。诸如讲授法、讲述法、讲解法、讲演法、谈话法、演示法、参观法、实验法、实习作业法、练习法、讨论法、读书指导法和图解讲解法等。

(3)操作性教学法,指学校教育中各门课程各自独有的各种具体教学方法的总和。诸如劳动技术课的工序教学法、美术课的写生教学法、音乐课的试唱教学法、标枪课的小步子教学法、外语课的听说教学法和语文课的分散识字法等,是学校教育中不同课程各自具有的特殊而具体的教学方法。

第二,从教学方法的"媒介性特征"而言,分为如下几类:

(1)以语言传递信息为主的方法:讲授法、谈话法、讨论法、读书指导法等。

(2)以直接感知为主的方法:主要有演示法和参观法。

---

① 黄甫全.现代课程与教学论[M].北京:人民教育出版社,2011:344.

（3）以实际训练为主的方法：练习法、实验法、实习作业法。

（4）以欣赏活动为主的方法：艺术美与自然美的欣赏、道德美的欣赏、理智美的欣赏。

（5）以引导探究为主的方法：指教师组织和引导学生通过独立的探究或研究活动而学习知识、形成技能和发展能力的方法。

第三，从教学方法的"行为性特征"而言，分为如下几类：

（1）呈现方法。如，讲授、谈话、演示图片、作示范等。

（2）实践方法。如，布置实践作业、专项训练、朗读等。

（3）发现方法。主要指组织学生进行发现性学习。

（4）强化方法。主要指采用积极的强化方法刺激学生的学习动机。[①]

[①] 黄甫全. 现代课程与教学论［M］. 北京：人民教育出版社，2011：345-351.

第二节　教无定法，条条大道通罗马

反思我们日常教学中使用的教学方法，学科不同教学方法是有差异的，每种教学方法各有优势与不足，在教学中根据教学实际情况综合使用各种教学方法将有利于教育质量的提高。

一、向《百家讲坛》演讲者和演员学习教学法

一段时间，利用开展活动的机会，我集中听了60余节课。"泡"在课堂上，就深刻地体验到了做学生的滋味。听好课，仿佛时间过得快，听乏味的课，难熬啊！优秀教师会让学生受益很多。用《百家讲坛》的名家打比方，我把优秀教师大略分成了三类：一类如王立群，厚重沉稳、严谨儒雅；一类像易中天，风趣幽默、深入浅出；一类似于丹，表情丰富、语言生动。

由易中天这类学者不由自主地联想到了赵本山，试想，赵本山如果转行做教师，一定会是一位好教师。为什么？因为他不仅会吸引学生的眼球，更重要的是会"忽悠"。前者是发挥教师的主导作用，后者是发挥学生的主体作用，两个"主"作用都充分体现了，这样的老师能不优秀吗？尤为可贵的是赵本山的幽默特质，教师多一点幽默，学生就会多一分轻松。

有的教师基本功差，课堂沉闷，缺乏生气，学生恹恹欲睡。有的教师像播音员，即使是著名主播，如果只照本宣科，不顾及学生的感受，学生也不会领情。有的教师像解说员，把知识解读给学生听，学生不能全身心投入，精力很容易分散。而有的教师就能够像赵本山，同样的话，从幽默的教师嘴里说出来效果则截然不同。一举手，一投足，一个眼神，就能吸引学生的注

意力，引起学生的关注和共鸣。像赵本山那样会"忽悠"的教师肯定会引起学生的关注，因为"忽悠"其实也是做教师的基本功，是一门学问，一项技巧，一种沟通、表达的能力。这样的教师，即使讲的是数学、物理等人文色彩不浓的课，也会时时让学生爆发出笑声，把课堂气氛调剂得轻松和谐，妙趣横生，学生激情飞扬，全身心沉浸其中，使课堂生活成为一种享受。学生每天要在课堂上度过大量时间，听如沐春风的课该是多么惬意的事情啊！可是，遗憾的是，达到这样的效果不容易。

注意观察我们身处的课堂，有些小的教学方法虽然可能不在教育学书籍里出现，却是教师草根智慧的灵光闪现。如一位数学老师讲课喜欢用彩色粉笔。作几何辅助线，要用大红颜色，每次加辅助线之前，他都要提高了嗓门说："同学们请注意，下面我们请小红来帮忙，小红一出场，难题就解决。"他嘴里的"小红"就是红色粉笔画出的辅助线了，再加上老师的动作手势，弟子们立马心领神会，瞪大了眼，迎接那个可爱可亲的"小红"。

二、"猜"在课堂教学中的妙用

我连续听了武凤霞、于永正、史建筑、朱则光几位名家讲课，竟豁然发现了一条规律：在课堂教学中，他们不约而同地都巧妙运用了让学生"猜"的方法，效果奇妙。

1. 武凤霞之"猜"

我听武凤霞老师讲《杨氏之子》，学生通读了一遍课文后，武老师问学生们："大家有不懂的地方吗？"没人说话，说明学生没有什么问题。武老师接着问："请同学们猜一猜，老师哪里不懂？请帮帮我！"此言一出，学生的积极性马上被调动起来了。

生：老师，您也许不懂"未闻孔雀是夫子家禽"这句话的意思。

师：（苦恼状）是啊，我的确没有弄明白，给我讲讲好吗？

生：这句话的意思是"没有听说孔雀是您家的鸟"。

师：可是，这句话中没有"没有听说"这两个词啊！

（学生纷纷举手，七嘴八舌："未"是"没有"，"闻"是"听说"。"未闻"是"没有听说"。）

师：哦，原来是这么回事，但是，这句话中我还有一个词不理解，你知道是哪一个吗？

生：您不理解"禽"，就是"禽兽"的意思。

（众生大笑，该生马上改过来：禽是"家禽"，鸡鸭鹅就是家禽，在这里也可以说成是"鸟"。）

师：还有一个词不懂呢。

（生又读这句话，思索。）

生：老师您也许不懂"夫子"的意思。

师：（惊喜地）太对了，我真的不知道"夫子"指的是谁。

生：指的是孔君平。

师：如果来的不是孔君平，是和孔君平一样的一位男士，还能称为夫子吗？

生：（齐）能！

师：如果来的是一位阿姨呢？比如，武老师来了，还能称为"夫子"吗？

（学生纷纷举手说：不能，因为，武老师是女人，夫子只能称呼男人。）

师：哦，原来还有这讲究。（生点头，老师顺势叫起一位小男孩）他也是一位男士，能成为"夫子"吗？

（众生大笑着说：不能，因为他年龄太小，还是一个小男孩。）

师：哦，要成为"夫子"还有年龄限制呢！（若有所思地）那如果来的是一位老农，年龄也不小了，就是不认识一个字，甚至自己的名字都不会写，他能成为"夫子"吗？

生：（若有所思，想了想）不能，因为他没有文化。

师：这么说，要成为"夫子"要具备两个条件——

生：第一是成年男人。

生：第二要有文化。

2. 于永正之"猜"

于永正老师讲《林冲棒打洪教头》，组织学生充分朗读后，引导学生思考:"你读懂了林冲的为人吗?能否用一个字来概括?"于老师先在自己的手心里写下这个字,然后让同学们猜一猜这个字是什么并分别写在自己的手心里。经过老师的启发引导,学生兴趣盎然,纷纷在手心里写下自己认为最合适的字,如"忍""谦""让""仁""义""礼""智"等,等待着谜底揭开:看自己跟于老师手心里写的是否一样。这样的环节设计真吊人胃口啊!于老师认为同学们写的都有一定道理,不过"让"字概括得最全面。围绕着"让"字,于老师与同学们一边分析课文一边总结出了"忍让""谦让""礼让""宽让"等词深入阐释文本。

3. 史建筑之"猜"

史建筑老师讲《多样化思维写作训练》一课,在课的后半部分,引入了当代著名作家赵丽宏写的一首散文诗《生命》。史老师把"生命"两个字还有作者赵丽宏的名字打在了大屏幕上,他自己朗读了这几个字后,说:"大家用期待的目光看着下面,却是一片空白,下边的内容就不给大家看了,因为你们太期待了,所以先不给大家看,让你们自己思考。'生命'这么抽象的东西,赵丽宏怎么把它写得让人容易接受呢?大家想一想可以用什么办法?"同学们纷纷说用比喻、意向、通感等。史老师认为同学们讲得比赵丽宏写得还要丰富,因为原文中只用了比喻。然后,史老师在屏幕上打上了"假如生命是",后面的文字又没有给出来。请看接下来的教学片段:

师:生命是什么可以写的很多,相信同学们心目中都有自己的答案,你们认为生命是什么?

生:假如生命是一张白纸,需要我们用笔在上面写。

师:哈哈,那可以画出最新最美的图画了。

生:假如生命是一个大大的圆圆的泡沫,它发出自己绚丽多彩的光芒,同时也是非常脆弱易破的。

师:又美丽又脆弱,这是生命,真的不错。

生:假如生命是一片荒芜的戈壁滩,而我们一生的追求就是让那里开满鲜花。

师:不错。

（在场者不由自主地鼓掌。然后又有几个学生说了自己的观点。）

师：感觉赵丽宏的介绍给大家已经有点多余了，我们来参考一下，因为大家的思维完全能够跟得上对这个话题的理解。

4. 朱则光之"猜"

朱则光老师讲《诫子书》，先把文章的背景资料向学生进行了介绍，接着问："一位五十四岁的老父亲会向他八岁的儿子说点什么呢？按照你的想法来猜一猜。"同学们猜测说，可能要让他好好学习，可能是说一些教诲的话，告诉他长大后要为国家效力，或者告诫他做人的原则等。

朱老师又问："诸葛亮十分喜欢自己的这篇《诫子书》，他选了两句写成对联挂在自己的草庐里，大家猜他挑的是哪两句？请说出理由。"这又引发了学生的兴趣，大家各抒己见。有的学生猜是"静以修身，俭以养德"，有的学生猜是"淫慢则不能励精，险躁则不能冶性"，有的学生猜是"年与时驰，意与岁去"。非常巧，学生竟然多次猜不中，时机差不多时，教师才自己告诉了学生诸葛亮用的是"非淡泊无以明志，非宁静无以致远"。

"猜"是揣摩、推想的意思。总结起来，"猜"到底有哪些好处呢？

其一，"猜"可以激发学生的好奇心，引起学生的求知欲，让学生处于了"愤""悱"的心求通而未得，口欲言而未能的状态，因此，学生会认认真真地听讲，津津有味地讨论。朱则光老师说他上课追求"在情趣与理趣的河床上载歌载舞"，努力给学生一点情趣，让学生感受到学习的乐趣，因此，他感到用"猜"的方式教学是一种不错的方法。

其二，"猜"可以恰到好处地在关键处拨动学生的心弦，引起大脑皮层的兴奋与神经细胞的活跃，让学生的思维在和谐的气氛、热烈的交锋中处于激活状态，这为学生创造了产生智慧绚丽火花的条件，有利于引发教师与学生思维共振，使学生的思维与教师产生呼应，培养学生的学习兴趣和思考力。

其三，让学生随便"猜"，没有对错，没有压力，可以坦然打开话匣子。教师强势在教学中是最压抑学生思维的因素，但是教师本人却不易察觉。有的老师满脸微笑，向小学生弯着腰，尽量降低自己的身高，语气也非常和蔼可亲，允许学生有不同的意见，努力耐心地听学生回答问题。即使这样，从学生的角度来看，依然从教师身上感受到了一种明显的"强势"的威压。试想，学生凝神思考时，教师虽然微笑地注视着他们，但那是一种成竹在胸的微笑：你们思考的结果要交给教师验证。武凤霞老师的"猜一猜，老师哪里不懂"，教师没有把自己的地位优势、年龄优势、知识优势用在树立权威上，而是用在增加引导技巧上。这样，教师就把自己降到了弱势地位，把学生推到了强势地位，效果绝妙。

其四，教师的主导作用促进了学生主体作用的发挥。有的教师习惯于满堂问，认为这样做发挥了学生的主体作用，其实教师的提问都是紧紧围绕着自己的课堂预设，提问是一种变相的请君入瓮。而让学生猜，答案多元，则给了学生更广阔的思维空间，当学生有猜不到的地方，教师再进一步引导。这样，教师能够围绕一两个主题，由此铺延开去，牵动全文，揭示文章的奥妙。

其五，学生一般要挑自己疑难的地方来猜，便于轻松地抓住教学重点难点，提高教学有效性。

其六，猜的过程就是一个兴趣盎然的学习过程。在朱则光老师的课上，虽然学生们最终没有猜对，但是学生所解释的猜的理由就是对文本的理解与感悟，这无形中又使学生们加深了对课文的理解。史建柱老师说他努力追求"道"与"术"、"源"与"流"的结合。"猜"使教师的预设变得巧妙而不着痕，课上起来自然无痕，大象无形。

当然，课堂教学中，若使"猜"的方法能够巧妙运用，必须依靠教师良好的学科素质与教学功底，这是上好课的根本。

三、向林黛玉学习教学方法

鲁迅先生说：一部《红楼梦》，经学家看见淫，才子看见缠绵，革命家看见排满，流言家看见宫闱秘事。

作为教师，则会读出教育技巧。香菱本是乡宦之家的小姐，被卖作薛蟠的侍妾，悲惨的遭遇并没有完全消磨掉少女先天的灵气。薛蟠遭打外出后，香菱得以入住大观园，有机会接触了许多富有好诗才的贵族少男少女。他们作诗，不是为了应对考取功名，很大程度上是借以抒发感情、张扬个性。环境的变化萌发了香菱强烈的精神追求，深藏内心的精神渴望一下子勃发起来。黛玉指导香菱作诗，表现出一位优秀教师出众的方法手段，给我们的启迪太多了。

1. 热情鼓励，树立信心

香菱到潇湘馆请黛玉教她作诗，黛玉欣然应允："既要作诗，你就拜我作师。我虽不通，大略也还教得起你。"① 其实，香菱学诗先求的是主子薛宝钗，谁知被宝钗说成"得陇望蜀"。林姑娘则不仅没耍小性儿，还表现了光风霁月般的襟怀，她的热心与宝钗形成了鲜明对比，这大大激发了香菱的学诗热情。黛玉说："什么难事，也值得去学！不过是起承转合。"这一下子打消了香菱对作诗的神秘感和顾虑，使她树立了信心，缩短了教学之间的距离。黛玉介绍了诗的平仄后，随即又说："若是果有了奇句，连平仄虚实不对都使得的。""词句究竟还是末事，第一立意要紧。若意趣真了，连词句不用修饰，自是好的。这叫做'不以词害意'。"这些话简单明确地指出了作诗的要领，为香菱打下了理论底子。黛玉指出作诗要以"意"为先，文辞格律次之，不要因过分注重辞采形式而损害了内容。这启发教师应关注立意、内容在作文教学中的重要性。

黛玉接着鼓励香菱："你又是一个极聪敏伶俐的人，不用一年的工夫，不愁不是诗翁了！"这话暗示了香菱的潜力，使她备受鼓舞，把学诗动机转化成了巨大的学习动力，致使香菱学诗到了"茶饭无心，坐卧不宁"的痴迷程度。如果黛玉也像宝钗那样说香菱"呆头呆脑"，那么香菱就会望诗却步，垂头丧气了。可见，学习动力是学习成功的关键，情感的介入对学习多么重要。

2. 自学范文，提出问题

当香菱说"我只爱陆放翁的诗"，黛玉当即指出："断不可看这样的诗。你们因不知诗，所以见了这浅近的就爱，一入了这个格局，再学不出来的。"

---

① 参见人民文学出版社2015年版《红楼梦》第四十八回。下同。

虽然黛玉对陆游的诗有所偏见，但也看出她深知阅读对写作的作用，范本的选择非常重要。阅读经典，取法乎上，才能有较快进步。黛玉根据自己的经验，为香菱挑选了诗作："我这里有王摩诘全集，你且把他的五言律读一百首，细心揣摩透熟了，然后再读一二百首老杜的七言律，次再李青莲的七言绝句读一二百首。肚子里先有了这三个人作了底子，然后再把陶渊明、应玚、谢、阮、庾、鲍等人的一看。"黛玉列举的都是名作名篇，读王维，体会情景交融，诗情画意；读杜甫，体验真情实感；读李白，培养个性和想象力。要学就学一流的，教师指导学生阅读，一定要挑选文质兼美的作品，这对于陶冶情操，培养纯正的文学趣味极有益。同时，这种循序渐进的阅读方法，既有深度，又有广度，效果不言而喻。"熟读唐诗三百首，不会作诗也会吟""读书破万卷，下笔如有神"，古人的名句道出了阅读与写作的关系。但书不可滥读，黛玉进一步给香菱安排自学任务："你只看有红圈的，都是我选的，有一首念一首。不明白的，问你姑娘，或者遇见我，我讲与你就是了。"这既为香菱缩小了学习范围，又放手让她自学后提出问题。这启发教师教学中应注重引导学生自我探究，自主思考，提出问题。黛玉让香菱先读诗作写诗的底子，无疑是遵循了写作规律：注重基础，重视诵读和感悟，这也是语文学习的规律。经过黛玉的精心指导，香菱逐渐进入了诗歌王国，"拿了诗，回至蘅芜苑中，诸事不顾，只向灯下一首一首的读起来。宝钗连催他数次睡觉，他也不睡。宝钗见他这般苦心，只得随他去了。"

3. 师生研讨，答疑解难

黛玉认为学习要讲究讨论，方能长进，这正是教学的精髓。香菱读完圈定的篇目后，很快进入了"愤""悱"状态，迫不及待地向黛玉谈起自己的感受：诗的好处，有口里说不出来的意思，想去却是逼真的。有似乎无理的，想去竟是有理有情的。黛玉笑道："这话有了些意思，但不知你从何处见得？"这句问话是考察香菱对范文的学习情况，可见，黛玉是在了解香菱学习状况的基础上，有针对性地实施教学。当香菱以"大漠孤烟直，长河落日圆""渡头余落日，墟里上孤烟"等诗句为例分析诗歌用词之妙时，作为老师的黛玉高人一筹，适时点拨，说："你说他这'上孤烟'好，你还不知他这一句还是套了前人的来。我给你这一句瞧瞧，更比这个淡而现成。"说着便把陶渊明的"暧暧远人村，依依墟里烟"翻了出来，递与香菱。香菱瞧了，点头叹赏，笑道："原来'上'字是从'依依'两个字上化出来的。"黛玉巧妙地启发香菱学习脱化前人诗句的道理。在学习过程中，黛玉作为教师，不是灌输，而是与香菱处于平等地位，学生谈学习心得，老师精要点拨，从而引导香菱畅所欲言。

4. 反复练习，批改评价

火候到了，就要反复练习，选择练习题须符合学生特点。黛玉给香菱出了关于"月"的题目。这个题目浅近，源自生活，适合初学者。香菱作的第一首诗，通篇只说了"月亮很亮"一个意思，宝钗笑道："这个不好，不是这个作法。"这个评论固然正确，却使香菱感受不到成功的希望。黛玉看完用鼓励的口气说："意思却有，只是措辞不雅。皆因你看的诗少，被它缚住了，把这首丢开，再作一首，只管放开胆子去作。"黛玉先肯定，再指出不足，然后告诉该怎么去做。她的真心赏识与热情鼓励增加了香菱的勇气，"越性连房也不入，只在池边树下，或坐在山石上出神，或蹲在地下抠土"，"皱一回眉，又自己含笑一回"，真是如痴如迷，进入了学习的最佳状态。放开胆子，易于发挥人的主观能动性，激发出创作灵感。艺术想象是作诗的灵魂，大胆的想象可使平常生活景象焕发出奇特的美感，令人耳目一新，唯如此，才能写出好文章。

香菱作好第二首后，宝钗笑她走题了，黛玉却说："自然算难为她了，只是还不好。这一首过于穿凿了，还得另作。"宝钗带有嘲笑的意味，黛玉却真诚面对香菱的失败，继续给予鼓励。香菱写第三稿时"挖心搜胆，耳不旁听，目不别视"，连做梦都在喊："可是有了，难道这一首还不好！"达到了"呆""疯""魔"的程度。果然功夫不负有心人，香菱最终寻出了佳句，作出了"不但好，而且新巧有意趣"的诗。在黛玉的慧心教育下，香菱成功了。

综观黛玉的教学，一位高妙的教师形象跃然纸上。她耐心细致，从激励信心、理论指导、推荐范文，到命题限韵、研讨习作、指点门径，一步一步引导学生循序渐进，重视积累、感悟，强调自学、探究、实践，善于调动学生的积极性，培养学生的分析领悟能力、鉴赏能力、口头表达能力等，真正是循循善诱。同时，黛玉对香菱的指点，虽寥寥数语，却次次一针见血，这是做老师的高明之处。批评多了，学生根本记不住，倒不如鼓励中指出要害，使学生易于接受、改正、进步。可见语文学习是一个潜移默化的过程，不可能一蹴而就。教师对学生的平时写作，要多改精改，教育学生不怕失败，大胆创新，才能成就佳作。

以上只是黛玉教诗的技法，还不是根本。那么，她教学成功的根本原因是什么呢？是打铁先得自身硬。作为一名教师，无论教育理念如何先进或教育方法多么巧妙，如果没有优秀的业务素养、深厚的教学基本功、广博的知识基础做后盾，就不会有很好的教育效果。黛玉之所以教香菱作诗胜任愉快，是因为她本身是诗人，具有好诗才。刘姥姥到潇湘馆，看到一房间里窗下案上设着笔砚，书架上垒着满满的书，刘姥姥就以为一定是哪位哥儿的书房，没想到竟是黛玉的屋子，她感慨道这哪像个小姐的绣房，竟比上等的书房还好。从黛玉给香菱所开的书目也可以看出，她是多么爱书好学，学识积累又是何等深厚！曹雪芹似乎特别偏心地将"天地灵秀之气"凝结于黛玉一身——洛神的飘逸，仙子的轻盈，谢道韫的敏捷，李清照的清新。黛玉娇俏聪慧、风流飘逸的诗人气质，处处流露出飘然出尘的风韵。寄人篱下的境遇和多愁多病之身才更加引发了她的诗意诗情。黛玉在诗社表现出色，写出的《葬花吟》《题帕诗》《咏菊》等撼人心扉，大观园里论诗才，她的水平是数一数二的。在黛玉孱弱的躯体里住着孤傲卓绝的诗魂，她有着丰富的内部精神世界、敏感的心灵，"心较比干多一窍"。因此，黛玉传授给香菱的都是自己亲自学诗之后的真经。

需要声明一点，黛玉教香菱学诗毕竟是小说中的描写，现实教学中应辩证看待。就如张中行在《诗词读写丛话·试作》所说：香菱学诗，进步相当快，这是小说，适应读者的趣味和耐心，不好拖拖拉拉；移到现实，至少就常人来说，就不能这样快。原因之一是，提高要以由读和思来的逐渐积累为资本，这时间越长越好。原因之二是，写也是一种技艺，适用熟能生巧的原则，要多写才能够得进益，多就不能时间短。著名红学家蔡义江教授也说：香菱说写三首，实际上这个过程三十首都未必能写得这么好。第一首充其量是初中水平，第二首达到高中、大学水平，第三首已不是博士生水平了，那简直是个老诗人了。

第三节　正确对待讲授法教学

新课程改革倡导"自主、合作、探究"的学习方式以来，不少教师视"满堂灌"为洪水猛兽，对讲授法的批评之声不绝于耳。很多评课、赛课活动，如果教师"满堂灌"则必然打入冷宫。教研员评课说得最多的一句话往往是："老师讲得过多了。"对讲授法的口诛笔伐，使其一时间仿佛失去了合法地位。

我经常面向基层教师从事合作学习专题培训工作，宣讲合作学习的诸多益处和实操策略，并经常使用参与式培训方法让教师亲身感受合作学习的积极作用。但是，我必须声明的是，承认合作学习教学方式优势的同时，并不意味着否定讲授法的科学、合理之处。每种教学方式都既有其优点又有其缺点，我们应该正视讲授法的科学性与合理性。

2015年2月28日柴静以雾霾调查为主题的《穹顶之下》面世以来，成为网络平台及各种移动终端人们争相关注的话题，在微信、微博上更是引发"刷屏"效应。短短一天时间，过亿的点击量，热度已超过了当红电视剧。

我从来不愿意跟风赶时髦，而这个1小时43分55秒不算短的视频打开后，却破天荒一口气看完，而且重复观看。

柴静以演讲的方式，实则唱的独角戏，就是以俗称的"满堂灌"方式，进行雾霾知识教学。虽然"柴静式教学"一口气"灌"了中国人"2节半课"时间，然而，几亿人却乖乖地、聚精会神又兴致勃勃地被柴静"灌"了个痛快淋漓、幡然醒悟、良心发现、生命自觉……

"柴静式教学"让我们重新反思"满堂灌"———一种教师主观地将众多的教学内容在课堂上向学生灌输的教学方式，它以老师为中心、由老师主导课堂，不注重调动学生思维和学习自觉性。"满堂灌"在教育学中称"讲授法"，是一种以讲授为主的教学方法。

一、讲授法的科学性与合理性

即使批判、否定讲授法教学的声音占据了主流，很多老师却依然我行我素，抱着讲授法不放。深究背后的原因，乃是因为讲授法是教师使用最早的、应用最广的教学方法，的确有其存在的理由。具体说来有如下优点：

1.有利于培养倾听能力

有人认为，讲授法教学，学生只是静态地倾听，是完全被动的。这其实是一种误解，从心理学角度讲，言语信息的获得要经过一个复杂的输入与解码的过程。一个倾听得好的学生，要集中起注意力捕捉到有用信息，表面看学生的身体是静止的，实际上，真正有效率的倾听有着身体多种器官的共同参与，特别是大脑皮层有一个不断建构的过程。言语活动是一种更高水平的认知。根据维果茨基的理论，教学本身就是儿童与成人的合作，教师与学生的合作围绕着传授给学生系统的科学知识这一基本任务来进行，主要是以言语活动的形式，而不是在外部行为和动作层面上展开。根据皮亚杰的儿童认识发展理论，形式运算阶段是儿童智力发展的最高阶段，此时，主动建构在认识中占据了重要地位，这种高级水平的形式可以不依赖于外显的动作。

奥苏贝尔提出了有意义学习理论。他认为讲授法从来就是任何教学法体系的核心，它是传授大量知识唯一可行和有效的方法。它可以脱离具体情境的限制，从而使教学突破个人生活的局限。

由此可知，倾听是一个动态的认知过程，也是一种本领与技能。讲授法是最有益于培养倾听能力的教学方法。

2.节约时间成本，教学容量大

讲授法教学，教师通过口头语言系统而连贯地向学生传达信息、传授科学文化知识，有利于有效地完成教学任务。教师主导课堂，可以有效地利用时间。柴静的讲授容量是有目共睹的，大量的数据、画面、视频、故事、观点、结论铺天盖地而来，通过科学分析、论证，生动描绘，有启发性地提问等，使观众在较短时间内获得较多知识。

特别是当碰到难度大，学生自己较难弄懂的内容时，教师必须进行讲授。试想，当柴静提出"雾霾是什么？"这样的问题时，如果采取讨论法，让现场的观众来个"集思广益"，那么，这100分钟的时间都用上恐怕也不会得出可以信服的答案。而柴老师是经过充分备课的，是绝对"平等中的首席"，对这个问题的解答有理有据。柴老师在较短的时间内把大量的信息输送给大家，让听者经历一场"头脑风暴"——"听君一席话，胜读十年书"。

3. 有利于学生掌握知识的正确性与系统性

讲授法对学生来说是一种接受学习，即学生通过教师呈现的材料来掌握现成知识的一种学习方式。所学东西的全部内容都以确定的方式由教师传授给学生，学生无须进行任何独立发现。接受学习与机械学习不是一回事，机械学习是不理解学习材料、死记硬背的学习。接受学习可能是有意义的，即有意义地接受学习；也可能是机械的，即机械地接受学习。后者是我们所批判的。

学生学习质量高的一个标志就是所学知识的正确性与系统性，一个初学者，很难像老师一样明白知识本身的逻辑结构。如果不听柴静老师讲课我们则对雾霾没有深刻明晰的认识。柴老师以研究者的身份对雾霾有着深入的观察、体验、分析，在这个基础上，她用大量的典型例子与细节说话，插入一些动画与要点提示，提纲挈领、画龙点睛，把雾霾的前因后果、根源症结、危害防治等全面系统地展示出来，引领观众进入一种氛围，全面系统地掌握雾霾知识。

二、保障讲授法效果的条件

教师驾驭讲授法能力与水平的高低在某种程度上体现了教学质量的优劣。柴静无疑是使用讲授法的高手，试看她是如何使用这种最大众化的教学方法的。

1. 教师修养素质水平高

扎实过硬的基本功。作为有着中央电视台记者背景的柴静，无论知识素养与表达水平都是一流的。标准而优美的普通话，吐字清晰，语速适中，教态亲切自然，亲和力强。特别是女儿生病，一个妈妈痛彻心扉的情感体验，还有影片中的亲历场景，给人一种绝对的真实感。

督促餐馆老板安上油烟处理装置，拨打12369举报污染等，责任感、使命感、正能量时时从她身上散发出来感染观众，触动心灵，号召力自然而来。

不失幽默。"现在他们华东也沦陷了！""为我市全国74个城市空气质量排名倒数第一而喝彩！""别说公共汽车了，连我们局长都丢了！"在这个严肃的话题里，场上不时有笑声。是的，在任何时候，我们都需要笑声。

2. 讲授内容具有共鸣感

讲授法的效果跟讲授的内容有关。雾霾——一个牵涉到每一个人切己生命的话题，柴静所设计的讲授内容丰富，实地勘察、当面访谈、数据统计、场景抓拍、特写回放、动漫设计、问题悬疑、深度观察、细节揭秘，时时牵动人们的关注热情，激发好奇心，产生兴奋点，吊足了胃口。

"到了冬天，你跟孩子一块出门，雪花飘下来他伸着舌头去接的时候，你会教给他什么是自然和生命的美妙。""每次在夜空中看到这颗星球孤独旋转，我心中都有一种难以名状的依恋和亲切。将来有一天我会离开这个世界，但是我的孩子还在其中生活，这个世界就与我有关。所以我才凝视它，就像我凝视你。"这时，大屏幕的画面是一个巨大的旋转的蔚蓝色的地球。从牵涉人类最温柔神经的母性的角度低吟这些深情之语，唯美、动人、富有诗意！毫无矫揉造作的情感投入成为捕获观众的利器。

3. 问题引领，思路明晰

柴静的讲述设计了若干观众可能提出的问题：雾霾是什么？它从哪儿来？我们怎么办？这些主问题引导观众集中精力听下去，一环扣一环的设计让整个讲解浑然一体。在这些主问题之下，还设计了一个个小问题："在一个国际大都市中心举目四望我根本看不见工厂和烟囱，怎么可能超标14倍呢？邱博士自己也怀疑了。""我就在华北的天空下生活，这十年来我怎么没有觉察到雾霾的存在？""劣质煤炭劣质到什么程度？"这样的问题无法不吸引着观众跟着讲述者走。

柴静从体验者的角度讲故事，娓娓道来，绝不是随心所欲地漫谈，而是以掌握科学数据、基本事实为目的精心设计和组织。这依赖于逻辑性极强的自成体系的系统科学知识与事实证据，实例的选择、提问的设计、要点的表述，无一例外。并且，一个话题到另一个话题相互之间的连结与切换水到渠成，自然顺畅。

4. 备课充分，课程资源丰富

关于雾霾的资源很多，什么是重要的，什么是次要的，什么是不要的需要慧眼剪辑与取舍。

各种数据极具说服力，然而，背后调查取证、统计绘制的繁琐与辛苦自不待言。

对一位又一位各方专家权威的面对面采访，每个人的时间都不长，背后的波折可能都是故事。面对中国石化集团前总工程师、国家石油标准委员会主任曹湘洪，她问道：为什么是石化行业而不是环保部门主导油品标准制定？为什么不公开油品标准升级的成本？有没有可能放开油品市场？坦率直白，让人内心一惊。

2014 年北京 175 天雾霾，接着是全国空气污染天数不断变换的各大城市画面，这些城市可能就是你我的家乡，悲凉地笼罩在雾霾之下，带给人强烈的震撼感！

2004 年 12 月 2 日新华网的报道《北京首都机场因雾出现近年最严重航班延误》(带照片)。

中国 60% 的 PM2.5 来自燃煤和燃油。

来自手术室的关于肺受污染的鲜活案例。

……

这些，统统建构了讲述的厚重感，没有深度的东西不会存留久远。

5. 合理利用多媒体技术

柴静的多媒体手段使用丰富多样，可能是现实中的教师根本无法企及的。她可以跑到美国的洛杉矶航拍这座车轮上的城市摊大饼式的道路模式和对汽车的高度依赖，她能使用形象的活灵活现的动漫讲解人们无法看到的细小颗粒微观世界，她切身展示深入现场暗访的一手资料，她使用多种电影剪辑技术制造现场氛围……

技术的合理应用完善了讲授法这种古老的教学方式。当然，多媒体使用的最高境界就是"合情合理"，一切滥用都是一种败笔。技术的应用永远是对讲授内容的一种辅助，讲究与讲授内容的完美结合，而不是喧宾夺主。

基于对观众心理的准确把握，柴静的讲授生动而非机械，让人在享受中产生思考、付诸行动。

三、讲授法的缺陷和不足

1. 讲授法对教师和学生要求更高

教师讲不好，学生就容易走神，甚至昏昏欲睡。同时，讲授法对学生的学习动机要求严格，也受到学生言语和思维发展水平的限制。特别是低年级学生，其言语信息能力不是很强，很容易成为讲授法的受害者。

2. 学生被动，被称为知识接受的容器

与发现法相比，讲授法中学生是相对被动的。学生如果注意力不够集中或自主学习能力不强，就容易导致机械学习。长此以往，学生缺乏学习积极性与兴趣，被动中沦落为知识接受的器皿。

3. 学生难以真正明白知识的内涵

在讲授法教学中，不能给学生展示表达的平台，学生容易陷入抄笔记、记笔记怪圈。学生缺乏直接实践和及时作出反馈的机会，忽视了学生的个别差异。学生习惯接受教师准备好的现成知识，没有思维的挑战性，不利于培养独立思考、创新思维的能力。

即使最佳的讲授也难以满足认知活动，更不能满足实践活动的需要。教学有法，但无定法。因此，教师必须根据实际情况选择合适的教学方式或综合使用多种教学方法，才能取得高质量教学效果。

多样化的教学方法有利于提高课堂教学效率，教师的课堂教学的一点小小改进，会带给学生不一样的感受与惊喜。

第四章

让学习在课堂上真实发生

导 读

全世界的课堂正在从"教授的场所"走向"学习的场所",要让学生站在课堂的中央,让学生真正做学习的主人,让学习在课堂上真实发生。

无论教师的学习还是学生的学习都有着共同特质,这一章与大家共同探讨的是一个关于学习的重要问题:学习的主动性。这个问题大家耳熟能详,但是在实践中又有着诸多的无可奈何。不少老师曾向我抱怨面对学生学习主动性不强的问题自己伤了不少脑细胞。这里,我们从问题与案例入手思考得更深入些吧!

第一节 谨防学生"习得性无助"现象

引导学生学习,必须密切地观察学生的学习状态,教师的教要密切地联系学生学习的表现。学生的表现会给教师传递出有价值的信号,这是重要的学情。课堂上,如下所述的两位学生的课堂表现警示了教师什么呢?

有一次,我在外地听了一节思想品德公开课——《在生活中磨炼自己》。课堂上,执教老师让初中一年级的同学们回答如下五个问题:

(1)每堂课你都能做到认真听讲吗?
(2)每次作业你都能做到认真独立完成吗?
(3)每天晚上你都能将一天所学知识回顾一遍吗?
(4)每次值日你都能认真打扫吗?
(5)每天你都能做到不违纪吗?

老师每提出一个问题,就当堂让学生们举手回答。我注意到,后排坐着的两个男同学,只有在老师问第四个问题的时候是举手的,其余时间,他们都是无所事事地坐着。也就是说,这两个学生除了能做到干值日是认真负责的之外,上课是不认真听讲的,作业是不独立完成的,每天晚上不能回顾一天所学,而且经常违反纪律——这可是孩子们自己对自己的评价。我惊奇于他们对自己竟然如此不留情面,也惊讶于他们如此有"自知之明"。我特别留心地观察这两个孩子:个子不是最高,却坐在最后一排。他们都是头发长长的,留着很时髦的发式,虽然学生们一律穿学生服,他俩的服装看上去却不如其他同学的干净,给人的整体感觉是与别的孩子有所不同——很"酷"的样子。在课堂上,两个孩子的脸上一直都是木然的表情,不过,即使在公开课的众目睽睽之下,他们也没有忘记彼此间的交流,比如在某些时候默契地相视笑一笑。一下课，他们就活跃起来，甚至是从坐椅的背上跳过去离开阶梯教室的。凭我的经验，我知道这两个孩子就是平常我们常说的"后进生"。授课教师设计以上五个问题的目的是为了告诉同学们要在生活中磨炼自己，也只是按照自己的课堂预设进行课堂流程，根本没有注意到这两个孩子。下课后，我与这两位学生进行了交流，发现他们并不因为自己的缺点而感到羞愧，他们已经习惯了，心中没有目标和希望，安于现状，并不想有什么改变。在这两个孩子身上到底发生过什么？按照常理，每一个人都希望得到别人的重视，这两个学生有这样的自知之明，令人悲哀，悲叹，甚至悲愤！

读罢以上案例，您认为想让学生学得好最重要的是什么？

"习得性无助"是美国心理学家塞利格曼提出来的。塞利格曼对狗进行了电击实验研究，先让狗经历无法控制的情形，即无论怎样努力，也无法躲避电击，狗因此放弃了努力。当把这些狗放到可以避免电击的情景中时，它们仍然不会躲避，即产生了"习得性无助"反应。[①] 在教育领域，"习得性无助"指学生经历了某种体验后，在情感、认知和行为上表现出消极的特殊心理状态。"习得性无助"产生的根源在于学生在学习过程中经历了太多的失败，很少或根本没有体验过成功，挫折感强。在日常教育教学活动中，有的学生对学习失去兴趣，有的害怕见老师。有的学生说："我就破罐破摔吧。""我就是学不好英语了。"这都是"习得性无助"的表现。以上两个学生的表现其实就是"习得性无助"现象。

由此可知，要想让学生学得好，唤醒学生的主动学习意识，保护学生的学习积极性非常重要。

一、谨防过度惩罚

惩罚与表扬都是教育学生的有效手段，二者的使用都应讲究艺术。惩罚要适度，表扬应及时。人们对失败的容忍是有限度的，特别是未成年的孩

---

① 张景焕.教育心理学［M］.济南：山东人民出版社，2010：126.

子！失败太多，就很容易打掉孩子的自信，如果孩子失去了自信，就会对任何事情缺乏成功的渴望，采取消极应付态度，在各种活动中影响正常水平发挥，进而更加不自信，形成恶性循环。长此以往就难免陷入"习得性无助"，纠正起来就格外困难了。因此有人把"失败是成功之母"改成了"成功是成功之母"，这不无道理。老师要注意把握惩罚的限度，在教育教学过程中善于发现学生身上的闪光点，对进步行为及时表扬，不吝啬对学生的鼓励，采用各种措施培养学生的内在动机。例如，利用学生的兴趣爱好，如爱看小说、爱玩电脑、爱打球、喜欢语文等特点，巧妙实现动机迁移。要尽量创造机会让学生品尝更多的成功，体验成功带来的喜悦，激发学习兴趣和内在动机，帮助学生在不断进步中树立信心。

二、谨防过高期望

学生挫折感强的另一个重要原因是教师、家长或学生自己对学习的高期望。有时，教师不自觉地用过多或过高的期望作为尺子去衡量学生，无形中也使学生对自己产生过高估计。当现实达不到要求时，自然就增加了学生的失败体验。例如：同样考试得了 80 分，期望得 60 分的同学会体验到成功的幸福，会高兴得手舞足蹈。而期望考 100 分的同学则会感到失败的痛苦，甚至痛哭流涕。在沮丧的心情下，一个正常的错误或小小的失误很可能被放大成一个大问题。尤其在对待后进生上，教师往往会放大缺点，缩小优点。最可怕的是，教师的这种行为会有意无意地让学生自己也只看到自己的缺点而找不到优点。有些家长望子成龙心切，不考虑自己孩子的实际情况，盲目与别人家的孩子攀比，给自家孩子增加了不必要的心理负担。长时间处于教师、家长的高期望中，"习得性无助"现象的发生就防不胜防了。

三、谨防不当归因

挫折不见得都来自外界，有时是自我挫折感强造成的。这表现为学生对自我缺乏正确认识，如"我"天生就"没希望""没用""脑子笨"等，其实这些都是不当归因。教师应通过对学生积极评价,最终引导学生正确审视、评价自我。教师要引导学生认识到每一个正常的孩子都是一个发展中的人,都拥有美好的前景和希望,都有各自的可爱之处,都有完成学业的智力水平。要帮助学生树立正确的人生观,培养学生用乐观向上的态度对待暂时的挫折,学会从积极方面看待问题,帮助学生分析失败的原因,使学生认识到引起失败的因素是多种多样的,如成绩不好是因为方法不当、基础不扎实、一时粗心等,而不要仅简单归结于脑子笨。要采用各种措施,消除学生在学习上的无力感,增强学业自我效能感。

教育是一门艺术,更是充满爱的事业,教师要通过对学生的悉心呵护,使"习得性无助"现象不在任何一个孩子身上发生。教师通过各种手段激发学生的学习热情,唤醒学生的主动学习意识,把"要我学"变成"我要学",这是让学生学得好的最重要动力。

第二节　让学生站在学习的最前端

所谓让学生主动学习，就是激发学生的学习动机，提升学生学习的内驱力，包括认知内驱力、自我提高内驱力以及附属内驱力三个方面。这是我们在教育心理学中学到的内容，在教学实践中我们应该采用什么方法来提高学生的学习动机呢？

一、教游泳的教练可以不下水吗？

暑假，儿子在游泳班学习，学员分成了两组，分别由两个游泳教练带着：一个是男教练，一直在水里辅导；一个是女教练，几乎不下水，在岸上指导。

下水的教练与不下水的教练分别是怎么做的？

只见不下水的教练在岸上拿着扩音器大声重复动作要领。下水的教练则亲自纠正学员动作，如双手分别抓住学员的脚，让学员体会蹬腿姿势等。

游泳教练的每一个教学环节都尽在家长监视中。很显然，两个教练的教学都有一定的教程，而且几乎相同，诸如熟悉水性、呼吸练习、漂浮站立、蹬壁滑行、岸上专项游泳热身操、收翻蹬腿练习、学习抬头时机和技巧等。他们的相同之处是动作要领都教得很好，且监督学员在水里练习不得偷懒。

家长对不下水的游泳教练有了质疑，他们说：教练不下水教游泳，就像英语老师上课不说英文一样，不像话！水里的姿势看得见吗？投诉！

但也有家长说：很多外国教练教游泳不下水，只在岸上纠正姿势，我见的多了。

我亲眼看到学员摘了浮袖在水里游泳时，不下水教练的学员在靠岸的水面游，教练在岸上拿着一根竹竿跟踪。学员快要沉下去时，像抓救命稻草一样，马上抓住竹竿，然后调整姿势再游。虽然竹竿可以依赖，但如果教练把竹竿移开，学员就只能自己想办法拼命地游。

下水的教练是在学员的前面引导着学生游，当学员下沉时，及时游过去提供帮助，并尽量让学员自己游，但有的学员是趴在教练的背上被驮回岸的。

两个教练的教学效果到底如何呢？

两个班的学生学了六天游泳后，都要摘了浮袖让教练逐一检查。结果学员的成绩不相上下，都有近一半的学生能够学会。十三天后结业，大约有85%的学生能学会游泳。如此，先前表示不满的家长也就不再说什么了。

我观察了一下，学不会游泳的孩子很多是因为个体素质或家长原因造成的。比如，有的孩子年龄太小，还没有下水就已经吓哭了。有的家长始终站在岸边给孩子施加无形压力，小学员哭着喊着叫妈妈或奶奶，而妈妈或奶奶也心疼得眼里闪着泪花。这样的孩子怎么能学会游泳？真正是"师傅领进门，修行在个人"。

两个不同风格的游泳教练能够长期地存在下去，就有存在的理由，应该说不是偶然现象。

有这样一个有趣的故事：

1968年第十九届墨西哥城奥运会，美国游泳男队夺得了10项冠军，女队摘下了11枚金牌，大获全胜。队员们很兴奋，居然把自己的教练查伏尔扔进了游泳池里。查伏尔掉到水里后，拼命挣扎，"咕咚咕咚"喝了几口水，跟个秤砣似的就沉到水池底下去了。奥运冠军们纷纷跳下水，把查伏尔救上岸，给他施行人工呼吸，他才慢慢活了过来。人们这才知道查伏尔自己居然不会游泳，但游泳教练却做得极其成功。他的弟子们先后74次打破奥运会纪录和62次打破世界游泳纪录，创造了80次美国全国游泳纪录，夺得16枚奥运会游泳项目金牌！

我怀疑这个故事的真实性，但是，却有名有姓有数字，让人不得不信。这带给人的思考空间是极大的。

有人认为，游泳教练最好不要下水，在池边视野开阔，观察学员动作更清楚，通过手势纠正学员动作，学员更安全。教练在水下时，学生容易把教练当成依靠，老想让教练辅助，下意识地用手抓教练，教练如果躲得不快，就被学员缠上了。如此，学员的自学能力受到了干扰。

网上流传着一个教程就叫"游泳教练不下水如何教会学员"，有一套极为详细的教学流程和操作方法。看来，不下水的游泳教练还真不少，而且尤以女教练为多。或许由于女教练经期时不易下水，才逼着人们研究出这样一套岸上游泳教学法。

我至今没有看到游泳教练该下水还是不下水好的科学定论，好像还没有人采取合理的数据论证这个问题。

联想到学生学习，老师教得多与教得少对学生的影响是什么？老师管得过死，教得过多，学生不见得学得好。

教学能力差的老师带出的优秀学生，绝对是好学生；而教学能力优秀的教师带出的优秀学生未必都真正优秀。窃以为，学生的自学能力是考查学生真正优秀与否的重要指标。

游泳必须下到水中才能学会，真正学会游泳是孩子自己在水中能自立地游。学电脑、学开车皆是如此，老师、教练讲得再多，学员掌握的理论知识再丰富，如果不上机操练，不亲自驾驶，也无济于事。同理，真正的学习是学生自己学会并领会到位。

作为教师，既要研究自己的教，也要研究学生的学。达到同一个目的的方法不止一个，找到适合自己，符合学生实际的教学才是首要。教师讲得越多，学生想得越少。具备了基础理论和知识建构能力，每个人都能从个人意义上进行知识再生产。这给教师的启示就是自己少教，让学生多学，把学习的主动权还给学生，学生会产生主人翁的责任感，这是主动学习的情感动力。这并非指让教师投入得更少，而是让教师更重视科学方法。

二、最好的教育是教师变成了学生

课堂教学改革伴随着诸多困惑与艰辛，教育观念不断拨乱反正，教育行为曲折改进，身在其中，"如鱼游水，冷暖自知"。

我听早间新闻，说某校要求教师上课只讲 15 分钟，其余的时间要留给学生自主学习。记者评论说，一节课 45 分钟，教师只讲 15 分钟，就是只讲了三分之一的时间，也就是教师只干了约三成的工作，白拿了七成的工资。语气里颇有些愤愤不平。殊不知，有的教师更加"大胆"，干脆就让学生代替自己讲课，出现了所谓"自驾课""无师课堂"。这样的教师岂不是白拿了工资吗？有的家长真就向教育局告状说："老师白拿工资不讲课，岂有此理！"

的确，关于教育，任何人都可以评头论足，面对这样的家长与媒体，教育人虽深感无奈但不能无语。"教师白拿了七成工资"或"白拿工资"颇为荒唐。如何给他们进行解释呢？

40 或 45 分钟全由教师讲解，俗称"满堂灌"，这种做法的弊端是没有给学生提供自由学习的机会，不利于学生主体性的发挥，扼杀了学生的创新精神与实践能力。如在语文课上，有的老师从上课讲到下课，把课文肢解得支离破碎，分析了再分析，生怕学生领会不透作者意图，生怕自己遗漏了什么知识点。仿佛教师是演员，学生是观众。

尤其是新课程改革之后，大家更加认识到"满堂灌"的弊端。当然，前面已论及，这种教学方法并非一无是处。

课堂上，教师的角色更应该是导演、向导、教练、陪读，让学生唱主角，尽量让学生多体验、多感悟，这样更利于提高教学质量。当然，课堂上教师的讲解并非"15 分钟"如此绝对，要视教学内容与学生的实际情况确定讲授时间。

叶圣陶先生早就说过，教是为了不教。假如教师自己占用了课堂的全部时间分析讲解，一点不给学生留下自我活动的时间，学生的能力如何锻炼培养出来？教师只有在教学中充分发扬民主，使学生经过自己的努力获取知识，真正把课堂还给学生，激活学生的自信、尊严、胆量、热情，学生才会体验到成功的快乐，才会有成就感。

特级教师于永正在教学《倔强的小红军》一课时安排了三个板块。于老师一上课就向学生宣布："谁想读课文，谁就站起来大声读。"一个、两个、三个……逐渐地，全班学生都站起来读了。读足了，读够了，于老师又说：

"谁认为自己在班里读得最好，谁就站起来读。"好多学生争先恐后地一个一个站起来读。于老师第三次说："你认为课文哪段写得最精彩，你就站起来读哪段；读完了，再说说这段为什么精彩。"学生们纷纷读、说，老师适当指导点拨。就这样，学生们读读说说，课就结束了。整个一节课，于老师几乎没有怎么讲解，他只是偶尔点拨几句，很注重学生的自读自悟。的确，教学的艺术不在于传授的本领，而在于激励、唤醒、鼓舞。

其实，教师讲得少的课堂，工作量不是减少了而是增大了，在这样的课堂上，更见教师的功力。有限的时间，老师更要注意讲到要害处，更要精心备课，更要对教材有着更好的把握，对学生的学情有更精确的了解，而且还要应对学生自主学习提出的问题，而这样的问题往往是更具挑战性的。

某校只让教师讲15分钟的规定可能有些机械死板，但是，这样的做法与教师的工资是根本扯不上边的。禁不住要问一问电视台的记者，凭什么说教师"白拿了七成的工资"？家长又凭什么认为教师"白拿工资"？

我曾多次到山东省临沂第二十中学去调研，感受最深的就是我看到的两节课，课是由初二四班的两个十四岁的男生——王瑞堂同学和聂良旭同学分别上的。他俩在接到通知很短的时间内上了两节非常精彩的数学公开课，全校师生为之震惊！

学校多媒体会议室，全校干部、教师在座，与以往不同的是，课堂上不见一位教师身影，讲台上全是学生，担任主讲的正是王瑞堂和聂良旭。他们的教学内容让人甚为惊异：初二的学生，学的却不仅有初三的知识，甚至还包含了高中的某些内容。

两节课上，只见两个小老师泰然自若，井井有条，引入、讲授、安排讨论、反馈、总结，其间对同学有表扬、有鼓励、有期望，课堂上丝毫不缺少新课改所倡导的情感、态度、价值观成分。课上得既有思维深度，又时刻注意发挥全体同学的主动性。

当时，他们的数学老师刘建宇就坐在台下听课。

学生执教的课让听课者不得不叹服，当时的校长姜怀顺激动得一步跨上讲台夸起了两位"小先生"………同时，这也让很多老师感到汗颜，感到从来没有过的压力。有老师悄悄告诉我，如果自己的教学再不进行改进的话，初中生或许有可能取而代之了。

我曾与这两位学生进行过深度访谈，两个孩子虽然还很稚嫩，但思维老到，谈吐不俗。当问他们为什么在课堂上镇定自若，一点都不紧张时，他们自信地笑笑答："平常就是这么上课的，习惯了。"

当时，我不由得赞叹："这些学生真是国家栋梁！"

我的这句话还说造次了，二十中的老师说："我们的学生哪里只是国家的栋梁，这是国际型人才！"

真是后生可畏！

2012年第12期的《教师月刊》上有吴非老师写的文章《把自己教成了一个学生》，他说："我把自己教回到课堂，我把自己教回到童年……"

那么，当教师与当学生有什么不一样吗？

记得我初登讲坛的时候，为自己能站在讲台上拥有话语权而自豪，甚至陶醉于自己上课时的表现。后来才慢慢知道，教师应该在课堂上扮演忠实听众而不是表演者。真正应该陶醉的是学生。

随着基础教育课程改革深入推进，"自主、合作、探究"的课堂教学理念得到了广泛认可与应用。教师站在台下听的情形在我见到的课堂中越来越多了。

教师站在台下听，就像一位学生。

事实上，业内人士是知道的，开放的课堂对教师的要求不是降低了而是提高了。教师如果没有足够的水平是驾驭不了这样的课堂也"征服"不了在课堂上生命张扬的学生的。给了学生释放潜能的机会，学生就会向教师发起挑战。学生的发展让教师感到吃惊，也感到惊喜。做这样的教师相当不易，一不留神会被学生瞧不起，因而，不努力学习则会"心虚"。这样的教师更应该学习，也更愿意学习。这也是"后喻文化"时代带给教育的挑战。

教师努力学习，就更像学生。

在教师独霸讲台的课堂上是不会这样的。教师一节课要说什么话都已经设计好了，甚至第几分钟做什么都规定好了，教师只管把自己想讲的东西"倒"完，全然不管学生是否消化得了。这样的课自然好上，甚至有的教师拿的还是若干年前发黄的教案。这样的教师越教越像老师，因为他的学生已经习惯了被动地倾听与记答案，学生像驯服的小绵羊，不会在课堂上"滋事"。课上得如"行云流水"，教师口若悬河、滔滔不绝，简直是一个"权威"。

如果问哪种方式好些，不用我多费口舌，每位教师心里都跟明镜一般。然而，从我看到的很多教师的课来看，有的教师就是不愿意改变。为什么？我想，因为他们不能像吴非老师那样，有甘做学生的胸怀和担当吧！

做教师的如果总是从成人的角度去看发生在学生世界的很多事情，会觉得不可思议。优秀的班主任总爱刻意模仿学生的语言和动作，事实上是在揣摩儿童心理，在关心孩子的喜怒哀乐，防备不知不觉就会形成的"代沟"，以便更好地与学生深入沟通与交流。一位好教师往往拥有一颗童心。

教师拥有童心，则彻头彻尾像了学生！

"教师成了学生"的另一方面就是"学生成了教师"，身为教育家的杜威早在一百多年前就已经断言：当教师和学生的位置换一换，教师成了学生，而学生成了教师的时候，最好的教育就发生了。

第三节　让学生获得学习本身的乐趣

现实教学中，老师们为了激发学生的学习动机可谓用了不少脑细胞。我在山东省泰安市泰山区教研科研中心做教科室主任时，与老师们一道做小课题研究。有一位老师研究了"用奖品激发学生上课举手发言积极性"的小课题，具体情况如何呢？

这位老师拿出自己的工资给学生们买了铅笔、橡皮、小贴画之类的奖品发放给学生们。在课题研究了半个月之后，这位老师喜气洋洋地邀请我去听她的课。课堂上，孩子们举手发言的积极性明显地得到了提升，物质奖励果然起到调动学生积极性的效果。又过了两个月，这位老师再次把我邀请到学校，却诉说了自己的苦恼——有的学生上课时把手举得高高的，嘴里急切地喊着："我！我！"老师真把学生叫起来回答问题时，学生却忘记了怎么回答，原因是心里一直想的是奖品，连老师问的什么题目都没有听清。有的学生拿到奖品后，在手里摆弄来摆弄去，这么看了，那么瞧，根本没有心思再听下面的课。有的学生为了争到回答问题的权利以便得到奖品，竟然吵了架。问题逐渐暴露了出来。聪明的读者朋友们，这到底是怎么回事呢？如何为这位老师破解难题？

问题的根源是：物质奖励对学生学习动机的激发不会持久，要想持久地让学生对学习产生热情，最关键的因素是让学生体会到学习本身的乐趣，激发学生的思维活力，学生思维主动才是真正的主动。

有一个笑话说，在一所国际学校，老师给各国学生出了一道题："有谁思考过世界上其他国家粮食紧缺的问题吗？"学生都说"不知道"。非洲学生不知道什么是粮食，欧洲学生不知道什么是紧缺，美国的学生不知道什么是其他国家,中国的学生不知道什么叫思考。当然,这只是一个笑话。在我们的课堂上,经常会发现大部分学生不能思考,注意力不集中,回答教师问题的,仅仅是少数优秀生。

一、如何引发学生主动思考

学生的思维状态表现了教师课堂教学水平的优劣,能在课堂上让每个学生都积极思考非常不容易。教师在备课时,就应该认真研究如何引发学生思考。为此,建议老师们从以下几个方面去努力。

1. 提出引发深度思考的问题

之所以不能引起学生思考,是教师提出的问题出了问题。如果所提问题本身简单肤浅,或者根本就是假问题,怎么可能引发学生的深入反思呢?比如有一个数学教师讲授《镜子改变了什么》,这一节课的主题是"轴对称现象与轴对称图形"。出示了一些图片后,教师提出问题:镜子到底改变了什么?学生都在犹豫,教师用手势进行启发、提醒,学生依然感到困惑。教师试图让学生说出"镜子中的像与原来物体的像成轴对称"。但由于问题设计不当,学生的思维无法打开。同样,如果教师采取"满堂问"的方式,必然有随意性强、质量不高的问题充斥其中。比如有的教师上《大禹治水》这节课,学生踊跃举手,往往翻到书本的某某页就可以轻松找到问题的答案,几乎所有的同学都对答如流。这说明教师提出的问题没有对学生的思维构成挑战,没有激发出学生智慧的火花。回答后即得到教师"你真聪明""你真棒"一类的评语,这其实助长了学生的浮躁作风。

2. 努力为学生创设思考情境

发挥情境教学的作用,引发学生思考。情境的创设具有各种各样的方法,应注意情境的使用必须恰当、贴切、适时,针对不同的科目、学段具有不同特点。例如:低年级小朋友比较喜欢有趣、新奇的事物。小学数学中,在教学《统计》时,创设情境:动物到大象家过生日,客人都用神秘的面具挡着,让学生说一说是什么动物,然后揭开面具进行登记。学生受好奇心理驱使,不知不觉中就走进对新知的探索。教师在教《元角分的认识》时,创设"小小超市"的生活情境，学生分组活动，每组都有"售货员"，小组成员模拟购物，亲历买东西过程，在实践中学习使用人民币。对高年级学生，情境的创设千万不可生硬造作，而是应对课堂教学顺利推进发挥作用。例如：在高中语文课上，教师在讲授完《明湖居听书》后，让学生听《二泉映月》，启发学生思考写一段文字描写此曲。

3. 用有效点拨启迪学生智慧

点拨是教师针对学生学习过程中存在的障碍，用扼要的语言启迪思维，寻找解决问题的途径和方法。教师的有效点拨对启迪学生的智慧具有重要意义。课堂质量的关键是看学生是否能够全身心投入，只有教师的课能直接诉诸学生的理智和心灵，才能产生思维的活跃而非仅仅身体活跃。老师更重要的是要通过自己的点拨调动学生的积累或经验，给学生创设思考的突破口，引发学生思考。如学习杜甫《登高》一诗情景交融的写作特点，不妨引导学生回忆已经接触过的马致远的《天净沙·秋思》，让学生讨论，都是在极其凝练的文字中出现多个意象，两者有何不同？在此基础上引导学生体会"一切景语皆情语"，情因景生、景以情合的写作特点。教师的点拨应注意充分考虑学生的实际，才能取得良好教学效果。

4. 给学生留出足够思考时间

实际课堂中，发现在教师提问后，学生不会回答，教师并不给学生留出足够的时间思考，而是不断重复问题或忙着启发。因时间短暂，学生思考缺乏深度，往往草草作答。表面上气氛活跃，实际上是走进了烦琐而肤浅的一问一答的圈子中。教师应在提问后给学生一些独立思考的时间，让其潜心读书，深入思考。这时正是学生思维最为紧张活跃的时刻。课堂上还有这样的情况：一些有深度、有难度的问题提出后，学生们展开了热烈讨论，但答案千篇一律，缺少深度、缺乏新意，甚至出现错误，教师却急于作评价。教师应再留出一点时间，把机会和任务留给学生，让学生们冷静思考，寻求出更多的思考成果，不做"脑筋急转弯"，而是"涵泳工夫兴味长"。这样做，无论对问题的深入解决还是培养学生的思维能力，效果都会更好。

5. 让学生学会一定的思维方法

思维是有一定规律可循的，应让学生掌握一定的思维方法，以便学生可以进行深度思考。常用的思维方法有分析思维法、综合思维方法、归纳思维法、形象思维法、抽象思维法、逆向思维法等。教师应有意识地循序渐进地培养学生运用思维方法的能力。例如培养学生的形象思维。在《难忘的泼水节》这节课上，老师讲到周总理出现，全场欢迎的场面时，指出这个场面真是美极了，请大家闭上眼睛用心想象。老师激情描绘了美妙的情境，每一位学生都在大脑里构建图景，且大家在脑海里构造的画面是不同的。人人都在思考，这比直接用多媒体投射出图像效果要好得多。构建后，老师又让学生描绘，从而在课堂上造成一种使学生处于智力紧张状态的气氛，全方位调动了学生的感知、注意力和思维积极性。

6. 教师的深度思考带动学生思考

在课堂教学中如何引发学生的思考尤其是深度思考？教师必须把自己培养成思考者，才能带动学生思考。因此有人指出：学生的脑力劳动是教师脑力劳动的一面镜子。教师的话含义越深刻，学生从教师讲述的字里行间得到的东西就越多。在教学中，教师主要的关注点、努力不应当用在记忆上，而应当用到思考上。除了教师的教育观念方面的因素，很重要的是教师自身的素养和功底决定了思维深度。教师的语言艺术，语言表述的精确性、到位性等，在很大程度上决定着学生脑力劳动的效率。教师的知识储备和课堂教育机智非常关键，试想，当教师教授《林黛玉进贾府》，如果没有《红楼梦》的前期阅读做底子，就很难提出引发学生深度思考的问题。

7. 让学生真正体会思考的乐趣

爱迪生曾说过："不下决心艰苦思考的人，便失去了生活中最大的乐趣。"对于教学，这话更加耐人寻味。的确，思考是艰苦的，但也乐趣无穷。教师应努力调动学生思考的积极性，让学生能够思考，在思考中表现自己。例如在几何课上，通过添加辅助线而恍然大悟地解决一个非常棘手的问题，学生的欣喜与兴奋是无以言表的。老师应千方百计让学生认识到思考是美好的、诱人而富有趣味的事，让学生体验到最深刻的探索奥秘的情感，尝试到思考起来的快乐感觉，从而激发学生浓厚的思考兴趣。

思维能力是智力的核心，真正的课堂是学生演练思维体操的舞台，是培养思考能力的训练场。热爱自己的事业而又善于思考的教师，会竭力激发学生对思考的信心和兴趣,在课堂上给学生一把思考的钥匙,让学生变得更聪明。这种力量能够让教师树立起无可争议的威信。

二、还启发式教学本来面目

1. 回归真正的启发式教学

师圣孔子是启发式教学最早的使用者。目前,这种教学方法仍然是教师引导学生进行主动学习求知的重要方法。然而,在现实的课堂上,有的老师打着启发式教学的旗号,教学实施过程中却是违背启发式教学本意,失却了启发式教学的本来面目。请看如下案例:

一位语文教师在要求学生给课文分段时,一学生说:"分七段。"教师摇头说:"有没有同学有不同意见?"另一学生说:"分六段。"教师仍摇头。这时大家一起回答:"分五段。"教师高兴地点头:"完全正确。"

教学《方志敏》这节课时,授课教师提问学生:"敌人抓方志敏想干什么?"一学生说:"方志敏是大官,敌人可能想和他搞好关系。"另一学生说:"敌人把方志敏当靶子。"然后,许多学生提到了很多可能性,但老师都不满意。为了贯彻启发式教学的精神,教师怎么也不肯主动说出最后的答案,而是紧皱眉头不断地启发学生:"再看看课本,动脑筋想一想……"最后,终于有学生说:"方志敏是大官,敌人想从他身上得到钱。"教师赶紧说:"好!对!你真聪明!"为什么?因为这是符合教师预设答案的。教师为了引导学生多回答问题,在课堂上尽量多设计提问,而不主动说出答案。

分析上面的课堂教学案例,读者认为这是不是我们平常需要的启发式教学呢?

如上课堂教学案例,教师在刻意创设活跃的课堂气氛,表面上看课堂热热闹闹,但仔细审视教师设计的问题就会发现,或过于简单,或过于突兀,或问题太大,或模棱两可,并不能引起学生深层思考,更难激发学生的思维和想象。

新课改实施以来,"改变注入式、提倡启发式"的教学理念已成为越来越多教师的共识,很多公开课也以巧妙运用启发式教学为设计亮点。不过,在实际教学中,一些教师并没有理解启发式教学的真正内涵,曲解和误用的现象时有发生。

启发式教学并不是简单地提问。那种"封闭式"的提问,只能答"是"与"不是",是徒有其形而无其实,毫无可取之处。同样,教师通过设计问题而一步一步把学生引到所谓的"标准答案"上来的行为,也是忽略"学生是教学活动主体"的表现。长此以往,对于较复杂的问题,学生往往难以深入理解,而且会产生对教师的依赖,即教师提问就会思考,离开教师提问就不会思考。这样的启发式不但背离实际意义上的启发式,而且危害更大,是对学生发散思维、求异思维、创造性思维的一种戕害。

什么是真正的启发式教学?"启发"一词最早源于孔子的"不愤不启,不悱不发",意思是不到学生想求明白而不得的时候,不去开导他;不到学生想说说不出的时候,不去启发他。启发式教学的真正意义是充分体现学生的主体地位,调动学生的主观能动性,引导学生独立思考,以提高学生分析问题和解决问题的能力。作为教师,要不断增强自身素质,努力把启发式教学运用得合理而得法,使学生的思维处于活跃状态,并在教师的启发下不断闪现出智慧火花。

2. 学生经过自己的努力弄懂

身在一线教学的我跟不少同行有一种同感——恐怕学生学不会,然后拼命给学生解释,恨不得替学生扫除一切障碍,让学生获得所谓的我们认为的"标准答案"。这种教学方式会有利于学生学习吗?

支玉恒是小学语文教学界的一位传奇人物。他快40岁时才由体育老师转教语文,结果一教就教出了自己的个性,教出了语文教学的名堂,教出了在全国的影响,被誉为小语界"四大天王"之一。他开了小学语文"以读代讲"之风,创立了"自主发展—点拨启导"式教学。

我们来欣赏一下支老师的教学片段。

生：我不懂"歉意"是什么意思。

师：请你把那句话读出来。

生：（读文）"日子长着哩，俺们不能总让大家白出力气啊。"老两口儿带着歉意说。

师：你用"歉"字组个词。

生：道歉。

师：对呀！你读的这句话是讲老两口儿在做什么？

生：他们在向乡亲们道歉。

师：为什么道歉？

生：乡亲们老给他们挑水，又不要报酬。他们觉得白让大家干活，心里觉得对不住乡亲们，所以就道歉。

师：那么你说的"心里觉得对不住乡亲们"就是他们的什么？

生：歉意。

师：明白了吗？（生答"明白了"）既然明白了，请你用带着歉意的语气读一下老两口儿那句话。（学生读文）他读得像在道歉吗？（生答"不像"）你今天迟到了，半路推门进来，影响了大家学习。为这件事，你向同学们道个歉，要表现出"对不住大家"的心意。

生：我今天迟到了，打断了同学们的学习，对不起大家。

师：这次他的语气像不像道歉？（众生答"像"）那你就用这种语气再读一次老两口儿那句话。

（生再读此句，语气不错。）

师：这次你全懂了，是经过你自己的努力弄懂的。谁还有问题？

生：老师，"劝说"是什么意思？

师：啊，"劝说"你不懂？你出来（该生走到台前），你也出来（问"歉意"的学生也走到台前）。他今天迟到了，这是不应该的，你去劝一劝他今后要注意。

生：你迟到多不好，影响大家上课。以后要注意，其实早起五分钟就行了。（众笑）

师：（问大家）他刚才在做什么？

生：劝说。

师：（对提问的学生）知道什么叫"劝说"了吧？

生：知道了。

从这个教学片段，我们可以切实地体会到，让学生主动学习，教师的引领作用不可小觑。教师要做的是努力想方设法让学生"经过你自己的努力弄懂"。

这个教学片段处处体现出了支玉恒老师的教学个性。学生问词语的解释，教师没有对解释说出一个字，只是让学生读课文，表演"道歉"和"劝说"，学生真就懂了。在最细小、最琐碎的每一个教学活动中，都体现了老师的先进教育理念——"自主学习""自读自悟""发挥学生的主体性"，这些教学理念，相信很多老师都耳熟能详，但是在真实的课堂上，很多老师其实做得还有差距。从支老师的课中，我们真实地感受到了他把学生放在主体地位的做法。学生对经过自己努力弄懂的问题会感到有兴趣，以后也就会越来越喜欢开动脑筋。

我们还要思考的一个问题是：名师的做法能够顺利地应用于自己的课堂吗？有些老师明明知道名师是怎样做的，但是却不能把名师的有效做法再现于自己的课堂。这是什么原因呢？我想，这里面的原因是复杂的。首先，一般教师可能没有名师所具备的知识素养，没有把教学理念真正内化成自己心灵深处的东西；其次，从思想上没有对自己的课堂提出较高要求，只是满足于做一个教书匠而已；第三，有些东西是不适合生搬硬套的，而必须有自己独立的追求与思考。

支玉恒老师之所以能够"异军突起"，有赖于多年来他的读书修炼，更仰仗他的教学个性与勇于进取的创新精神。他从来不被教学参考资料束缚，对于文本的解读，他都有自己的独到见解。听课的人永远不会知道他的下一个环节将要做些什么，他的很多课堂教学细节都设计得巧妙而深入学生内心。他的教学效果是一流的，他的教学质量是一流的，他成为全国最有影响力的名师之一，也就不奇怪了。

这给我们一个启示：不要说自己从名师那儿没有学到多少有用的东西，而要反思自己是不是真正有智慧、有才华、有创造力去汲取经验，真正内化并用到自己的教育教学中去。

第四节　正确理解学生是学习的主人

一、这样的掌声并不光荣

让学生做学习的主人,我相信大家对这个观点都是赞同的。然而,具体到课堂教学实践,有的老师却自觉不自觉地做出了与这一观点相违背的事情,并且很多时候浑然不觉。我本人就曾亲历这样的教学过程。

场景是这样的:语文老师叫起同学朗读课文,一同学读后,老师不满意,一点鼠标,在多媒体课件上播放名家的配乐朗诵。有时老师竟然忘记了让刚才朗读的同学坐下,这位同学神情极为沮丧。更为遗憾的是,执教老师却并没有告诉这位同学的朗诵哪里不到位,怎么改进,就进行下面的内容了。

还有这样的场景:老师叫起数位同学读课文,感到都不满意,没有提出表扬。然后,老师说:我给大家读读这篇文章。说着就播放音乐,自己进行深情诵读。读罢,同学与听课老师都热烈鼓掌。讲课人颇为得意,认为这是自己课堂的出彩之处。我自己执教语文课时就曾经这样做过,而且颇为自己的朗读水平赢得学生和听课者的掌声而得意。现在想来却非常惭愧!

我所惭愧的是老师自己朗读的时候要播放音乐,要配乐朗读,学生读的时候却没有想到给学生配乐。这是为什么?这是什么思想在作怪?我所惭愧的是大家的掌声是送给老师的而不是送给学生的,老师明显抢了学生的风头。如果大家的掌声是送给学生的,这样的课堂才是让执教老师感到自豪的课堂,这样的课堂才能更加促进学生主动学习而不是相反。仅仅让自己获得掌声的老师把学生摆在了什么位置呢?可怕的是,不少老师竟然对这样的失误完全不自觉!

我不是不赞同语文老师在课堂上范读,教师的范读非常有必要,只是要注意在适当时机进行。教师的范读要真正起到引领学生提高读书能力的作用,要通过示范帮助学生纠正朗读的不当之处。但是,范读不是教师的才艺表演,教师越是演技高明,越是把学生比得失去了信心,失去了自尊。

二、这是真正的学习主人吗?

关注学生的主体地位作为新课程理念可以说深入人心,但是,在实际课堂操作中,有的老师却用偏了。有的老师先向学生承诺,这节课自己只做主持人,主要由同学们讲课。于是,一节课中,这个老师即使看到同学们都有困惑,也坚持不出面说话。有时,学生说得不恰当,老师也不出面指正。打着"让学生做学习主人"的旗号,老师就可以理所当然在课堂上不作为吗?我们不禁要问:老师在课堂上到底要承担起什么责任?

我们来仔细分析下这种类型的课例:这是一节五年级的语文复习课。老师说,请同学们把本单元四篇课文需要掌握的知识自己整理在笔记本上。如果有前期良好的教学基础作铺垫,老师这样做原本无可厚非。然而,我巡视课堂时,发现大多数学生无所适从,不知如何下手整理知识。有的写生字,有的抄课文,有的干脆就在发愣。老师也在巡视,却没有提出任何指导意见。

大约十五分钟之后,教师让学生展示自己归纳的成果。有个学生站起来说学会了很多词。老师说:你能不能从优美的词语中选一个造句?学生说:"微微内陷。小红有一双微微内陷的大眼睛。"《跨越百年的美丽》这篇课文,在描写居里夫人的外貌时,用了"那双微微内陷的大眼睛"这样的句子,可见,学生造句使用的就是课文原句。而且,这个词并不是课文中的典型与重点词语。

老师又叫起几位同学把自己整理的课文知识进行展示,有的说了几个生字词,有的背诵了课文的有关段落,有的总结了课文大意。如此,这一段教学就结束了。

教师是需要对学生的自主化复习进行指点的，内容应依据课标和教材应达到的目标要求确定，字词仅是一个方面。老师应该全面梳理教材，把训练题目和重点划分类别，找出共性的、便于记忆和理解的知识链接。教师首先做到心中有数，再指导学生自我整理，而不是完全不作要求由学生自己去整理，当然，也不是把教师整理的结果直接告诉学生。从教学内容的角度来审视这个教学环节，教师事实上并不知道自己应该讲什么，而是盲目地放手让学生去做，学生也不知道自己应该学什么，结果草草应付了事。

接着，老师转入口语交际学习，让学生们进行辩论："科技发展是利大还是弊大？"小组讨论后，老师说：认为科技发展利大于弊的小组举手。

没有人举手，老师询问为什么。

一个小组的女同学站起来说："我们小组的同学形不成统一意见，所以不好举手。"

这个问题是老师备课时没有预想到的。于是，老师想到打破小组界限，把学生按观点分成正反两组进行辩论。等待与质询等教学环节耗费了不少时间。

学生的辩论还是可圈可点的，好像是在课下作了准备，不足仍在于老师完全放手让学生去辩论，没有画龙点睛的点拨。

本课老师采取了小组合作学习的方式，这也体现了新课程理念。但是，整堂课老师用很多时间让小组去进行合作学习，小组之间只有少数的优等生控制着话语权，有的学生根本没有参与进去。学生分组坐给人的感觉仅是形式，小组合作学习的效果并不好。

由此，我们可以清晰地看到，老师的主导作用没有在课堂上及时有效地发挥，这严重影响了课堂教学效率。

其实，老师的头脑里的课堂教学效率意识就不是很强。如刚上课时，老师说：今天我们要复习四篇课文，请同学们说一说是哪些？学生一边说，老师一边板书《跨越千年的美丽》《千年梦圆在今朝》《真理诞生于一百个问号之后》《我最好的老师》。既然是书上的课文，老师还要板书在黑板上，徒费时间。

整节课，老师始终注重发挥学生的主体作用，给了学生足够的时间和空间，可以说教师的教学理念是先进的，但是，课堂教学效果却不尽如人意。

老师曲解了某些新课程理念，名义上把学习的主动权交给了学生，实际上是没有负起教师应负的责任。学生毕竟是未成年人，是学习者，其知识储备与能力都要逊色于教师，老师承担着解疑、点拨、引领、指导的重要作用，这个责任在任何时候都是不能也不该忘记的。

三、从对主体的争论到"主体间性"

关于学生与教师谁是课程教学的主体问题，一直争论不休，莫衷一是，存在着以赫尔巴特为代表的"教师中心论"与杜威为代表的"学生中心论"的纷争。除了"教师主体说""学生主体说"，还出现了教师与学生"双主体说"。大家不断地讨论"教师与学生谁为教学的主体"这个问题是有着积极意义的。我们必须在思想上牢固树立起教师要为学生发展与学习服务，要引导、帮助学生的理念，督促教学行为不至于偏颇。在这个过程中，教师需要更多地学习，与学生形成成长共同体，教师的作用才会发挥得更好。

后现代主义消解了个体主体性，强调一种"共在"，海德格尔认为："'共在'是一种把自我和他人同时显现出来的存在方式。在'共在'中，人与人的关系是复杂的，有时候可能是一种被他人埋没或埋没他人的非本真状态，有时候是与他人保持平衡关系的一种超越姿态，而作为本真状态的共在是个体本真此在的先决条件。"[①] 后现代主义认为，无论是教师主体、学生主体，还是师生双主体，都势必造成主客之间的对立，使得主体处于统治客体的优势地位，客体处于被动地位，忽视另一方的存在和价值。人与人之间存在内在本质关系，主张用交往形式替代中心主体形式，即用"主体间性"替代现代理性主义中的主体性。"主体间性"是一种群体性，体现了主体与主体之间的关系，而不存在客体，这就消解了二元论造成的人与人之间的对立。而强调"主体间性"，主张一种"我—你"的对话关系，更注重民主、平等关系，两者是相互影响、相互促进的。因此，既反对"教师中心论"中绝对放大教师的主体地位，对学生形成压迫，也反对"学生中心论"中一味

---

① 赵敦华.西方哲学简史［M］.北京：北京大学出版社，2001：109.

让学生处于"自我"状态,而是实现主体间性中人与人之间的相互交流与促进。主体不会是孤立的主体,而是有着相互的融合与互动,相互的影响与依赖。因此,主体活动是一个复杂过程,个人的主体性不能脱离与他人之间的关联。强调师生关系的"主体间性",并不是否定教师的地位,让学生放任自流。学生毕竟是正在成长中的未成年人,教师义不容辞地担负起着监护、指导、引领的责任。

师生是一个丰富的发展整体,具有能动性和多种发展可能。教学的本质是一种交往活动。老师是教与被教,学生是被教与教,两者相互教与学,构成了"学习共同体"。最早践行"教学相长"的是孔子,他说:"赐也,始可与言诗已矣!"①又说:"起予者商也!始可与言诗已矣。"②教师把学生当成自己成长的好伙伴。后现代主义认为,教学是一种生态圈,教师与学生应该平等和谐地共处于同一个生态圈。教师作为学习者团体中的平等成员,是"平等中的首席"。这种民主氛围有利于培养学生敢于质疑、勇于批判的科学精神。弘扬师生双方的主体精神是教学的必然价值追求。学生本身就是一种教育资源,教学过程中杜绝边缘学生存在,尊重学生的自我、自主与自动,鼓励学生张扬和发展个性,肯定学生精神生命的独立性。把学生教成了老师,就达到教育的一种境界了。

后现代主义主张建立一种新型的师生对话关系,无论"教师主体""学生主体"还是"双主体"都有可能造成主客体之间的对立,因此,倡导"主体间性",教师和学生相互作用,不应存在谁控制谁,谁操纵谁,或者强行把自己的意志加到另一方身上的问题。

老师不越位,真正把学习的舞台让给学生,让学生真正成为学习的主人,从而大大增强学习主动性。把教育观念与思想根源进一步厘清了,才能在行动中正确落实。

---

① 朱熹.四书章句集注[M].北京:中华书局,2012:63.
② 同上:11.

第五章

如何有效组织合作学习

导 读

自主、合作、探究是一个链条上的几个重要的相互关联的环节。合作学习中出现的一系列问题让不少老师措手不及。于是，有人怀疑合作学习的有效性，有人不再敢使用合作学习，有人对学校推行合作学习怀有抵触情绪……那么，如何正确认识合作学习，又如何破解实践中出现的不尽如人意的情况呢？

第一节　合作学习的独特价值

一、合作学习是一种有效学习方式

"合作学习是以学习小组为基本组织形式，系统利用教学动态因素之间的互动来促进学习，以团体成绩为评价标准，共同达成学习目标的活动。"① 综览国内外教育文献资料，研究者一致认为：合作学习是当代最大的教育改革之一。合作学习是目前世界上许多国家都普遍采用的一种富有创意和实效的教学理论与策略体系。由于它在改善课堂内在社会心理气氛、大面积提高学生的学业成绩、促进学生形成良好的非认知心理品质等方面实效显著，被人们誉为是"近十几年来最重要和最成功的教学改革"。

杜威认为："不论什么事情，凡是能引起儿童兴趣的，完全是因为那些事情本身儿童有直接的兴趣。这样，为了功用而做事，和为了娱乐而做事就没有什么差别了。"② 合作学习学习方式比单纯的讲授式为学生提供了更多表现机会，因而更能引起学生的兴趣。合作学习遍及世界许多国家和地区，受到人们的广泛欢迎。日本著名教育学教授佐藤学所著的《学校的挑战：创建学习共同体》《教师的挑战：宁静的课堂革命》等书中以现实案例阐述了合作学习的优势。扬名国内外的杜郎口中学、昌乐二中也以成功使用小组合作学习模式而著称。

---

① 王坦. 合作学习——原理与策略［M］. 北京：学苑出版社，2001：11.
②［美］杜威. 我们怎样思维·经验与教育［M］. 姜文闵，译. 北京：人民教育出版社，2008：177.

基层实践者的切身体验最具有说服力。六年级老师梅根·巴布考克说："我们将不同的学生小组混合起来，所有那些我们原本认为没有什么指望的学生，其实都是某些方面的思考高手，如果不使用全员参与技巧，我们永远都不会想到，他们会以那样的方式参与小组学习，并做出贡献。"[1]

综上所述，恰当地运用合作学习有利于提高课堂教学效率。

二、教是一种再好不过的学

在课堂教学改革中，我们提倡合作、探究学习方式。在小组合作学习中，老师要求小组同学之间相互帮助，特别倡导学习优秀的学生帮助学习相对薄弱的学生。

这样的改革让不少老师和家长产生疑问。在课堂教学研讨会上，有老师质疑："好学生帮助弱学生，自己的学习会不会受到影响呢？""这样会不会耽误好学生的学习时间？"有的老师甚至直接说："这样做要影响尖子生发展。"有学生家长表示强烈不满，认为自己的孩子学习不错，帮助同学学习，吃了大亏。

这种认识正确吗？

1. 印象最深的学习方式就是教别人

倡导结构教学法的布鲁纳认为：教是一种再好不过的学。他认为，人类的学习过程是系统地对环境信息加以选择和抽象概括的过程。同时，思维过程是在一定的信息或材料的基础上进行的，人们只有掌握了一定数量的信息才能开始思想工作。面对一项工作，究竟应该收集多少信息，这要看该项工作的认知难度和风险情况。"教"显然比"学"需要搜集更多的资料或信息，显然比学的过程有更大的认知难度，会对教授者构成更大的挑战，会让教授者有更活跃的思维活动。

美国学者、著名的学习专家爱德加·戴尔1946年首先发现并提出了学

---

[1] [美]佩西达·希姆勒,[美]威廉·希姆勒.让每个学生主动参与学习的37个技巧[M]. 杨颖玥,译.北京：中国青年出版社,2014：29.

习金字塔理论，这是美国缅因州的国家训练实验室的研究成果，它用数字形式形象显示了：采用不同的学习方式，学习者在两周以后还能记住内容（平均学习保持率）的多少。从下图可以看到，"教授给他人"是一种最有效的学习方式，对学习内容能够有90%的留存率，比以上诸多学习方式有明显优势。

学习金字塔

2. 教是"双赢"的产生自豪感的过程

学生告诉我，自己如果能给同学清晰地讲解一遍，那么，对学习内容的理解就会更深入。

有学校开展"小先生"制改革，让学生走上讲台充当教师角色进行讲授，很多学生都争抢这样的学习机会。我发现，除了知识的学习之外，学生自身产生的自豪感、成就感也成为吸引学生愿意扮演教师角色的因素。

在学生进行全班性授课以及个别辅导的过程中，如遇困难，教师的正确引导、启发、引领与拓展同样非常重要。

3. 教是一个思维开发的积极过程

如果让学生学习"2+2"等于几这样一个内容，学生只是学会了等于4，那么，学生的思维模式就是知道了等于4而已。如果学生还要教别人，情形则非常不同了。学生必须进一步思考如何让别人知道"2+2"等于4，如何举例子，如何根据别人思维的薄弱点进行分析解读。这个思维过程肯定要复杂得多。

这只是大脑思维的一个初始阶段，还必须通过语言等把这个思维过程表达出来。从思维到语言就是一个了不起的跨越，学生必须让自己的思维异常清晰、有条理、逻辑性强，这样才会让学习者听明白。

如果单纯靠语言来表达，学习者依然不明白，那么教授者就要思考用实物辅助，如果是更复杂的知识，可能要用到原理、公式等，这一套组织过程又进一步复杂化了。

看一看年轻老师的情形，他们往往不是缺乏学科知识，而是缺乏将学科知识传授给学生的一种能力。

如果一个学生不仅学到了学科知识，而且有能力将自己已经学到的学科知识有效地解读给自己的同学听，那么他不仅没有吃亏，而且是沾了很大的光。这是他们把自己的同学当作了可资利用的学习资源，充分锻炼了能力。

教的过程是一个产生智慧的过程。学生不再是被动的、消极的知识接受者，而是主动的、积极的知识探究者。学生以积极的主人翁的姿态进行学习，在给同伴讲解过程中进一步梳理了思路，对学习内容会理解得更加透彻。

教师与学生之间尚有"教学相长"之说。那么学生之间的"教学相长"更是一笔不可忽视的财富，学习效果可想而知要比单纯学好得多。

由此可以发现，教是一种很好的学习方式，所以我们鼓励学生多交流，互相学习、共同进步。

那些认为自己的孩子帮助同学学习耽误学习时间的家长，没有看到孩子实则在这个过程中得到了极好锻炼，不但不应该抱怨，应该感激才对。而认为影响尖子生培养的老师，教育观念就太落后了。我与优秀教师交流过程中，他们都能自豪地举出自己的优秀弟子通过教同学而成绩更加优异的案例。优秀学生谈到自己在帮助同学的过程中解题思路更加明晰，逻辑思维更加严密，表达能力更加出色，因此决胜中考、高考，对自己的同学深表感谢。这实际上是优生与学困生的双赢。

第二节　生命周期：破解合作学习谜团

我在听课及与老师们广泛的交流中，发现不少教师时常困惑、纠结于一个问题：教学中使用合作学习策略后，非但教学计划没有完成，自己对学生的控制程度下降了，班级纪律变乱了，学生在小组内各做各的事情，学习效率也下来了……一系列问题让老师们不知所措。有人开始怀疑合作学习的有效性，甚至管理干部队伍中也产生了分歧。面对困难，有些校长在推进学校课堂教学改革中阻力重重，改革一度停滞不前。我曾因为学校对合作学习培训的需求多次应邀到学校、地市对教师进行"参与式"培训，帮助大家渡过这一难关。有一次培训结束后，学校的业务副校长依然追问我一些感兴趣的问题。我离开后，该校校长高兴地给我打电话，说："学校搞课堂教学改革，业务副校长带头反对，工作推动举步维艰，这下好了，业务副校长的观念发生了极大改变，下面的改革工作好做了。"

如何看待合作学习推进过程中出现的问题？下面将尝试解开这一谜团。

一、解读合作学习的生命周期

之所以在实践中很多老师面对合作学习产生了诸多困惑，是因为小组合作学习有其自身生命周期。像任何事物的成长发育一样，小组合作学习也有一个生长发育的过程，不能"毕其功于一役"，不是短期内就可以驾轻就熟的。因此，要理性地认识小组合作学习的生命周期，以便积极采取应对策略。另外，教师对合作学习的方式方法掌握不当，存在误区，或者把小组合作学习当成包治百病的灵丹妙药而使用过度，也是出现问题的症结所在。合作学习只是学习方式之一，在教学中要根据实际情况科学有效地综合运用多种学习方式才是上策。

一般而言，当几个人聚集在一起，为一项任务而工作时，他们不一定能够形成一个有效的团队。小组在成功运作之前，必须经历一个"生命周期"。综合美国、德国教育专家的观点，研究者把这个生命周期划分为如下一系列发展阶段。[①]

1. 逐步形成阶段

这个阶段小组刚刚组建，小组成员之间由于相对不太熟悉而表现得比较礼貌，言行小心翼翼，谨小慎微。在这个时期，每位小组成员都希望给别人留下好印象，大家参与合作学习的程度比较低。这是一个对合作学习规则、程序、工作任务、角色分配等进行熟悉的时期，还没有形成一个完整的集体。

2. 兴风作浪阶段

这一阶段，小组成员越来越熟悉了，戒备心降低，胆子放大，开始显示自己的个性特点。外向者更是表现比较突出。在小组活动中，由于大家观点缺乏一致性，开始发生冲突，甚至成员之间产生敌意及不满情绪。在第一阶段制定好的一些小组规则、章程等开始有人进行破坏，不按规矩行事，摩擦增加，组员之间争吵、打架，向老师告组员的状，甚至出现小团队或有人要求老师把个别同学调出自己所在小组。这是一段最难管理的时期，如果教师不能帮助学生度过这一特殊时期，则小组发展会受到阻碍。相反，如果处理得当，这个阶段会使大家对目标、程序和规范获得新的、更切合实际的理解。

3. 日趋规范阶段

经过一段时间磨合之后，小组克服了冲突并建立了自己的规范、行为要求。即使个性张扬的学生也在组间竞争、组内合作等多种日常事务中形成了团队精神，组员之间不再彼此排斥，而是能够相互接受，大家开始懂得为组内荣誉而奋力，为团队共同进步贡献智慧。每一个人融入了集体，小组凝聚

[①] 陈向明. 小组合作学习的组织建设[J]. 教育科学研究，2003（2）：5-8.

力明显增强。

4. 正常运作阶段

度过艰难的成长期后，小组走向成熟，学习效率非常高。小组成员学会了彼此建立联系，主动承担那些为了完成小组活动而必须具备的角色。角色变得十分灵活，富有成效。小组的动力渗透到确定的工作任务中，新的观点和对策开始涌现。小组成员间相互有效协作，学习能力、专业能力、交际能力等得到有效提高。

在实践中，不同班级的小组成长发育时间是不同的。教师的任务就是帮助小组成员顺利地度过磨合期。如果老师引领、组织得好，小组长任务分配得好，组员之间配合默契，则小组合作学习成长期就会缩短，否则有可能长时间在成长期徘徊，影响合作学习成效。

二、应对合作学习生命周期的策略

1. 合作学习是一项系统工程

合作学习并不是将桌子重新摆放一下，同学们围坐一起就万事大吉了，而是一项系统工程，需要一系列组织架构与管理规范。

合作学习是以小组为基本教学组织形式，但合作学习不等于简单地把学习者分成小组进行学习。组员之间如果没有真正的合作交流发生，没有形成积极的相互依赖关系，没有共同努力去完成一项任务，就不是真正意义上的合作学习。

合作学习的成功进行需要一系列保障措施，如分组前的基础调研、科学分组、小组长的选配及任务指导、小组团队建设中口号与座右铭的确定、小组评价体系的构建等等。

2. 合作学习的成功靠有效组织

合作学习的学习方式并不是一蹴而就的，而是伴随着不断对教师和学生进行系统培训与指导，让大家了解掌握合作学习的基本要领、特点与要求，培养大家合作学习的意向与技能，这期间要重点培养教师的指导、引领、组织能力，同时，还要培养学生的各种能力，如倾听能力、表达能力、自控能力、请教能力、质疑能力、合作能力等。师生在实践过程中不断总结反思、不断改进，才能使这项工作顺利进行。

合作学习作为一种学习策略，需要有效运作与组织。合作学习是一种群体活动，不是单打独斗，必须有共同遵守的规则章程，这些制度应该是经过参与的每一位成员民主协商、充分讨论之后确定的，规则章程的形成过程就是大家统一思想、共同提高的过程，不可草率，这会为后期大家共同遵守规则打下坚实基础。同时，应该有一定的奖惩措施对优秀者进行鼓励，对后进者进行鞭策，以保障组织机构正常运行。

3. 教师应做合作学习的指导者

在一个实行合作学习的班级里，并不只是班主任才有组织任务，而是每一位任课教师都参与到合作学习的工作中来，大家协同合作。一个班应该有统一的合作学习要求，通盘考虑对学生的分组要求，不能一位老师一套办法，否则不仅会增加学生负担，还会造成混乱。因此，学校管理者要对全校性的合作学习策略作出顶层设计，班主任要管理、协调班级内任课老师的合作学习情况。

第三节 合作学习中的学生抢答管理

课堂上，有一种回答问题的方式非常流行，且大有盛行之势，即学生不必举手，随时可以站起来抢答。很多学生经常同时起立抢答一个问题，开始声音嘈杂，分辨不出是谁在说话，逐渐有一位同学胜出。有人倡导这种自由抢答，有人却鲜明地指出学生应该举手按序发言。那么，学生抢答利大还是弊大呢？试作如下分析。

一、学生抢答的利与弊

1. 学生抢答之利

符合学生爱竞争的心理特点。中小学生的心理特点之一是爱比赛，喜欢表现自己，兴奋度高，抢答迎合了学生的心理特点。教师点名回答问题的情况下，学生认为机会是有限的，因此，即使知道答案也懒得举手回答。

为课堂创设了自由民主的氛围。在抢答情况下，教师一视同仁，抢上与否一律看学生个人的竞争力，学生不会埋怨没有给自己机会。这有利于张扬学生的个性，培养学生的胆量。抢答方式打破了传统观念，学生发言踊跃，主体性地位得到了发挥，课堂会变得生动活泼。特别对于相对简单的问题，学生的活动面更大，课堂气氛要活跃得多。

有利于激发学生的学习兴趣。学生感受到随时有充分表现自己的机会，并能在抢答中品尝成功的喜悦。这满足了学生的表现欲，从而增强了学生对学习的兴趣。有一个表现欲较强的学生说：我原来很讨厌数学课，课堂实行抢答后，我开始喜欢上这门课了。

锻炼了学生思维的敏捷性。学生要想在短时间内回答问题，抢占先机，则必须思维敏捷，快速反应。学生时刻作好回答问题的准备，这有利于锻炼学生思维的敏捷性，培养学生的思维、分析、表达等各种能力。

提高了课堂教学效率。教师不叫学生的名字，本身就节省了时间。有的学生为了能在抢答中制胜，想尽了各种方法，比如进行充分预习、集中注意力等，这都有利于提高课堂教学效率。

2. 学生抢答之弊

与活跃的一群相对应的是沉默一族。学生抢答的课堂，只有少数学生拥有发言权。一节课，一女同学先后站起来15次都没有获得发言机会。这样的课堂虽然看上去异常活跃，但是活跃的往往仅是几个学生，少数具有优势的学生能够相对容易地抢到回答问题的机会，而大多数，只好扮演沉默一族。抢到问题回答的是会的学生，越是不会的学生越没有回答问题的机会。教学程序或许会进行得很顺利，但是这种只顾少数而置大多数学生于不顾的教学模式，与面向全体的要求背道而驰。长此以往，会造成优等生与后进生距离拉大。同时，这不利于教师关注到每一个学生，从而尽快熟悉全班学生的学习情况。而在教师点名的授课中，教师可以用激励的话语，热切的目光看着不举手的同学说："这个问题其实不难，我找一个不举手的同学发表一下意见。"这就注意了教育中经常提到的面向全体问题。

胡乱抢答妨碍了学生倾听与思考习惯的养成。有的学生为了能抢到问题，只听了一点，在还没有听清楚的情况下就匆忙作答，既影响了其他学生听讲，自己也一无所获。这种不愿意倾听、急于表达的做法，影响了大家认真独立思考，特别是没有引发学生深度思考，影响了全班学生有效学习。

抢答无序会造成课堂秩序混乱。根据教材及学生实际，不是所有问题都需要学生抢答，如果使用不当，就会引发个别学生捣乱。如果争先恐后乱抢乱答，课堂上容易出现沸沸扬扬的场面，甚至有的学生会不假思索地喊叫，搅得课堂乱哄哄甚至失控。

不利于培养学生尊重别人、礼貌谦让的美德。抢答意在"抢"，就不会有谦让，甚至被学生曲解成也没有尊重。时间久了，学生就会产生自以为是、浮躁等毛病，影响美德及良好学习习惯的养成。

二、学生抢答如何兴利除弊

对于学生的抢答,不仅要一分为二地分析,更重要的是恰当使用。教师应根据学段及学科不同,科学运用抢答,兴利除弊,为课堂教学增光添彩。

我在课堂上逐步摸索出抢答管理的有效方法。

我给学生上课和进行教师培训工作中,经常使用的提问方式就是老师提出问题后,学生(员)举手回答。通常的做法是老师指定学生(员)回答问题。这就造成了让谁回答问题主动权掌控在老师手里,老师有时难免会叫到这个组的学生(员)多,叫到那个组的学生(员)少。被叫到回答问题的小组就有更多的得分机会,而没有叫到的可能就失去了得分机会。学生(员)会感到不公平,挫伤了回答问题的积极性。

如何调控这个现象,使提问与评价更合理、更公正呢?

有老师在课堂上准备了一个"抽签筒",签上写有学生的名字,抽到谁谁就站起来回答问题。我准备的是写有学生(员)名字的扑克牌,由学生(员)当场抽出回答问题的人选。这种做法让学生(员)很有期待,也很有兴趣。但是,不好的一方面在于有时抽到的学生(员)真是不会回答,难免尴尬。特别在中小学的课堂上,抽签本身会占用一定上课时间,老师必须将这部分时间考虑进去。现在的多媒体设备可以用电子仪器直接定格出回答问题者,简便快捷。

我曾在班级公约里增加这样的约定:回答问题实行抢答制,即由谁回答问题不是由老师来控制的,而是放开抢答,谁抢在前面算谁的。在实际实施过程中,学生(员)之间会因为抢答而"撞车"。于是让"撞车"的学生(员)用"剪子、包袱、锤"的形式决出胜负决定谁来回答问题。这样做,占用宝贵的上课时间,得不偿失。

我上课过程中,曾碰到极其火热的抢答场面。我这里还没有宣布"开始",有的学生(员)早已跑到离讲台较近的位置,摆出了百米赛跑的姿势,让人哭笑不得。有的学生(员)端着展示小板以百米冲刺的速度跑到讲台前,两三个人抢成一团,其他的人就看起了热闹,这不是我想要的课堂教学活跃效果。很多时候,男生在抢跑中占有优势,他们首先占据了有利地位,让女生们叫苦不迭。

课堂上"抢答"中碰到的这些问题成为困扰教师的一项内容。要想更好地解决这个问题，通过制定规则比较有效。我与学生（员）们共同协商，制定了如下课堂发言礼让规则：

课堂发言礼让规则

（1）坐着不能发言，站起来才能讲话。不发言的学生（员）要认真倾听。

（2）男士、女士同时站起来时，男士要让女士。

（3）强学生（员）与弱学生（员）同时站起来时，强学生（员）要让弱学生（员）。

（4）经常展示的学生（员）和不经常展示的学生（员）同时站起来时，经常展示的学生（员）要让不经常展示的学生（员）。

（5）展示时学生（员）用尽量用简洁明了的语言把自己的意思表达清楚，不能重复别人的话。

（6）学生（员）点评、补充也可以得分。

这里所谓的强学生（员）与弱学生（员）都是相对而言的，学生（员）自己估量就可以了，有的学生（员）也会主动把机会让给别人。事实上，如果某人明明比较强，却经常与弱者抢答，大家会对这个人有意见，会考量这个学生（员）的威信与道德水平。所以这一点会培养学生的人际交往能力，会有德育渗透，一般来说，大家比较自觉遵守。

点评、补充得分可以让优秀学生（员）沉得住气，后进生或思考得慢的学员更容易获得回答问题的机会，使全体学生（员）都得到较好发展。

礼让规则实行之后，课堂秩序明显得到改观，小组合作学习更加有序，培养了学生（员）的合作意识，有益竞争中又不失谦让美德。

各种规则的出台与修正都是应需而来。我在教师培训现场，遇到总是年轻老师站出来回答问题的时候，就在班级公约中加上一条：小组中凡是50岁以上的教师回答问题，答对一次加5分（一般人答对加2分）。这样一调节，现场的老教师立刻活跃起来，即使他们自己不好意思，年轻教师们也会极力怂恿他们为了全组荣誉而战。整个培训活动变得活跃而欢乐。

第四节　省思小组合作学习弱势群体

小组合作学习作为一种重要的课堂教学方式，有利于学生发挥主体性，以其独特的优势越来越受到人们的重视。小组合作学习虽然是基于群体之间的合作，落脚点却是小组内每一位成员的发展。有效的小组合作学习应该促进全体成员的共同发展。优质的小组合作学习对学生素质及其合作能力等都有一定要求。

一、小组合作学习中弱势群体现状

这是一节小学科学课，教师安排小组内动手组装一套钓鱼装置。一个小组有五位学生，一个学生在用剪刀把纸剪成小鱼形状，一个学生在往钓鱼钩上绑磁铁，另三位学生则无所事事地闲谈或摆弄手里的铅笔。这五人组成的合作学习小组中，三位学生没有参与到学习中去，成了弱势群体。

这是一节初中几何课，教师让小组内解一道几何题。我仔细观察了一个小组的情况：四个人组成的一个小组内，只有一位口齿伶俐、性格外向的高个子女生在给其他学生讲这道题应该怎么做。等到老师要求小组汇报讨论结果时，依然是那个高个子女生走到黑板前向全班同学讲述自己的解题思路，教师满意地让同学们为这位同学送去掌声。下课后，我询问只默默听讲的几位学生讨论过的那道题应该怎样做，三个人面面相觑，答不上来。在这个合作学习小组中，只有一位同学抢占了教育资源，其余的都自觉不自觉地成了摆设，成为弱势群体。

小组成员或热烈讨论，或兴致勃勃做实验，或积极动手演算等，一派让人欣喜的局面。然而，仔细观察热闹现象的背后，却发现了小组合作学习中存在着隐忧：非常活跃的只是一部分同学，他们占据课堂的主动权，发言、动手机会多。另一部分学生却被忽视了。他们没有参与到小组学习中，成为沉默的一族或做着与讨论无关的事。长此以往，这部分学生会产生自卑感，会不知不觉地被边缘化。在教师主导的课堂上，教师的强势地位影响了学生主体性的发挥，而在小组合作学习课堂教学模式下，虽然教师已让位给学生，然而，一部分学生主体性得到发挥的同时，他们却成了影响其他学生主体性发挥的阻碍因素。小组合作学习中的弱势群体指游离于活动之外，不能发挥自身价值，由于受到一定阻碍，学习效果还不及自我学习时好的那部分学生。长此以往，会对这部分弱势群体产生深远的不良影响，违背了教育公平原则。小组合作学习被少数几个积极的学生所垄断，而弱势群体难以参与到小组合作学习之中。

二、小组合作学习中的弱势群体成因分析

1. 教师指导不到位

教学《春酒》这一课时，教师提出小组合作学习内容：读课文，找出你最喜欢的句子，并说出你喜欢的理由。教师说完后就到讲台附近间或低头看材料，间或在每个小组之间走动，并没有真正关注小组内的合作情况，更没有对学生作指导。

由于教师对学生的小组合作学习缺乏要求和指导，学生不知道小组合作学习中自己到底应该做什么，不应该做什么，行为盲目无序却浑然不知。

2. 小组内没有明确分工

小组成员之间没有明确分工，学生没有角色意识，没有分工也就没有合作与竞争。有的即使有所分工，但也是粗糙的，没有具体要求，难以切实指导学生开展小组合作学习。

3. 缺少小组合作学习激励机制

小组合作学习中弱势群体没有受到激励与帮助，有意无意地被冷落。在有的课堂上，即使后进生发表了意见，也不能得到其他人的重视，在面向全

班的小组汇报中，后进生更是被忽视。

4. 弱势群体自身不足

有的学生性格内向，不善于与别人交流；有的学生胆小，不敢开口说话；有的学生基础薄弱，对参与到活动中感到力不从心；有的学生虽然基础较好，但缺乏兴趣，参与活动的积极性不高；有的学生有懒惰依赖思想，形成了不愿动脑习惯；有的学生基础较好，但不善于抓住机会；个别学生有抵触情绪和封闭倾向。

三、小组合作学习弱势群体发展对策分析

1. 重视小组合作前课堂学习环境建设

合理分配小组，根据"组内异质，组间同质"原则，3～6人一组为宜。男女生比例应相当。创设适合小组讨论的问题，难度应适宜。座位的安排，马蹄形或U形，最好不要有学生背对讲台。制止小组合作学习中的话语霸权，增加小组合作学习的参与面。努力使合作成员的表达机会均等。为增强小组凝聚力，可以采取一些文化建设措施，如每个小组可设计自己的口号，设计自己组的"组标"或"吉祥物"等，以突出每个小组的个性特征。

2. 教师应给予弱势群体更多关注

教师要树立人人平等的意识，把每一位学生都看成具有无限潜能和良好发展前景的鲜活的生命个体。教师应及时巡视，查看小组合作学习情况，进行跟进指导。教师要特别关注后进学生，给予他们必要的督促与帮助。可帮助他们提前做些准备工作，以便在小组合作学习中赢得主动。同时教师要以自己的言行作出表率，让所有同学都去关心、帮助后进生。

3. 学生形成互帮互学观念

教师要做好全体学生的思想工作。小组中的每一个人都有各自的优点与缺点，大家应该互帮互学，共同进步。教师应特别告知小组中的强势者，相互帮助是每个人义不容辞的责任，帮助别人其实也是在成就自己。比如，为同伴讲题，自己可以进一步理清思路，锻炼表达能力。组长更应增强责任意识，培养组织能力，想方设法调动每个人的学习积极性，注意为小组成员树

立榜样，让那些真正优秀的、为小组获得荣誉的学生受到表扬和尊重。

让学生在合作学习的过程中认识小组合作学习方式，培养合作精神，让组内竞争与组内合作相得益彰。"组内竞争与组内合作并不矛盾，它们都是基于小组合作学习共同目标的实现，且合作是建立在有序竞争的基础之上的，同时竞争也只是在小组内部形成一种比拼的氛围，目的是为了实现小组合作学习水平的整体性提高。"[①] 小组合作成员要相互了解、彼此信任、有效沟通，建立亲密默契的伙伴关系。

4. 小组成员之间一定要分工

分工的目的是确保小组成员中的所有人都有事情做，赋予所有人以责任。只有大家都有了责任，才不会让成员对组内的事漠不关心，无所事事。还可以让小组长不至于任务太重。分工要做到职责明确、互相扶持、密切配合。小组成员间的分工最好不要长期固定不变，而是隔一定时间进行轮换，让小组成员对不同的角色分工都有所了解，让每个人都能更好地熟悉不同角色的特点，能更好地理解他人，取长补短。

让小组中的每一位成员都担任不同的角色，如分为记录员、信息搜集员、检查员、汇报员等。借鉴德国的做法，增加规则观察者、进程监督者、时间管理者等。[②] 即使是后进生，让其担当一下组长锻炼一下也未尝不可。这既可以增强后进生的自信，也可以抑制优秀生滋长自满骄傲情绪。

5. 让小组目标与个人目标一致

合作学习的倡导者 D·W·约翰逊和 R·T·约翰逊指出，群体合作目标与学生的认识结果和情感结果之间有着非常相关的匹配关系，群体合作目标是合作学习的主要特征。在合作学习中，使每个小组明确目标，认同群体目标，才能使学生相互鼓励、帮助和支持，进而努力完成有利于小组成功的活动。从这个意义上讲，设计具有合作性质的目标，并使每个学生对之认同，为之努力，对合作学习至关重要。[③] 教师应明确提出每次小组学习的目

---

① 文涛. 论有效的课堂小组合作学习 [J]. 教育理论与实践，2002（12）：53-56.
② 侯燕萍. 中德小组合作学习的比较 [J]. 中小企业管理与科技（上旬刊），2011（10）：255-256.
③ 李瑾瑜. 合作学习的理论与实践述评 [J]. 甘肃教育学院学报（社科版），1995（2）：21.

的，帮助学生找到学习目标与正确方向。教师可以采用"建议"的形式提出自己的看法。

个人目标要依托集体目标的实现，不能为个人英雄主义提供土壤，也不能出现个人歧视现象。当小组目标与组内成员目标一致时，可增强小组成员的自主意识和执行目标的自觉性。要让小组成员参与到目标制定当中，进一步增强他们主人翁的责任感，把追求目标达成作为自己的事情。制定的目标应明确、具体、适当，便于操作，在整体目标达成的同时实现个人目标。让小组成员既要进行个人努力，又要关注小组成员之间的相互合作。

6.建立一定的制度做保障

建立互助机制。用制度规范小组管理，这是使一个班中的小组学习能够高效运转的保障。规定每一个小组成员应该怎样合作与互助，如果违规了进行什么样的处罚。评价应首先针对小组集体，开展小组之间的评比与竞赛活动。可评选优秀小组，对团队进行评价使小组成员感觉自己是一个团结战斗的整体，通过集体荣誉感增强每个小组成员的责任心。要坚持小组合作集体评价与个人评价相结合，且要公平、客观地评价成员在小组中的表现。教师不能做评价的独裁者，可采取多元化的评价，如自我评价、生生评价、师生评价。如果小组成员感到评价不够公平，就会挫伤积极性。

7.从培养后进生自身做起

每个人都有自我实现需要。从情感培养入手，激发后进生自身的学习兴趣，帮助他们树立自信心，相信别人能做到的事情，自己也能做得到。激发后进生学习热情，努力发现他们身上的优点，给他们充分展示的机会，每有一点进步，教师应及时表扬，也可以设置"进步奖"，让他们养成独立思考与踊跃发言的习惯，体验到成功的快乐。这是帮助后进生进步的重要因素。

"水常无华，相荡乃成涟漪；石本无火，相击而发灵光。"这句话形象地描述了合作学习的作用与效果。即便如此，教师并不是每一节课一定要用合作学习。

附：

合作学习技能口诀

积极参与态度端，小组活动力争先。
表达清楚又精炼，学科语言要体现。
别人发言认真听，微笑点头有呼应。
相互尊重相互学，交流争辩是非清。
自主思考要在先，虚心请教心要诚。
说声谢谢再反思，主动思考莫依靠。
帮助别人热情高，小组共进心情好。
遵守公约当模范，献计献策作贡献。
通力合作齐攻关，小组精神人人赞。

第六章

如何引领学生深度学习

导读

　　深度学习是主动的有意义的学习,注重理解,以反思性、批判性、审辩式思维能力培养为目标,有利于知识的迁移与应用,在解决问题过程中培育创新素养。那么,如何引领学生进行深度学习?

第一节 深度学习：教师应率先垂范

深度学习是对学习状态的质性描述，涉及学习的投入程度、思维层次和认知体验等诸多层面，强调对知识本质的理解和对学习内容的批判性利用，追求有效的学习迁移和真实问题的解决，属于以高阶思维为主要认知活动的高投入性学习。

深度学习是与浅层学习相对而言的。浅层学习是机械的、接受式的，以记忆和复制为特征，不求甚解的学习。深度学习是主动的有意义学习，注重理解，以反思性、批判性、审辩式思维能力培养为目标，有利于知识迁移与应用，在解决问题过程中培育创新素养。

能否让学生深度学习，取决于教师的学习是否有深度。教师要通过自己的深度学习来引领学生的深度学习。那么，教师应如何进行深度学习呢？

一、增强学习内容的深度与广度

知识内容浩瀚无边，深度学习与学习内容息息相关。有的教师不分良莠随意学习，所学的东西陈旧、过时或内容浅近，学习效果可想而知。教育理论是教育实践的航标，起到引领教育实践的作用，是教师学习绕不过去的坎。教育学、心理学知识是教育工作者必备的基础知识，教育哲学则会帮助教师形成深入缜密的思维能力。同时，现代社会要求教师不断补充新知识、前沿性知识来满足新需要，提高学习水平和施教能力。

不少教师在多年的学科教学中，固守在自己所教的学科之内，对其他学科知之甚少。有中学生说："如果让教我们的老师去参加中考，估计他们考不上高中。因为数学老师不懂英语，英语老师解不了数学题。"学生们对教师的知识结构看得一清二楚，而教师自己对这种状况却习以为常，浑然不觉。不少教师认为自己所掌握的知识足以应对当前的教学需要，实则不然。课程视域下的教学要求教师的知识结构既专且博。课程整合呈现综合性特点，既需要全面掌握本学科知识，又要打通学科之间的壁垒，迫使教师结合实际教学有目的、有选择地去学习相关学科知识，调整知识结构，延展知识广度和深度，提升认知水平，使教学工作更理性、科学、有效。

我接触过许多齐鲁名师、全国名师，这些教师的共同特点就是把终身学习作为重要任务。有的理科老师熟读《红楼梦》《曾国藩家书》《道德经》《论语》《史记》等书，并在自己的教育教学工作中派上用场。这样的教师才能从"经师"走向"人师"，从"教书匠"走向"教育家"。

二、多种路径让缄默性知识显性化

每个人的知识结构中既有显性知识又有隐性知识。所谓显性知识，是指那些用语言文字和符号清晰表达的知识，比如书本知识就是显性知识。隐性知识是指那些很难用语言文字、符号、图像表达出来的知识。这类知识在实践中确实存在，却难以说得清道得明，在解决实际问题的时候隐性知识往往比显性知识更重要。

现实中，教师们做了很多有价值的事情，在实践中积累了宝贵的知识，但是，有的教师对此没有明晰认识，无法把这些归纳整理成可以谈得出来的经验。长此以往，教师的做法大多成了缄默性知识，甚至连自己都不知道自己竟然掌握着如此有价值的知识经验，遑论进行推广与传播。深度学习可以帮助教师摆脱窘境。

当然，有些隐性知识无法显性化，而有些则能够进行转化。一方面，教师的学习可以提升元认知能力，提高专业水平，增强总结归纳能力；另一方面，挖掘隐性知识需要一定的策略和方法。比如，借助外力可以把教师的实践智慧激发出来。利用思维碰撞、头脑风暴法，教师与同行进行较长时间的深入交流，谈着谈着，说不定什么时候就会触碰到关键节点。再比如，一些自由氛围浓厚的论坛，场上的发言可能成为关键的触发点，让思维豁然开朗，达到欣然神会的效果。我在学校听课过程中，发现很多老师做的工作事实上就是"课程整合"，就是在做"生本化课程"，而这些老师却没有领悟到他们已经在课程的层面改革了课堂教学，已经实实在在践行了课程的生本化过程。我通过从课程视角分析他们的做法，增强了教师的课程意识和课程领导力水平，使他们在向别人介绍自己的教改经验时能够更加贴切、科学、有价值。尤为重要的是，这让教师以后的课改工作有了更加明晰的目标和方向。科研工作者与一线教师合作，对教师的实践行为进行分析、解读、提炼，帮助教师梳理自己的做法，是使教师缄默性知识显性化的一种可行方法。

三、把碎片化知识系统化、结构化

教师平常工作繁忙，难以拿出整块的时间潜心学习，学习呈现碎片化、片段化、浅表化的特点，难以形成知识体系，难以构建结构化知识。因此，教师深度学习不但需要恒心、毅力，而且也需要合宜的方法与措施。

深度学习涉及信息整合。把知识系统化与结构化最好的办法莫过于教师亲自编写教材，也可以说是编写学生的学材。根据学生发展核心素养和学科核心素养要求，聚焦课标整体把握学科体系与关键教学内容，依据教材的逻辑顺序和学生的心理顺序重组教学内容，这让教师可以在自主编写中反复在教材内容选择上走几个来回。短期内，教师的任务会非常繁重，或许还要搭上节假日休息时间，然而，当教师以主人翁的姿态和责任感来审视与重组教材时，这种学习方式与教学工作高度融合，也就自然地使学习走进了深水区。一位兼具教材编写者身份的教师，在执教亲手选择厘定的内容时，可以站在一个更高的平台上去驾驭教学工作。当然，这种做法难度较大，很多教师望尘莫及。那么，也可以从教师根据教学需要开发课程资源精心备课的角度思考，如有一位语文教师说她在讲《前赤壁赋》这篇课文时不阅读相关的十几篇文章是无法开讲的。教学基于教师的大量阅读与借鉴，如果每节课都有这样的学习与思考，就可以一点点向深度学习靠近了。

为了使学习到的知识能够真正内化为教师自身的知识，教师的学习可借助于记录与写作。在我国文坛上流传着一段"积叶成书"的佳话，说的是元末明初文学家陶宗仪，一边教书一边参加农业劳动，随时随地摘取身边的树叶写下所想所见所听，回家后将树叶贮存在一个瓮里，十年竟积下十几瓮。后来他取出树叶整理出了30卷，编成《辍耕录》。碎片化知识是整体化知识的基础，积累让一片片树叶变成了经典书籍。在现代技术下，人们使用手机、电脑、平板等工具更加快捷高效，微信、博客等写作，可以即时上传至网络，实现网上储存与对外交流。累积得多了，梳理归纳，将学习到的知识系统化、结构化，有利于知识应用中的提取与迁移。不少教师整理自己的网络文章出版了纸质书籍，这些教师把领悟到总结出的经验形成了物化成果，方便别人参考与借鉴。当然，这些出版的书籍是否真正有深度也是值得关注的。

四、促进高阶思维，达成迁移应用

在深度学习中，建立学习型组织具有重要意义。榜样的带动与引领对教师深度学习会有很大帮助。一所学校如果有专业能力相当强的领头人，就会跟随着成长起一批能够不断突破自我的教师队伍。不少学校建立了"教师学习俱乐部""学习论坛""教师研究会"等学习共同体。组织者对群体学习进行顶层设计，使学习能够基于问题、任务驱动，并实行目标管理。教师能够习得共同体中优秀的思维模式、学习方式、先进思想观念。团队力量和浓厚的学习氛围可以极大地激发教师的学习兴趣和信心。

深度学习过程中，知识是动态建构的，采取多种学习策略，追求学习形式的多元化、互动性。利用现代技术手段，学习资源更加丰富，教师的学习可以在线上线下进行，自主学习与合作学习相辅相成。深度学习不仅要思考"教什么""怎么教"，更要考虑"为什么教这些""为什么这样教"，这是在思考教学背后更深意义的东西，从而逐渐培养起高阶思维能力。

教师是学生深度学习的设计者、组织者、管理者，需关注研讨的重要问题是自我教学与学生学习效果之间的关系。这种基于"用"并且审查"用的效果"的学习，含有很多生成性元素，这正是深度学习的特征——着眼于应用与创新。

学习是一个持续不断的过程，需要坚持不懈地大量读书，不断反思，持久创新，才会让学的东西融化进血液里，信手拈来，运用自如，概括提炼，惠及他人。一些教育名家把他们的教学经验归纳整理成尝试教学、和谐教学、诱思探究教学等，就带给我们很多启示。践行"结构教学法"的江苏宜兴实验中学的王俊校长广泛涉猎哲学、形式逻辑学、系统论、心理学等领域的书籍，研习各学科课程标准和教材，知识涉猎广泛，学养深厚。我曾听过王校长执教的一节地理公开课——《如何认识区域——以南非为例》，课堂是安静的，却有着活跃的思维。学生不仅学习知识，更是学习方法。学生学习的不是零散的知识，而是脉络化、体系化的知识。课上，王校长自如地穿插了数学知识和语文知识，整合得天衣无缝。如在谈到地理学习中"看图说话"的重要性时，王校长在黑板上画了一个平行四边形，问学生们如何根据这个图探讨平行四边形的定义，继而把这种方法迁移到地理学习中。学生当堂就实现了对所学内容的识记与应用，学生的学习是真正意义上的深度学习，课堂效率高。

或许有人认为名家高不可攀，其实来自普通教师的优秀做法也层出不穷，像山东省临朐海尔希望小学田萍老师的"语文单元推进式"教学，王春娟老师的"语文一题三读教学"，苏召霞老师的"数学三导一拓"教学等。这些老师让学习与工作相结合，把学到的知识、经验在实践中进行迁移、运用，不仅自成风格，更重要的意义在于教师的深度备课与深度认知促进了学生的深度学习。

第二节　提高学生注意力促进深度学习

注意力问题一直是青少年在学习中所面临的重要问题。中国关心下一代工作委员会联合中国社会心理学会曾做过"全国青少年注意力状况调查"，发现仅有39.7%的学生能在课堂上持续集中注意力30分钟以上。的确，经常听到有些老师抱怨学生上课注意力不集中，苦恼于怎样能更好地让学生集中注意力。注意力是打开心灵的门户，学生一旦注意力涣散，会导致视而不见、听而不闻。教师应采取多种有效方法培养学生的注意力，努力提高课堂教学效益。以下提高学生注意力的"九项措施"，期待能给大家一点启示。

1. 讲究授课技巧

教师应讲究教学艺术，不拘一格、科学、灵活使用教学方法并注重学习形式的多样性。教师应精心组织设置疑难，给学生智力挑战的乐趣。教师要善于利用肢体语言对学生进行注意力集中的提醒，利用抑扬顿挫的音调变化来吸引学生。教师应努力做到幽默风趣、知识渊博，对任教学科有兴趣、有研究，使学生受到感染，产生情感共鸣，以自己特有的魅力获得学生的尊敬。

2. 激发学习热情

饱满的学习热情、坚强的学习毅力等非智力因素有利于学生集中注意力。教师应通过设定合理的目标，及时反馈学生的表现，以积极的情绪感染学生并注重师生情感的交流等方法激发学生的学习热情。同时，要培养学生吃苦的精神和坚强的意志品质去克服困难和干扰。教师切忌在课堂上对分心的学生挖苦指责，伤害学生自尊。

3. 提高学习兴趣

教师要善于启发、诱导，以激发学生好奇心，使学生感到自己是一个知识的发现者、研究者、探索者。可通过游戏等方法提高授课的趣味性。教师要有意识地将教材知识与学生的生活实际联系起来，积极创设活动的、可操作的、学生可以做的教学内容，并以直观丰富的客观事物为载体，增强学生对学习内容的趣味感。

4. 明确目标要求

教师要努力让学生明确学习目的，让学习活动具有目标性。教师要对学生提出明确的注意力集中方面的目标要求，比如目光要追随教师或发言者的一举一动，拿学习工具、找翻书动作要快，倾听要全神贯注，做到口到、心到、手到，从而使学生将自己的注意力集中、稳定地指向学习活动。

5. 优化学习环境

免除无关干扰，教室布置力求简洁明快，将无关的图书杂志放在视线之外，各类必需的书籍文具放在固定地方，以免因寻找而影响学习。同时，要保证学生在安静环境中学习。

6. 指导训练调整

指导学生进行适宜的记忆力训练，让学生学会适时自我调节，协调运用有意注意和无意注意。帮助学生减轻压力，减缓紧张和焦虑。努力让学生得到充分的休息和睡眠，避免疲劳。

7. 运用榜样力量

树立榜样，让学生对榜样的优秀注意品质进行模仿与认同。学生中的先进分子作为榜样，因年龄相近，有共同语言，会对学生产生良好影响。教师本身对学生也具有榜样作用，应注意自己的言行，对学生起到表率作用。

8. 发挥集体作用

班集体内，如果绝大多数学生能专心致志地学习，出于从众心理，大家都会这样去做。教师应注意班集体中舆论的倾向和性质，肯定正确的舆论，表达集体的愿望和要求，以此促使学生集中注意力。

9. 体验成功喜悦

在教学过程中不断给学生创设成功的机会，让学生得到成功体验，增强学生集中注意力上课的信心。客观、合理、适当地运用评价的激励作用，让学生从自身进步中认识自己的能力，体验到集中注意力而成功的喜悦。

第三节　提升思维质量促进深度学习

　　以语文课为例，谈一谈如何提升课堂教学的思维质量以促进深度学习。

　　随着新课程改革的不断推进，教师的教学理念不断更新，我所听到的一些语文课呈现了日渐热闹的趋势，小组讨论、展示、表演，不一而足。另一方面，有的语文教师非常重视语文的熏陶感染作用，注重以情感人、以美育人。教师循循善诱，激情飞扬，学生情感融入，甚至泪花飘飞。这样的课给人以美的享受、情的感染。然而，美中不足的是，无论是学生主体地位得到发挥的课堂，还是热情洋溢的课堂，思维含量却比较低，质疑问难、理性思考方面较为薄弱，有的甚至还走偏了。

　　在表演《卖火柴的小女孩》课本剧时，学生夸张地学着烤鸭蹒跚行走的步态，辅之以"嘎嘎"之声，惹得全班同学哄堂大笑。原本一篇充满悲悯基调的文章，由于学生变味的表演，却成了一场闹剧。

　　语文教学是一种言语实践活动，而言语实践活动的本质是思维。思维是一种高级认识活动。思维能力的高低，反映在人的思维活动能否有效地展开并获得正确结果。思维品质反映了个体智力或思维水平的差异。语文学习活动很多是思维活动、情感活动，具有内隐特点。

　　语文课不应追求外在热闹，而应提升学生内在思维活动质量。发展思维也是语文新课程标准和学科核心素养的要求。课堂的思维深度一方面体现在学生思考的深度，另一方面体现在学生体验的深度。即使课堂是安静的，如果学生都在积极思考，学生的思维是活跃的、体验是深刻的，这样的安静我们可以称之为"丰富的安静"，这比肤浅的热闹更为难能可贵。那么，如何在语文课上提升学生内在思维的质量呢？一个基本原则就是抓住语言教学的根本去培养学生的思维能力。

一、涵泳体味文本精髓

阅读教学是以文本为平台展开的丰富的语言实践活动。提升语文课的思维质量，教师首先要提高文本解读能力，就是我们常说的所谓"吃透教材"。只有教师对教材深入把握了，才有了讲好课的基础。叶圣陶先生曾说：有的老师"对课文不能透彻理解，总希望求助于别人，或是请一位高明的老师给讲讲，或是靠集体备课。这不是从根本上解决问题的办法。功夫还在自己。只靠从别人那里拿来，自己不下功夫或者少下功夫，是不行的"。[1]

文本细读，包括深入研究文本的语言、修辞、表现手法、结构、思想内涵等。解读文本语言的精髓是文本细读的起点，教师要涵泳体悟包孕丰富情感与理趣的语言，进入文本深层，探索个中滋味，挖掘文本中有利于发展学生思维的因素。

黄玉峰先生在执教《世间最美的坟墓》这篇文章时，他"反复阅读、理解字里行间茨威格要表达的情绪，再由此拓展去查阅有关托尔斯泰和茨威格的资料，这才解开了某些词语背后的谜"。基于此，他的学习目标中出现了这样的条目："了解本文告诉我们的是对民主、自由、平等、平凡的追求，对回归自然的追求，以及对俄国新政权的怀疑和不满。"黄老师在教学过程中使用了非凡的三次导入方法，而且采取了串讲课文的方式。这里，黄教师没有采用让学生自主讨论的学习方法，是因为他读到了文本背后的东西，而这些又是学生的目力所不及的，因此，貌似被众人批判的"教师独霸讲台"的做法恰恰引领学生触摸到了文本的关键处，进而也到达了学生思维的深处。[2]

我曾听过多位老师讲《蜀道难》，对文本的挖掘都是浅尝辄止。而有一位老师在执教《蜀道难》一课时，引领学生深入思考文本，提出："蜀道

---

[1] 张圣华.叶圣陶教育名篇[M].北京：教育科学出版社，2007：208.
[2] 郑桂华，王荣生.语文教育研究大系（1978～2005，中学教学卷）[M].上海：上海教育出版社，2007：192-197.

难其实是仕途难和人生难的一种隐喻。"更重要的是这位老师提出"仕途难""人生难"之后，引领学生从各个方面寻找到例证，先是从作者的写作背景、作者的身世经历、有关这首诗作的评论与解读、作者同类诗歌举例等来印证这个观点，然后又回归到文本，寻找诗歌本身能佐证这个观点的地方，让结论落到实处，这非常可贵。

二、提出具有思维含量的问题

我看到有的老师提出的问题，学生只用"是"或"否"就可以回答，有些问题的答案直接摆在课本上，有的问题琐碎将文章弄得支离破碎……这样的问题不仅浪费了时间，而且无法激活学生的思维。因此，提出具有思维含量的问题是提升学生思维质量的重要方法。

有质量的问题不一定非要教师提，若学生自己能提则更好。放开让学生提问题，需要教师有一定胆量。学生提出的问题是不是有价值，教师能不能据此及时调控教学内容，能不能把学生的思路引导到正途上来，这些对教师的能力都是考验。这样可以帮助教师找准教学的起点，继而从合适的地方着力，尽快切入主题，把更多精力用在文本的深入挖掘上。这实际上对教师提出了更高要求。

钱梦龙先生讲《论雷峰塔的倒掉》，学生在预习时提出了100多个问题，钱老师从中精取出重点问题在课堂上解决，而且首先让学生自己解决，然后教师再重点讲解。这样做，点燃了学生的思维热情，调动了学生的思维积极性，培养了学生思维的创造性。

当然，如果学生提不出有质量的问题，教师可以直接提出。

温州市实验中学的金戈老师在执教《小鹪鹩》时，抓住了小说本身的矛盾处，把学生的情感体验提升到理性思考的高度："一开始，'我'那么喜欢打猎，为什么后来对打猎的兴头没有了，始终成不了一个真正的猎人？""'我'始终成不了一个真正的猎人，但有评论家认为'我'是一个真正的人，品质高贵令人感动，这样的评价充满矛盾，你如何理解？"这两个颇有深度的问题激发了学生思考，引领学生体会到了文本的深刻意蕴：对生命的尊重与爱护，对弱者的同情与怜悯，对反思与忏悔的心灵的敬仰。①

很多教师崇尚用"主问题"统领课堂，这样的做法有其道理。这里需要明确的是，教师的主问题的选择一定要准，要有"牵一发而动全身"的提纲挈领的作用。

鲁迅的《祝福》，教师在教学中提了这样一个问题：有人说作者笔下的祥林嫂，是一个没有春天的女人，你是否同意？请同学们研读课文，证明这种看法。在这个富有吸引力的阅读线索的引导下，学生们怀着极大的兴趣研读课文，探讨交流。在老师的指导下，学生品析了祥林嫂悲惨命运的发展过程：（1）立春之日，丈夫夭折——她是春天没有丈夫的；（2）孟春之日，被迫再嫁——她是在新年才过时被婆婆抓走的；（3）暮春之日，痛失爱子——"春天快完了，村上倒反来了狼"；（4）迎春之日，一命归天——消逝在祝福的鞭炮声中。同学们理解到，冷酷的社会没有给祥林嫂以温暖的春天；小说表现了祥林嫂生命中"没有春天"的悲剧，此中蕴含着深刻的象征意义。于是，"没有春天的女人"这个"问题"，就串起了《祝福》的整个阅读品析过程，串起了对小说中人物、情节、结构、语言等内容的探究欣赏。②

三、创设对话的思维空间

我所听的一节语文课，执教老师问婉约词与豪放词的特点是什么，没等学生开口，老师就自己回答了。随后学习苏轼的《念奴娇·赤壁怀古》。老师又提出问题，我以为这次学生会有机会了，然而教师向学生提问只是象征性的，没等学生回答完，老师马上抢过了话头。课后我与这位老师交流，老师给出了理由："怕学生回答问题耽误太多时间，课讲不完。"

然而，要提升语文课的思维质量，教师必须树立民主平等观念，与学生进行平等对话。华东师范大学教授郅庭瑾提出，让课堂成为思维的乐园，首

---

① 褚树荣.品味课堂——褚树荣评课实录[M].宁波：宁波出版社，2010：45-46.
② 余映潮.对阅读教学"主问题"设计的探索与实践[J].河南教育（基教版），2008（3）：30-32.

先要改变教师的思维。传统的教授式教学要向"对话式教学"转换,让学生从被动询问回答到主动发现、主动探究。只有改变教师的习惯性思维,相应的教学才能"教会学生思维"。作为老师,在态度上要容忍学生的错误,不要过早过多"指导"学生,让学生自己设计问题、思考答案。[①]多尔在后现代课程观中提出了"平等中的首席"这个概念,他认为"作为平等者中的首席,教师的作用没有被抛弃;而是得以重新构建,从外在于学生情境转化为与这情境共存"[②]。

教师虽然在知识、阅历、能力等方面都高于学生,但是,在阅读教学中,真正有思维深度的见解不一定只有老师能提出来,学生也可以提出具有思维深度的看法,而且学生的某些见解或许比教师的更加高明和精彩。教师应该相信学生也有深度解读文本的能力。只有树立这样的信念,教师在教学中才能始终把学生的主体地位放在心上,始终关注学生思维是不是被调动起来了,是不是进入了深度思考。

学生能够深度体验的课堂更能展现学生思维的深度。内部语言活动是一种高度个性化的心智活动,这种体验的前提是学生具有一定的独立性,不是被老师"捆绑着"或"牵引着"走。教师不能代替学生思考,也不能把自己的思考强加给学生。无论教师对文本的解读有多么深刻,如果是强加给学生,便不会取得好的教学效果。因此,思维活动质量高的课堂一定是鼓励学生大胆质疑,学生有深度体验的课堂。这就要求教师不要只看最终结果是否正确,而要去追究答案是如何得出的,思维过程是怎样的。

四、考虑学生的认知水平

教师自己需要深入挖掘文本,但是呈现给学生的时候,课堂设计就要结合学生需要,该深入处理就深入解读,不该深入时则要深入浅出。皮亚杰关于儿童的认知发展理论将智慧的发展划分为四大阶段,初中生一般达到了形

---

① 郅庭瑾.为思维而教[M].北京:教育科学出版社,2007:224.
② [美]多尔.后现代课程观[M].王红宇,译.北京:教育科学出版社,2000:238.

式运算阶段，这时学生能在头脑中将形式和内容分开，能根据假设来进行逻辑推理。教师引领学生进行文本解读，应根据学生年龄特点，只有教师设置的认知水平与学生的认知水平吻合了才有利于激发学生的思维。因此，教师在课堂上的文本解读并不是越深越好，而是要适度。

季羡林先生的文章《幽径悲剧》被选入苏教版《语文》八年级上册"人与环境"单元，这是一篇内容情感较为深厚的文章，对八年级的学生来说，有的教师在课堂上解读得太深，让学生"丈二和尚摸不着头脑"，也自然无法引起学生的深度思维。有的教师把"文"的目标定位于"通过品味文本语言较为深入地学习描写、议论、抒情相结合的表达方式"，而把"道"的目标定位于"通过研读文本初步理解作者对'愚氓灭美'这一现象的强烈谴责"。定位为"初步"，意思就是授课者不必"越位"或"深入"了。[①]

像杨绛所写的《老王》这篇文章，初中和高中教材都选入了。在高中教学中，教师就需让学生进一步体会文章语言的冷静内敛风格——叙述平淡却充满情感张力。老王与作者都处于贫困之中，在客观上却是不对等的。老王一直尝试拉近与作者一家的距离，而作者总是有意无意地从一个知识分子的角度对老王采取俯视的姿态。老王临死前还拿鸡蛋香油送给作者，作者却拿钱去感谢，这无意中伤害了老王。这也是作者之所以"愧怍"的原因，而这"愧怍"的背后还有着深刻的社会原因：当时的社会环境中人与人之间无法消除的隔阂。这又可以进一步上升到社会平等观的建立。而在初中教学中，执教者就不必挖掘得如此透彻，可以根据学生的理解情况适可而止。

五、着力拓宽课程资源

黄厚江老师在讲《阿房宫赋》这一课时，从章法鉴赏到文化传承上去拓宽课程资源。黄老师把这篇文章缩成了一段话，投影显示在屏幕上让学生填空：

[①] 王家伦，胡洁. 阅读教学：为何不可以"深文浅教"？——由《幽径悲剧》想起的[J]. 中学语文教学，2012（11）：11-13.

阿房之宫，其形可谓（　　）矣，其制可谓（　　）矣，宫中之女可谓（　　）矣，宫中之宝可谓（　　）矣，其费可谓（　　）矣，其奢可谓（　　）矣。其亡亦可谓（　　）矣！嗟乎！后人哀之而不鉴之，亦可（　　）矣！

黄老师在引导学生填空的过程中，精讲点拨，学生深入理解文本。以下就是黄老师把一篇文章浓缩成的几句话：

阿房之宫，其形可谓雄矣，其制可谓大矣，宫中之女可谓众矣，宫中之宝可谓多矣，其费可谓靡矣，其奢可谓极矣。其亡亦可谓速矣！嗟乎！后人哀之而不鉴之，亦可悲矣！

最后，黄厚江老师又和学生一起把文章浓缩成了三个字：奢、亡、鉴。[①]
老师自己开发的课程资源有效地帮助学生走向了文本深处，可见黄老师语文素养之深厚，课程建设能力之强。

但是，拓宽课程资源并不意味着随意拓展，而必须依照课程标准和学科核心素养要求，紧紧围绕语文因素来进行。

在《草原》这篇文章的教学中，教师在领着学生解读"那些小丘的线条是那么柔美，就象没骨画那样，只用绿色渲染，没有用笔勾勒，于是，到处翠色欲流，轻轻流入云际"时，在多媒体上打出：

渲染：画国画时用水墨或淡色涂抹画面以加强艺术效果。
勾勒：用线条描画出轮廓。

随后，老师拿出了两幅画，让学生判断哪一幅是"渲染"而成的，哪一幅是"勾勒"而成的。然后，老师又指着这两幅画介绍"渲染"与"勾勒"

[①] 郑桂华，王荣生.语文教育研究大系（1978～2005，中学教学卷）[M].上海：上海教育出版社，2007：484-485.

有哪些不同，应该怎样辨别。在这环节耽搁了较长时间。这让听课者感觉是在听美术课。我认为教师的拓展是用力过度了。

学生在语文课上的思维质量，决定了学生会不会体验到文本魅力，有没有情感的唤醒，能不能用言语的形式对自己的主观感受进行表达，能不能展现个人的思维智慧，能不能形成自己丰富的精神生命。

第四节　走向深度学习的结构化学习

根据奥苏贝尔等的观点，意义理解的学习是广泛联结、促进迁移的学习，是能够促进学生能力发展的深度学习，而结构化学习是促进学生意义理解的重要方式。结构化学习是指学生学习时在目标、过程上有明确的结构和流程的系统学习，是从系统的角度学习知识，置知识于系统之中，着眼于知识之间的联系和学习知识的规律，进入深度学习状态。

结构化教学主要是立足学习知识的本质，揭示隐藏在知识背后的本质内容。教师在深入研究教学资源的基础上，不仅要突出教学内容的基本结构，了解知识的来龙去脉，还要突出知识点之间的联系，关注学生的认知结构与学习材料知识结构之间的关系，呈现完整的知识框架。这有助于培养学生的学习兴趣与学习习惯，培养学生的思维能力与解决问题能力。

一、结构化学习的意义与价值

人天生就是爱思考、爱探索的，学习顺应了人的天性。让学生的学习按照人类探索知识的自然法则来进行是本真教育的应有之义。知识学习结构化是指将一个一个的知识点按照一定的逻辑顺序组成有机系统，使之条理化、纲领化，并有序地排列在学生的认知结构中。

1. 结构化学习符合认知逻辑规律

布鲁纳认为不管学习的是哪一门学科，都要确保使学生理解这门学科的基本结构。

知识在人脑中是一种有结构的层次性储存。比如，在我们头脑中，对动物这个概念，会有鸟、兽、鱼等内容，鱼又分为带鱼、黄花鱼、鲨鱼等。如果我们新学的一种鱼类是比目鱼，就会自觉地把这个新学的知识放在旧有知识系统之中，并且同化进知识结构中一个合适的位置。我们的学习实际上就是这样一个在旧有的知识上长出新知的过程，是把头脑中的结构不断地构建完善的过程。

人脑会用一种结构思考力去思考问题，知识与知识之间有着密切的逻辑关系，我们会对知识建立起一种层级。结构化学习顺应着学习内容的整体融合，符合学生的认知逻辑，引领学生进入一种自由自在、自主自悟与自信自强的自然学习状态。

2.结构化学习指引科学学习路径

有的教师对学生预习习惯与提问能力训练力度不够，多数教师不愿花时间为学生建立知识的网络结构。建立知识的结构有多么重要呢？我们来看一个案例。

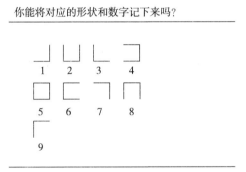

你能将对应的形状和数字记下来吗？

如果是这样去记忆，一般说来，我们会感觉很困难，但是，如果是下面的这种情形呢？

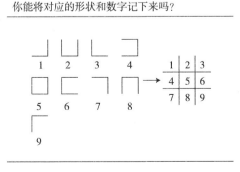

你能将对应的形状和数字记下来吗？

第六章　如何引领学生深度学习

在大自然中,石墨和金刚石都属于碳单质,它们的化学性质完全相同,然而,却由于结构不同而成为"同素异形体",价值就大为迥异。这同样让我们看到结构的妙处。

当我们把知识学习放在一个结构之中,让学习的知识之间发生一定联系,那么,新知识被同化进已有的认知结构之中就变得又轻松又容易了。可见,结构化学习是一种科学的学习路径。

二、结构化学习的策略与方法

我们要对课程资源进行框架性结构教学,对知识形成过程进行过程性结构教学,对学生学习方法进行方法性结构教学。

1. 知识结构化

知识结构是知识要素之间以一定的联系构成的体系。我们要努力把零碎的、片段的知识放入清晰的知识结构之中。来看一个案例:

如果说请您用 3 秒钟记下 EUOLIYOV 这几个字母,您是不是感觉有点困难?

但是,如果说让您记下"I LOVE YOU"这几个单词,您是不是用不了 1 秒钟就可以做到?

要加强对知识的横向与纵向比较与联系,建立立体的知识网络,不留知识死角,而这些知识死角恰恰可能是考试时的出题点。

形成结构化知识,利用思维导图是一个较好的方法。思维导图是有效思维模式应用于记忆、学习、思考等的学习地图,利于人脑的扩散思维展开。教给学生基本的思维导图技巧与画法,借助这一便捷工具让学生自己梳理出知识的基本结构与脉络,学生自主梳理的过程就是将知识结构化学习的过程。这样一种学习方式,学生一旦掌握不仅可以应用到今后的学习中,还可以应用到将来的工作中。结构化的知识梳理可以着眼于一个核心知识群、一个章节、一个单元、一册书,便于学生构建起知识的层级与网格。思维导图是大脑思维成果的表现图、老师的教学研究成果图、学生的学习产品图。如果教师备课先备图,则可在导图的指引下清晰授课。对学生而言,可以借此整理知识,展示不同概念之间的关联,明晰知识结构,理顺思路,同时为学生提供了自主创造的学习空间,助学效果明显。学生根据自己的喜好,做出的思维导图各式各样。学生由于特别喜欢导图,也就喜欢上了学习和思考。

2. 方法结构化

人脑对知识的加工是有结构的。为了促进学生学习,教学时就要努力在结构思维下让学生更容易地去学习知识,如果违反了知识学习规律,则会造成学生对知识学习的不理解。我们来看一个案例。

阅读下面的文字,看你的理解程度如何:

这个程序实际上很简单。首先,你把总件数分成几组。当然,如果件数不多的话,一次就行了。很重要的是,件数一次不能太多。就是说,每一次太多不如太少效果好。这在短时间内似乎不重要,但经常不注意这一点很容易造成麻烦,而且一旦造成错误,其代价可能是昂贵的。开始时,整个程序可能看上去比较复杂,但要不了多久,它就会成为你的生活的一个组成部分。

很多人看了这样的文字,有点丈二和尚摸不着头脑的感觉。

如果读这一段文字之前,告诉你这段文字的标题是"洗衣机使用程序说明书",你理解的效果又如何呢?

是不是就会恍然大悟了?

在教育心理学中,先行组织者是一种有效的教学策略。"奥苏贝尔认为,促进学习和防止干扰的最有效的策略,是利用适当相关的和包摄性较广的、最清晰和最稳定的引导性材料,这种引导性材料就是所谓的组织者。由于这些组织者通常是在呈现教学内容本身之前介绍的,目的在于用它们来帮助确立意义学习的心向,因此又被称为先行组织者。"[1]

---

[1] 施良方. 学习论 [M]. 北京:人民教育出版社,2012:239.

奥苏贝尔认为，当学生把教学内容与自己的认知结构联系起来时，意义学习也便发生了。所谓认知结构，就是指学生现有的知识的数量、清晰度和组织结构，它是由学生眼下能回想出的事实、概念、命题、理论等构成的。因此，要促进教材的学习，首先要增强学生认知结构中与新材料有关的概念。下图是概念同化的三种形式。①

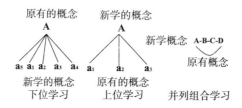

（1）下位学习。又称类属学习，是将概括程度或包容范围较低的新概念、新命题，归属到认知结构中原有的概括程度或包容范围较高的适当概念或命题之下，从而获得新概念或新命题的意义。比如，学生学习了杠杆的概念，知道了杠杆的力臂原理，而后学习定滑轮的知识，把"定滑轮"同化到"杠杆"的概念下，理解了定滑轮实质上是一种等臂杠杆，就能很容易地理解为什么定滑轮不省力。由于对定滑轮概念的同化理解，学生对杠杆的理解也会有一定变化：杠杆并不一定是细长的，它也可以是一个圆轮子。

（2）上位学习。是指新概念、新命题具有较广的包容面或较高的概括水平，这时，新知识通过把一系列已有的观念包含于其下而获得意义，新学习的内容便与学生认知结构中已有观念产生了一种上位关系。例如，儿童往往是在熟悉了胡萝卜、豌豆、菠菜这类下位概念之后，再学习"蔬菜"这个上位概念的。

（3）并列组合学习。当新概念或新命题与学生认知结构中已有的观念既不产生下位关系，也不产生上位关系时，它们之间可能存在并列组合关系。这种只能凭借组合关系来理解的意义的学习就是并列组合学习。例如，质量与能量、热与体积、遗传与变异、需求与价格之间的关系，这类关系的学习，虽然既不属于学生已掌握的有关概念，也不能概括所有的观念，但它们

---

① 施良方.学习论［M］.北京：人民教育出版社，2012：228-231.

之间仍然具有某些共同的关键特征。在这种学习中，实际上学习者头脑中没有最直接可以利用的观念，学习者只能在更一般的知识背景中为新知识寻找适当的固定点。因此，这种学习通常更为困难。

学生面对新的学习任务时，如果原有认知结构中缺少同化新知识的适当的上位观念，或原有观念不够清晰或巩固，则有必要设计一个先于学习材料呈现的引导性材料，可能是一个概念、一条定律或者一段说明文字，可以用通俗易懂的语言或直观形象的具体模型，但是在概括和包容的水平上高于要学习的材料，构建一个使新旧知识发生联系的桥梁。

利用先行组织者教学就是告诉教师，在新授课之前，可以使用学生所熟知的知识、语言或表达方式先行提供一些引导性材料，使新知识通过引导性材料与学生的原有认知结构建立起有机联系。

在全国本真教育研究首届年会上，我听了一节《平方差公式》的数学课，整节课上得很精彩。学案中设计的题目就是结构化的，是遵从小步子原则层层递进的题目群。这节课的重点内容是学生利用平方差公式解决问题。在学生做题过程中，发现学生最容易出错的地方是分不清楚平方差公式 $(a-b)(a+b)=a^2-b^2$ 中的 a 和 b 在具体题目中分别是哪个数。题中的很多变式情况，把学生弄糊涂了。既然从学情来看，学生最大的难点在于对变式的应用，那么，让学生自主地去寻找原公式与变式的关系则是学生解决重难点而达到深度学习的门径。因此，这节课的学习从结构化思维角度出发，为了让学生构建关于平方差公式的结构化的知识体系，可以从原公式入手，结合具体的习题让学生自己会归纳总结出变式：

$(-a+b)(-a-b)=a^2-b^2$

$(b+a)(-b+a)=a^2-b^2$

$(b+a)(a-b)=a^2-b^2$

$(a+b)(-b+a)=a^2-b^2$

然后，再从变式的应用中反扣到习题的解决上。这样既有上位知识学习，又有下位知识学习，用原公式统领所学内容，建立起关于平方差公式的结构化知识体系。

如下是一个识字教学案例：

（1）呈现先行组织者：老师在正式进行识字教学之前，引导学生回忆，在之前生字词的学习过程中，老师强调应注意哪些方面，一般学习方法是什么。学生归纳出形近字、易错字、组词、多音字四方面。

（2）呈现学习内容。

（3）运用教学策略：学生先自主学习，找出形近字和易错字，小组讨论后汇报。

（4）巩固与迁移新知识：老师给予补充和适当强调。

新识字教学之前，老师让学生根据以往学习经验进行回忆，这是学生进行知识迁移的过程，当学生思考完毕，老师就可以很容易地借助新旧字词的相同教法来告诉学生学习生字词的一般方法。

3. 问题结构化

练习题的结构化一环紧扣一环，环环相扣。

在教授《异分母带分数连加减》时，为了让学生掌握"$8\frac{1}{4}-3\frac{5}{6}-2\frac{7}{8}$"这个例题，可先出示 $6\frac{5}{24}=4\frac{(\ )}{24}=3\frac{(\ )}{24}$，$5\frac{5}{12}=4\frac{(\ )}{12}=3\frac{(\ )}{12}$，增加通分环节，目的是做好铺垫。

接着，出示准备题 $8\frac{3}{8}-\frac{5}{8}-\frac{7}{8}$，$8\frac{3}{8}-1\frac{5}{8}-3\frac{7}{8}$，以同分母分数连减法练习题来降低难度。最后再出示练习题 $8\frac{3}{8}-1\frac{5}{6}-3\frac{2}{3}$，与例题难度相当。

准备练习主要是为了后面的练习题作准备，扫清学生在做练习题时可能出现的障碍，尝试题的作用主要在于明确学生学习的内容和要求，激发学生的学习兴趣，获取学生的自学反馈信息。

4. 思维结构化

结构化思维的特点是：寻找知识间的相互联系，置知识于系统中，采用整合的观点。我们之所以提倡课程整合，正是基于整合之后的课程具有结构化特点。

如就小学数学解应用题来说。数学应用题的问题结构是在一定问题情境中，从若干已知的必要的数量（条件）及其关系，探求问题的解决（求未知数量）。应用题的问题结构有其特点和规律，难点在于：多种多样的数量关系（即问题情境）掩盖着结构的简单性；学生不懂问题思维。

即使学生不掌握一步应用题的结构，学生在解题结果上也不会出现什么差异，所以，教师往往忽略对应用题结构的训练。而实际上，应用题的结构对学生后续学习有重要影响。因此，名师在这方面是要着意下不少力气的。下面分享马芯兰老师一步应用题的一个课例：

整体与部分的关系

师：看图说图意（如下图所示）。

生：花上原来有4只蝴蝶，又飞来1只蝴蝶，现在一共有几只蝴蝶？

师：我们知道了什么？还知道了什么？问的是什么？

生：我们知道了花上原来有4只蝴蝶，还知道了又飞来1只蝴蝶。问一共有几只蝴蝶？

（认识什么是问题，什么是条件。）

师：花上原来的4只蝴蝶、又飞来的1只蝴蝶与总的蝴蝶有什么关系？

生：花上原来的4只蝴蝶、又飞来的1只蝴蝶都是总的蝴蝶的一部分。

师：总的蝴蝶是由哪两部分合并起来的？

生：是由花上原来的4只蝴蝶和又飞来的1只蝴蝶这两部分合并起来的。

（学生充分体会条件与条件、条件与问题之间的关系。）

从一步应用题问题结构，再推演到两步应用题问题结构，则三步应用题

问题结构就可以学得比较轻松。学生在这样的学习方式引领下进行学习，就会学得既轻松又高效，会越学越聪明。①

三、结构化学习效果

结构化学习的益处非常之多，简要概括有如下几点。

1. 为学生学习创设主动学习的求知工具

通过结构化教学训练学生的自主学习能力。促进学生自主学习最重要的是为学生提供求知工具，学生掌握了有效的学习工具就可以轻松地打通自主学习道路。如果学生学会了归纳整理知识的方法，能够按照自己的认知经验与思维模式去进行知识学习，将抽象的知识形象化，促进理解、记忆与运用，增强自主学习能力。

我听江苏宜兴实验中学王俊校长作报告，见他画过一个"景物描写"的工具。

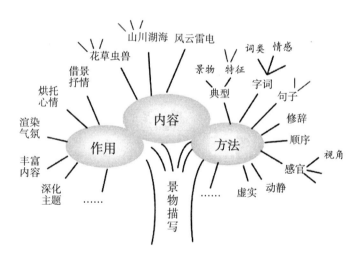

根据这个结构化的"景物描写"图，学生通过分析一篇文章中的景物描写就可以触类旁通、举一反三，学会对各种景物描写文章的分析。

---

① 温寒江. 小学数学教学与创新能力培养：马芯兰教学法的研究与实践［M］. 北京：北京科学技术出版社，2006：114-115.

2. 抓住本质，简化记忆

现在的考试更加注重考查学生对整门课程中各相关知识点的深度有机掌握，往往一个寥寥数语的选择题就牵涉到多个看似毫不相干的多个知识点，使学生做起这类习题来比较吃力。因此，学会对知识的归纳梳理很重要。读书，我们提倡要先把书读厚，再把书读薄。读薄书就是一个归纳概括的过程，就是一个将知识之间的关联性找出来，再进行知识的结构化梳理的过程。如果学生自己能掌握这样一种学习方法，学习能力将会得到极大提高与锻炼。如果仅凭借学生自身的力量不足以形成知识结构，教师就要为学生"搭脚手架"帮助学生。

如分散在初中《几何》第一册里的有关角的40多条定义、定理中的6条定义、定理：角相等定义、平角定义、对顶角相等、两直线平行则同位角相等、同旁内角互补、内错角相等。其实，这些全包括在一条定理中：如果一个角的两边分别平行于另一个角的两边，那么这两个角相等或互补。这一条定理是那6条定义、定理的联合推广，那6条定理则是这一条定理的特例。如果学生能够发现知识之间的关系，就可以多方联系，简化记忆。

3. 化繁为简，化难为易

结构化学习要帮助学生进行知识的总结归纳，让学生更好地理解与运用知识。以文言文的判断句学习为例，可以总结出如下几个类型：用"者……也"表判断；句末用"者也"表判断；用"者"表判断；用动词"为"或判断词"是"表判断；用"即""乃""则""皆""本""诚""亦""素"等副词表示肯定判断，兼加强语气，用"非"表示否定判断；无标志判断句。

以诗歌为例，诗歌的结构章法和基本特点有哪些？从表现手法、修辞技巧、结构形式等角度入手，还可以作哪些分类？除了虚实关系、动静关系、远近上下关系等，古人还喜欢运用哪些描写手法？……在帮助学生建立语文学习模型的过程中，把知识放进结构良好的知识体系中，有利于理解与记忆。教师自己也获得了全新提升。下面是史建筑老师总结出的"诗歌结构章法和基本特点"知识结构图。

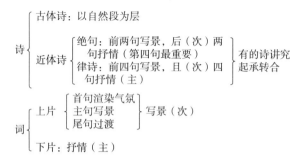

  深度学习意味着调动学生的思维深度，也就是课堂设计能促使学生高阶思维，课堂学习中，学生不仅能识记、理解、应用，更能分析、评价和创造。这基于教师深刻、透彻备课这个基础。教师应提升学生的记忆与论证能力，培养学生的注意力与高阶思维能力，把课堂的空间、时间还给学生，让死气沉沉的课堂变得充满活力。

第七章

如何演绎课堂精彩生成

导 读

　　预设要求教师充分备课，不仅需要教师有丰厚的学养作支撑，还需要有效地开发课程资源。生成则靠教师的教育智慧。课程资源开发让预设这个静止的蓝图更精美绚丽，生成则是流动的变幻莫测的画卷。只有蓝图设计好了，才可以有丰富多彩的风景展示出来。

第一节　在充分预设中精彩生成

一、预设不足会错过精彩生成

课堂美妙在于其不可预知性，尽管我们在课堂教学之前费尽心思进行精心预设，但总会在课堂上发生一些意外。

1. 意外情况的背后

这节课是苏教版小学《数学》四年级上册《游戏规则的公平性》，是一节公开比赛课。授课教师具有非常深厚的个人基本功，语言、板书、教态、气质、形象都堪称一流。课堂的引入及前半部分的拔河游戏也设计得很出色，满以为这会是一节赏心悦目的精品课。然而随着课堂推进，问题出现了。

从教案中看到教师的课堂预设是这样的：在第一次摸球游戏中，布袋里放了4个红球，2个绿球，让学生摸球20次，并假设摸的红球多算女生胜，绿球多算男生胜。教师预设女生胜，而且在教案中写了"女生真厉害！祝贺你们获得胜利！"女生赢的可能性比男生大，以此让学生体会游戏规则的不公平。

这个环节真正在课堂上实施的情况是这样的：教师站在讲台上与一男一女两个学生互相配合摸球。教师拿着摸球的布袋，女同学负责监督，男同学摸球。结果红球摸出了8次，绿球摸出了12次，男生获胜，与预设的情况正好相反。其实，女生获胜只是可能性大，也并不排除男生获胜的情况发生，但是教师根本没有预计到会出现这样的结果，虽然进行了简单的语言讲解，情绪还是受到了很大影响，也不如刚才和蔼可亲了。如果教师能够进行正确讲解，问题会解决得好一些，但是教师的慌乱是显而易见的。教师不得不临时增加了一个小组摸球，以便进行下面的实验结果分析。整个课堂乱了阵脚，准备好的教具不够用了，教师临时在黑板上重新画了摸球结果记录总表。整堂课由于时间拖延，没能完成既定的课堂学习目标。

一位颇具实力，最初被大家看好的教师，为什么出现了这样的情况？问题出在课堂预设上，预设不够细致充分，致使教师无法驾驭课堂生成。在第一次摸球过程中实际上存在着科学性错误。其一，摸球的游戏规则中必须强调：每次摸球前应保证把布袋中的球摇匀。布袋是在教师手中的，几乎每次摸球前教师都没有摇布袋或摇得不充分。其二，由于布袋与球之间的摩擦力大，球的个头也相对较大，这就造成了即使摇晃布袋，球在布袋中的流动性不大，球不易摇匀的状况，这与其他选手用盒子装球形成了鲜明对比。但是教师并没有觉察。其三是摸球男孩的心理。摸到绿球多男孩胜，则他自然希望多摸到绿球，于是当他把绿球放入布袋，就尽量还在原处摸球，以致造成了绿球摸得多的结果。

这些都是教师没有充分预设好造成的后果。再者，增大红球与绿球的比例，意即增加摸到红球的可能性也可以减少类似情况发生。教师却没有意识到关键问题出在哪里，以致在学生分组的摸球中，没强调指出应该把球摇匀。实验工具本身的问题在课堂上是很难马上改变的，因此，预设的失败意味着整堂课的失败。

一堂好课，就是预设与生成的有机融合。预设的重要性不言而喻，预设的质量影响着生成的质量，不管教师个人素质多高，没有精心充分的预设，不仅很难有精彩生成，甚至会让教师乱了方寸，就没有有效课堂。

这是一次赛课活动，有四位教师分别执教小学数学《有余数的除法》。下面说说课堂上三处细节存在的遗憾：执教教师没有利用好学生稍纵即逝的思维火花，大好的课程资源没能发挥应有作用。

其一，教师创设情境：9个面包平均分给4个小朋友，每个小朋友分几个？学生们很快就想出了：分给4个人，余下一个。这时，有一位男学生插嘴说：切开。教师没有理会，开始要求学生们列算式。其实，教师应该引导学生弄明白："有余数的除法"中的余数指的是自然数，"切开"不符合要求。既然学生出现了疑惑，教师应悉心捕捉解疑，而不是置之不理。

其二，教师叫了几位同学用实物投影展示自己针对上述问题列出的算式，大多数学生写的是 9÷4=2（个）……1（个），有一位女同学列出的算式是 2×4=8……1（个），老师当众说她："你同位好像也是这样做的，不对！"

女学生赶紧说："是，我知道，我已经改了。"语气里满是委屈。

教师没有追问，有不悦之色，继续进行下面的教学环节。

课下，我与写出 2×4=8……1（个）的女学生交流，我说："其实，你说的也有道理，请你说说自己的想法。"

小姑娘马上很有戒心地回答："我错了，我改了。"她再也不说话，然后快步逃开了。的确，学生所说的 2×4=8……1（个），并非没有合理之处，教师应先肯定学生的回答，给学生说出自己心中想法的机会，再提出建议。所谓培养学生的创新与求异思维，首先意味着保护学生创新、求异思维的火花，树立学生探究问题的自信心。

其三，老师引导学生就以下列出的几个式子回答问题：

10÷4=2（碗）……2（碗）

11÷4=2（瓶）……3（瓶）

13÷4=3（个）……1（个）

14÷4=3（个）……2（个）

15÷4=3（个）……3（个）

18÷4=4（瓶）……2（瓶）

四位老师都要求学生对列出的式子进行分析，问学生：你发现了什么？或上述几个式子有什么共同点与不同点？在其中三个教师的课堂上，学生始终考虑不到"除数与余数的关系"，给出的答案有：第1、2题都是2瓶；都有余数；都是除以4；余数有1、2、3。

扯来扯去，学生就是没有说出教师期待的答案：余数总比除数小。于是，老师费力地进行引导，明确地问：同学们，大家注意比较一下余数与除数的大小关系。这句问话引出了一个学生的回答：第一个余数与除数之间相差 2；第二个余数与除数之间相差 1；第三个余数与除数之间相差 3；第四个余数与除数之间相差 2；第五个余数与除数之间相差 1；第六个余数与除数之间相差 2。

教师并不满意，继续引导：大家比比看，除数与余数谁大谁小啊？学生这才恍然大悟，答到了点子上。这个教学环节，到底怎样提问更科学？

一位教师上课时，除了有学生说出以上种种想法外，恰有一位小男孩说道："余数比除数小。"这是令人欣喜的，然而，执教教师的处理却出乎所料——对前面回答的学生，教师都给予了鼓励与肯定，但是，对最后一个男孩的理解，教师却说："我们把这个问题暂时放入问题袋，不作考虑。"原来这位教师预设的"标准答案"是：生活中有余数的除法真多。教师抱着自己预设好的答案，没有注意学生颇有价值的回答，小男孩悻悻地坐下了，一个好机会就这样错过了。我注意到，这个小男孩其实听课并不专心，而他的思维恰恰是最活跃的。这背后的原因是什么？难道老师一步步细致地引导禁锢了学生创新思维的发展？同时还要反思的是：教师为什么错过了本应异常精彩的生成？教师的预设不足是显而易见的，备课的优劣会影响到教师的教学机智，这反映了教师的教学基本功不够扎实，对教材的把握不足，对学情的了解不够，心中没有装着学生。教师不应该仅仅局限于自己的教，而要更多地关注学生的学。教师切记要让学生独立思考，鼓励学生发表意见，应善于选择有价值的问题或意见，引导学生开展讨论，让学生经历探寻问题答案的思维过程，培养学生的创新精神和实践能力。

2. 思维火花的闪现

这是一节小学四年级英语课，执教者是一位年青而优秀的教师，课得到了听课老师的称赞与好评，也给我留下了深刻印象。最让我眼前一亮的是课堂上的一个小细节。

教师与学生共同学单词。当学到"kitchen"这个词时，前排有一位小男孩主动站起来，大大方方地说："老师，我有个好办法记住它，妈妈不是在厨房里做饭而是揩灰尘。"小男孩的自信与爽快是深让人高兴的。老师马上表扬说："你真聪明，说得真好。"我不由地对小男孩多看了几眼，他个头不高，眼睛很亮，老师的表扬显然让他非常高兴，他的腰板挺得更直了，整个人更精神了。这个孩子多可爱呀！他记单词不是死记硬背，而是有自己的思考，也可以说有自己的思想。这种想法可能是老师以前告诉的，但这并不重要。至少他知道用到这个新学的单词上，尽管用得不甚完美。

当教师在课堂上为突破某个知识重点、难点焦头烂额时，学生往往会主动地送来"东风"。如果教师懂得巧借"东风",就会收到事半功倍的效果。好课总能体现一种引导的艺术或艺术的引导。试想,记单词,应该有很多小窍门、小方法。既然学生已经提出来了,老师何不顺水推舟,再向其他学生征集几种记忆单词的方法呢?说不定又会引发出没有预约的精彩。即使学生实在说不上来,教师的讲解就是呼之欲出的,学生听讲会格外认真,而且会暗暗佩服教师的博学。比如教师可以介绍组合法:"bedroom"一词,是由"bed"与"room"组合而成的,"livingroom"是由"living"与"room"组合而成的。还可以介绍形与义的联想法,如:eye,把两个e看成两只眼;banana,把a看成一个个的香蕉;bird,把b和d看成两个翅膀。同时,教师可以借机给学生布置一个课下寻找记忆英语单词窍门的作业,以开阔学生思路,扩大学生视野。

教学是教师与学生交流、互动、共同发展的过程,教师在课堂中若针对一些预想不到的细节充分发挥教学机智,抓住一瞬即逝的信息,敏锐捕捉,善于生成,则可以创设一个民主、宽松、自由、开放、幸福的课堂。

只有尊重学生,才能让学生积极思考,发散思维,畅所欲言;只有给学生自由的空间,才能引发更多、更有效的生成;只有课堂预设充分,教师有效地利用好课程资源,才能使课堂在生命的活力中呈现出精彩,真正促进学生全面和谐发展。

最美丽的相遇是邂逅而遇,最惊心的感悟是茅塞顿开,最醉人的精彩来自无法预约。

3. 学生为何选择"索取"

这是一节主题班会课,主题是"人生价值大拍卖"。只见授课老师拿出八张红纸,上面分别写着"健康""快乐""自信""爱心""诚信""财富""知识""索取"。老师让八位同学各举着一张红纸走到黑板前站立。然后,教师在多媒体上出示拍卖规则:

(1)每人只有5000元人民币。这5000元代表你一生的心血和精力,请你根据你对人生的理解出价竞买你认为有价值的物品。

(2)每件物品拍卖最多5000元成交。

(3)每件物品的低价是500元人民币,每次竞价以500元为单位。

（4）每件物品报价 3 次后成交。

（5）加价出错的同学每次予以 600 元罚款。

（6）每位同学必须参加活动，资金用完后不能参加其他拍卖，已经成交的资金，概不退还。

接下来，拍卖的场面是踊跃和热烈的。

一开始，学生是从 500 元起价，然后有学生不断地抬高价码。后来，学生们看出，一下子出价 5000 元，就可以确保拍得卖品，这样，程序就简化了。当只剩下"索取"还没有人拍卖完时，出现了戏剧性的一幕。

老师问："竞拍'索取'的同学请举手。"

刚才活跃的同学们安静下来，因为大家都知道"索取"不是正确的主流人生价值观。可是，一位男同学迫不及待地高高地举起了右手，打破了沉闷的气氛。老师把他叫了起来，问："你是想竞买'索取'吗？"

男同学毫不含糊地说："是！"

教室里一阵骚动。老师继续问："你打算用多少钱来竞买'索取'？"

男同学用斩钉截铁的语调说："用 5000 元。"

所有的人都感到诧异，老师的脸上有掩饰不住的失落，进一步核实："你是想用一生的心血和汗水来竞买'索取'吗？"

男孩的回答异常坚决："是。"

"为什么？"老师问出了所有在场者的疑惑。

男孩毫无羞涩，清晰回答："最后一个了，再不竞拍就没有了。"

的确，这是一个完全合情合理的回答，有人会心地笑了。很显然，"索取"不是大家倡导的价值取向，学生也知道做人不应该只懂得索取。可是，男孩子为什么会义无反顾地选择了"索取"？因为老师设计的可竞拍的物品太有限了，全班只有八名学生能够拍得物品。男孩的思维逻辑是，明明知道在人生价值的舞台上"索取"是遭人不耻的，但是，又何妨呢？与其把 5000 元攥在手里不发挥作用，倒不如竞拍成交一次，不管买到的到底是什么。学生的这种心态是让人可以理解的，我们完全可以原谅男孩的纯洁与天真。

在随后的时间里，老师进行了价值引领，但是显得非常苍白，大家远没有对刚才竞拍的过程印象深刻。

当老师让学生谈体会时,有学生说:"我选择财富,拥有了财富,可以锻炼,获得健康,可以帮助他人。"

又有学生说:"我选健康,没有健康就什么也没有了。"

还有学生说:"我选知识,拥有了知识,可以拥有金钱、快乐和自信。"

这样的课堂设计让人有话要说。

首先,这个选题太散,太大。一节课让初一的学生来讨论"人生价值"的大问题不是明智选择,只选取其中之一,如爱心、自信、快乐等就足够了。主题班会最忌讳的就是主题选得太大或多主题。我听过一节高中的主题班会课,在二十分钟的时间里,老师既教育学生做一位文明的中学生又教育学生要注意校园安全,自然,哪一个主题都处理得半生不熟。

其次,竞拍设计有些地方是不科学的。拍卖规则里5000元成交,使得学生只要抛出手中的5000元就可稳操胜券。老师预设只有八位同学可竞拍到且每位同学只能竞拍到一样物品。竞拍活动占用了课堂大量时间,其他方面的处理就显得仓促了。愚以为,即使不竞拍,初一学生也能有正确的价值观。老师可能认为竞拍活动活跃了课堂气氛,但是,学生的思维却是肤浅的。师生忙碌于那些外显的事情,却没有灵魂的触动,没有引起学生深层次思考。

再者,主题班会的教育效果不够显著。从学生谈体会时可以看出,由于教师课堂设计有问题,学生的说法比较片面。教师在价值引领方面还应做得更深入细致,特别是对那位要"索取"的学生,他只想手里攥住一样东西,却忘记了游戏背后真正的内涵。但是,这个选题过于复杂,过于难了,非得高明的哲学家才解释清楚,如:有的人没有金钱,但仍然可以获得自信、快乐;有的人没有健康,也依然可以获得财富、快乐;有的人"穷得只剩下钱"了;有的人拥有"知识"却缺乏"爱心"。而且,人是一个综合体,人生不是单车道,一个人的一生不只拥有其中一样。老师给出的人生价值在人生中的分量也不一样。如此种种,其中交叉、繁杂的关系,一节课的时间又怎能说得清。

主题班会课,仅有活跃的气氛是远远不够的,由于智慧缺乏且用不适当的内容填充课堂,闹嚷嚷的背后实则是空洞无物缺少内涵。往源头探究,主题班会课上出现的很多问题就是出在老师的课堂教学设计上。因此，老师备课的功夫必须下足，如针对学生的年龄特点，设计好课堂的主题、形式、内容、过程，对课堂上可能出现的情况进行充分预设。要想上好主题班会课，备好课很重要！

二、充分预设成就精彩生成

这节课讲《位似图形》，执教教师采用了学生主持课堂的授课方式，两位学生主持人落落大方，提问、讲解、安排讨论，课有条不紊地向前推进。

主持人安排同学们分组研讨这样一道习题：分别在△ABC的边AB、AC上取点D、E，使DE∥BC（见图A），那么△ADE是△ABC缩小后的图形吗？学生进行小组讨论后，认为△ADE是△ABC缩小后的图形。正当这个教学环节就此结束时，有一位同学主动站起质疑：如果DE与BC不平行，结论还成立吗？绝大多数同学马上回答：不成立。这时，有一位同学大声坚持说："结论仍然成立。"一石激起千层浪，主持人示意这位同学到讲台上板演讲解。说不同意的同学到黑板上，利用了相似三角形知识，画线段DE，使∠ADE=∠ACB（见图B），这样，虽然DE与BC不平行，但结论依然成立。有些同学还是表现出不解的神情，执教教师走上讲台，再次利用相似三角形的知识进行了讲解，并且补充说：虽然对这个题来说，结论是成立的，但是已不再是位似图形了。同学们表示认可。质疑与解疑的同学，脸上都流露了自豪而快乐的神情。

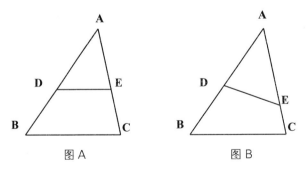

图A　　　　　　图B

我为看到这样的精彩生成拍手叫好！可以看出，这节课学生的思维处于激活状态。学生主持人的发问，学生小组的充分讨论，使大家已经获知了本题答案，但是学生们并没有就此满足，特别是提出质疑的学生，他进行了发散思维，改变了题目的条件进行深入探究。学生不是满足于一知半解，不仅"知其然"，还要刨根问底"知其所以然"，这种精神是可贵的。大多数同学没有仔细考虑，几乎一致地给出了结论，但是仍然有一位同学发出了自己不同的声音。这说明，这位同学不盲从，而是用自己的大脑进行了深入思考，他大方而自信地到讲台上说出了自己的想法，侃侃而谈，有理有据。这说明学生们已经习惯了课堂上的这种质疑、辩论。学生的情绪处于自由舒展状态，没有压抑，有的是民主、宽松、研讨的氛围。学生的思维并不拘泥于一节课所学知识，而是表现了求真、务实的态度。当然，这个提出问题的学生可能是受到了之前相似部分的一道课后习题的干扰——过一个点作一条线使得到的三角形与原三角形相似，故而在位似部分也提出这个问题。这暴露了学生对位似基本性质这个知识点不熟练，这是很多同学都会遇到的，有同学对模糊之处进行质疑，很难得！学生能时刻提醒老师哪些知识点没有讲清楚，让更多的同学受益，对教师来说难道不是一种幸福吗？

教师把学生推上了前台，自己则一直站在台下默默地观察学生们的表现。在全班同学仍感疑虑时，"该出手时就出手"，走上讲台阐述自己的观点。正是教师的"退位"使学生主动"进位"，学生以课堂主人的姿态，以强烈的责任感探究知识，"不唯书、不唯上"，激发了思维活力，碰撞出智慧的火花。

课下，我问执教教师：学生提到的"DE 与 BC 不平行，结论还成立"，你在备课的时候备到了吗？执教教师坦诚地说没有。显然，这是课堂中的一次偶然生成。教师马上邀请提出疑问的学生在黑板上结合图形阐述自己的观点，学生的质疑虽然与本节课所要解决的重点不一致，但仍然很有价值。教师抓住学生的薄弱环节，把既有联系又有区别的相关知识给学生讲清楚、讲到位，而且教师不失时机地对学生进行了表扬，让学生感受到了探索知识的自豪与尊严，充分利用了课堂生成资源。

三、借助错误引发精彩生成

连续听课，发现了一个共性问题：授课教师对学生错误的忽视。

教室就是出错的地方，学生作为未成年人，受到认知水平与能力的局限，认识与见解出现偏差与错误是再正常不过的事情了。为学生纠错，是教师理所应当要做的，好像没有多少说道的价值。然而，在现实听课中，我感觉很有必要强调一下。

教学《利用轴对称设计图案》，教师精心设计，学生们畅所欲言，异常活跃。然而，老师却忽视了学生的一处错误，使整堂课逊色了许多。

教师已重点指出画轴对称图形的关键有二：一是用直角三角板从关键点向对称轴引垂线并延长；二是用圆规从垂足在延长线上截取对应的长。而后教师用尺规在黑板上边比画边讲解。按说教师的讲解是到位的，学生应该掌握了，但是可能学生受到接受能力的影响，对这个知识点掌握得并不好。

一位到黑板上画对称图形的学生，也用三角板，但根本不会使用直角边，而是大体估量着画延长线。该学生在黑板上作图时，台下的学生也埋头作图，教师巡视，大家都没注意台上学生的作图过程。黑板上的成品图是学生"比着葫芦画瓢"画出的，与正确的差异不大，很难看出学生在作图过程中出的错。我走到学生们中间了解了一下，发现四五个学生都是用错误的方法画垂线。当我询问一位同学为什么这样画延长线时，她盯着自己画的图，半天没能说上话来。

这是一节物理课《光的传播》，学生在画"影子的形成"光路图时，没有用直尺，也没有把物体边缘上的光线画出来，只是象征性地画了中间的几条光线，根本看不出影子所在的位置。教师没有订正，此教学环节就结束了。

这是一节历史课《洋务运动》，快下课时教师问"洋务运动失败的原因是什么"，学生说："黄海大战。"可能因为"黄海大战"是学生上节课刚刚学过的，所以轻易说出了不确切答案。老师竟然默许了，匆匆布置作业，下课。

教师要善于敏锐发现、捕捉学生课堂上出现的错误，特别是发现共性的、典型性的错误，这对提高课堂教学效率很重要。

《利用轴对称设计图案》这节课，如果教师及时地发现学生出的错，引导学生们深入研究，就会突破利用轴对称设计图案的重难点。

《光的传播》这节课，让学生画"影子的形成"时，教师可根据学生的错误引导学生讨论、思考、作图，从而使学生对"光的直线传播"有深入理解。

《洋务运动》这节课，教师应根据课程标准要求，确定提出问题的合理性。如果课堂上没有时间解决问题，也要布置学生课下再思考，而不是对学生的不当答案不置可否。

学生出错，教师不能及时指出并点拨应算失职。有效利用好学生的错误，可以成为提高课堂教学效率的切入点，应引起足够重视。课堂教学中，正是错误暴露了学生学习的问题。错误是宝贵的财富，教师不仅要宽容学生的错误，更要及时捕捉这些课堂教学的生成点，运用教育智慧与教学机智，把错误作为一种促进学生情感发展、思维发展的课程资源，引导学生自我分析、体验，在争论中辨析，在讨论中内化知识。

学生的错误往往是转瞬即逝的，教师对学生学习过程中出现的错误能准确、迅速、敏捷地作出判断，恰到好处地处理，并非易事。冰冻三尺，非一日之寒，这与教师的能力、素质有关。

如何把学生错误变成精彩生成触发点？

首先，教师要深入学习课程标准。课程标准是授课教师必须严格执行的基本法则，保证了课堂教学的准确与效度。

其次，教师要钻研透教材，把握好教材，吃透教材精神，准确掌握一节课的重点、难点、疑点，这样才能有的放矢地观察学生的课堂表现。教师要对教材中的疑难问题一一搞清楚，不带一丝疑点进课堂，才不至于打被动仗。

再者，教师要掌握好学情。学生的需要决定了教学的价值取向，教师要通过调查、谈话、座谈、批改作业等方式主动了解学生需要，掌握学生已有知识基础与教学要求之间的关系。教师上课时注意力要高度集中，密切关注学生，及时发现学生的错误，学生出错的地方就是教师应该重点精讲的地方。教师平时要留心积累学生的易错知识点，做好统计，分析学生出错率高的题目，以便事先预测学生在学习过程中可能会出现的问题，且在备课时对学习难点如何引导、如何以学定教作好充分准备。

教师纠错应讲究技巧。教师对学生出的错不要马上指出，不要给学生现成的答案，这会造成学生的懒惰与盲从，而要因势利导，引导学生自悟，从正反两个方面对错误进行剖析，灵活引导学生自我纠错。错误信息能生成新的学习目标，为师生展开新认识提供新方向。教师要善于在学生的错误中捕捉新的、有价值的教学资源进行拓展，让学生在纠正错误的过程中自主发现问题、解决问题，深化对知识的理解和掌握，使更高的教学任务在课堂教学中不知不觉完成。

教师不要逢错必纠，反复的批评指正会导致学生产生恐惧心理，挫伤学生的自尊心与自信心，出现交流时瞻前顾后、战战兢兢或逃避交流现象。教师不要轻易打断学生的言语。不要带有不满情绪，而是适时、适度用眼神和简短的语言对学生加以鼓励，给予正面评价。如下是两个很好地利用学生错误的精彩案例：

江苏省吴江市盛泽第二中心小学的沈凤美老师，在教有余数的小数除法时，计算 $38.2 \div 2.7$，并要求学生进行验算。大部分学生的结果是错误的，有的同学得出的商是 1.4，有的同学得出的余数是 4。针对这一较为典型的错误，沈老师把它作为一个判断题让学生自主探究，先判断答案是否正确，接着追问是怎样发现错误的。学生在富有启发性的问题诱导下，积极主动地进行探索，很快找到了三种判断错误的方法：

（1）余数 4 与除数 2.7 比，余数比除数大，说明是错误的。

（2）验算 $1.4 \times 2.7 + 0.4 \neq 38.2$，说明商是错误的。

（3）验算 $14 \times 2.7 + 4 \neq 38.2$，说明余数是错误的。

紧接着，沈老师再带着学生分析，找出正确的商和余数。由于计算时，被除数和除数同时扩大了 10 倍，商里的小数点不能忘记，余数是被除数扩大 10 倍计算后余下的，所以余数也扩大了 10 倍，应把 4 缩小至 1/10，得 0.4。

沈老师利用学生出现的错误，给学生创设自主探究问题情景，让他们在纠正错误的过程中，自主发现问题、解决问题。

杭州市萧山党山中学的邬昌玲老师上《狐狸与乌鸦》，在研读了文章后，请同学们交流一下自己的想法，几十只小手举了起来。

生 1：狐狸那么狡猾，骗了乌鸦，我们可不能像狐狸那样去骗人。

生 2：乌鸦喜欢听好话，结果上了狐狸的当。我们不能光听好话、奉承话，而要想一想，这个人为什么要说这些好话。

生 3：我觉得这只狐狸很聪明，很会动脑筋，我们要向它学习。我叔叔就是因为很聪明，很会动脑筋，成了百万富翁。

教师听了生3的回答，及时调整教学环节，给学生讲了《动脑筋致富》和《骗子没有好下场》两个故事，使学生明了什么是真正的聪明，应该把聪明用在什么地方。

学生的感受与理解看似有一定独特性，但背离了文本的基本价值取向。其中的原因既有价值观的冲突，又有学生对"狡猾"与"聪明"二词的内涵把握不准。教师没有轻易加以否定，而是通过两个故事让学生不知不觉发现自己认识的谬误，一笑之间领悟并接受文本的价值取向，准确感悟作品。

另外，如下教学案例对教师具有警示作用。

一位教师执教《草船借箭》，叫一位学生起来读课文，学生把"曹操一定不敢派兵出来"读成了"曹操不一定敢派兵出来"，很多学生马上指出这个学生读错了，这位读错书的学生嘟囔了一句："是老师要我这么读的"。接下来，教师开始就"不一定敢"与"一定不敢"展开了教学。课后，听课者了解到读错课文的学生是教师在课前安排好的。这会对学生造成什么样的影响呢？其实，教师可以改变教学预设：先进行变句训练，只变化词语的顺序，构成与原句意思不同的句子，再抓住"一定不敢"与"不一定敢"进行比较。为了课堂生成的需要，教师人为导演"错误"是不道德的。任何时候，有道德的教都应该置于首位。

四、名家授课中的精彩生成

借鉴名家课堂，特别是有目的、有计划地借鉴名家课堂教学方法是一种有效提升课堂教学质量的途径。

以下是余映潮老师在《故乡》一课中的教学片段。[①]

师：读小说就要认识里面的人物，因此读小说的第三步是评说人物，就是怎么样认识闰土这个人。（板书：评说人物）你们现在说一说闰土的外貌形象、习惯、衣着、年龄等。如闰土是一个戴着破毡帽的人，闰土是一个穿着

---

① 余映潮.听余映潮老师讲课［M］.上海：华东师范大学出版社，2006：56-57.

极薄棉衣的人，这样就行了。首先，从他的外貌、神态、习惯等内容说起。

生：闰土是一个在海边种地的人。

师：一句，还有没有？

生：和以前比起来，他的身材加了一倍。

师：一个中年人。

生：闰土是一个拿着烟管的人。

生：闰土是一个将长烟管靠在桌旁的人。

生：闰土是一个双手开裂而且又粗又笨的人。

生：他是一个脸上刻着许多皱纹的人。

……

师：然后从他的变化、经历、命运来说一说他是一个怎样的人。

生：他是一个被生活折磨得衰老贫穷的穷苦农民。

生：他是一个正在受苦受难的人。

师：他是一个苦海无边的人。从变化来说呢？

生：他是一个将生活的希望寄托在神像上的人。

生：他是一个沉默寡言、迟钝麻木的受压迫的农民。

……

有一位老师，也用了这样的句式来设计问题。在执教《星星变奏曲》一课时，课堂上的一个教学环节是"自己读诗的初步感觉"：

师：刚才大家听读和跟读了这首诗，现在请同学们带着自己读诗的初步感觉，说说这是一首_____的诗。

生（男）：这是一首立志的诗。

生（女）：这是一首抒情咏物的诗。

生（女）：这是一首说星星的诗。

生（男）：这是一首追求幸福的诗。

师：我同意最后一位同学的意见。那么，你们知道诗人追求的是一种怎样的幸福，这种幸福与我们坐在教室里所体会的幸福有什么不同？

（学生满脸茫然，摇头。）

从表面看，两位教师用同样一个句式引出问题，教法好像是一样的，其实，却有很大的不同。

先从教学理念来说。很多教师对教育理论报告不感兴趣，认为那是空洞的，没有多少用处。有的老师认为，理论自己已经知道了，就需要知道具体怎么做，故而只喜欢听示范课之类，对理论学习有排斥感——这其实是极其有害的倾向。一个教育理论修养不高的教师，他的课堂教学再好，也好不到哪里去。一个教育理论修养高的教师，他的课堂教学再差也差不到哪里去。华东师范大学语文教育研究中心教授王意如认为，有的教师"把理论只看作是字面上的那几句话，而忽视了它的内涵，以为只要听说过或者能讲出那几句话就是对理论的把握。他们对示范课的期待视野不是把它看作某种教育理念支持下的教学实例，而是用来画瓢的葫芦。在这样的情形之下，就不能特别强调理论的重要"[①]。

在教研员岗位上有着多年积累的余映潮老师，无疑具有较高的教学素养。从他的教学可以看出，他的眼里始终有学生，注重调动学生的积极性，适时地发挥学生的主体作用。他所设计的问题基于学情的需要，学生回答得自如得体。

后一位老师的教学目的或许是想通过发散性问题，激发学生的思维。"说说这是一首_____的诗"，而"诗无达诂"，且"初步的感觉"应该是多种多样的，仅凭已有信息填写，学生很难谈出真正的"初步的感觉"，只能说套话。老师表示"同意最后一位同学的意见"让人感到莫名其妙，为什么最后一位同学说的就最准确呢？教师把学生"初步的感觉"都规范成了"追求幸福"，轻易地否定了大多数学生的意见，而以自己的意见作为标准答案，有意无意地显现了教师权威。教师只是顺着自己的教学预设进行下去，而不管不顾是否科学、是否切合学生实际。如果教师的头脑中有尊重学生、

[①] 王意如.在讲台上思考语文：语文骨干教师高层次研修课程设置研究[M].上海：华东师范大学出版社，2009：17.

注重发挥学生主体作用的教育理念，就不会如此武断地只认可一种答案。不教则罢，这样的教只会让学生越来越糊涂了。

再从学习目标来看。布鲁姆指出：有效的学习始于准确地知道要达到的目标是什么。因此，我们提倡教师根据学科核心素养、课程标准、教材特点和学生实际制定学习目标。教师要始终做到心中有目标，围绕目标精心设计学习内容、学习手段等，只有这样，才能准确把握哪里该讲、怎样讲，哪里该练、怎样练。教师要学会站在课程的角度看课堂——并不是一节节独立的课，而是一个整体，要看到一节课在一个单元以及整册教材中的地位与意义，以便对每篇课文的教材侧重点有全局把握。余老师意在通过《故乡》的学读，引领学生学习小说阅读的三步法：了解内容，进行总分式概括；妙点揣摩，进行多角度评析；评说人物，进行分层次表述。上述教学片段，呈现的正是第三板块"评说人物，进行分层次表述"的部分内容。

教师对学生的成长所承担的道义上的责任，决定了在教学过程中，教师不可能是一个放任自流的旁观者或毫无价值倾向的中立者，而是要发挥引领作用。教师要凭着自己的思想深度、文化水准、审美水平、人生经验，对学生的阅读进行示范与引领。余老师采用了"选点突破"式，所选取的教学内容是描写、表现中年闰土的那一部分。分析闰土这个形象，余老师提了两次要求，从不同的角度来说闰土，对于学生多元的答案，余老师都给予了鼓励和肯定。余老师的课堂上，学生切实地学到了阅读小说的方法，分析人物的基本途径，从而达到了目标所要求的教学效果。

后一位教师所提出的问题——"诗人追求的是一种怎样的幸福，这种幸福与我们坐在教室里所体会的幸福有什么不同"，令学生茫然不知如何作答。按说《星星变奏曲》的教学，是要让学生认识朦胧诗，了解其意象所寄寓的意义，认识其意义的价值，并通过其价值取向来认识人生。虽然在后面的教学中，教师也的确以此为学习目标来进行的，但是仅就这个问题看，感觉有些随意。教师一定要明确学习目标在课堂教学中的地位与作用，漫无边际地生发往往是"脚踏西瓜皮，滑到哪里算哪里"，这样的课堂在现实中仍然存在。

第二节 深入学科内部挖掘生成资源

现代文教学在初中语文教学中占据重要地位。山东省"一师一优课、一课一名师"活动平台上的课也有大量的现代文教学课例,执教老师用劳动和智慧为我们提供了学习研讨的资源。这些课例呈现出很多亮点,如注意语言的涵泳品味,注重朗读教学,在读写结合中提升学生的语文素养,利用多种教学方法调动学生学习的积极性,多媒体技术的合理有效使用等。课堂上呈现的这些亮点都值得广大语文教师借鉴学习。下面主要探讨妨碍学生深度学习的误区及对策。

一、妨碍学生深度学习的误区

1. 课堂教学形式有余,而实际效果不佳

表面上是学生在活动,实际上教师越俎代庖。如有的教师为了提高学生的阅读能力,提出各种各样的问题让学生思考的做法非常普遍,看似以问促学,实际上大多数问题的有效性是值得考量的,既浪费了时间又影响了学生对文本的自我感知能力培养。一次全国范围的大型学情调查显示,78.3%的学生认为教师经常在课堂上花大量时间让自己学习已经懂了的内容,53%的学生认为在课堂上自己的疑难问题很少能或不能得到解决。

孙绍振老师说:"在语文课堂上重复学生一望而知的东西,我从中学时代就十分厌恶。从那时我就立志有朝一日,我当语文老师一定要讲出学生感觉到又说不出来,或者以为是一望而知,其实是一无所知的东西来。"孙老师所言正是不少语文课堂上出现的普遍问题。

以郑振铎先生的作品《猫》为例。不少教师在授课时，让学生去课文中找三只猫的来历、外形、性情、结局、地位，这样的安排尽管不是不可以，但这些内容是学生"一望而知"的，缺乏深度，对学生阅读图式的完善与阅读能力的培养是有限的、不到位的。

2. 课堂预设大于生成，学生的主体性没有有效发挥

有的教师上课时忙着点击鼠标，沿着多媒体课件的思路前行，没有顾及学生的反应与有效生成。教师在多媒体上公布所谓的"完整的标准答案"，课堂缺乏民主性、开放性，忘记了学生才是课堂真正的主人。

在《心声》教学中，执教者提出问题："文章表达了怎样的心声？"学生的讨论并不充分，教师就用多媒体全面地展示出李京京和作者的心声。可以看出，教师对"心声"内涵的解读全面而深刻，非常到位。可惜，处处是教师的精心设计，难见学生的个性化阅读体验。其实"重视发挥学生的主体性"这个观点自课改以来，反复地提，反复地讲，教师并非不知道其重要意义。只不过，在实际的课堂上，总是难以真正落实。这背后的原因是复杂的，比如应试教育机械训练急功近利的影响就是一个不可小觑的因素。

3. 教学内容、活动设计欠科学合理

内容琐碎零散，缺少"主问题"设计。有的教师教学环节设计得过多，如在讲《端午的鸭蛋》时，一位教师拉拉杂杂设计了九个方面的内容，其实合并为引导学生品析文中独特有味的语言和感受作者浓浓的乡情两个方面就可以了——简练明晰，重点突出。

说到教学内容，必须考虑文体的不同特征。《端午的鸭蛋》是一篇优美散文，有的教师着眼于让学生了解端午节的风俗民情，让学生阐述鸭蛋的食用方法，把文章上成了说明文，这就偏颇了。

文体特征的问题值得教师格外关注。如对于小说，教学中就要呈现小说的文体特征。教师上课时最起码要出现"小说"这样的字样，要根据文章内容提及"小说三要素""人物性格特点""照应""伏笔""铺叙""悬念""高潮"等类似词语。

再比如散文教学，很多老师把教学重点放在了主题挖掘上，很希望在文中找一个语句把这个主题表述出来。教师事前有一个自己的解读，课堂上千方百计拉着学生向这个主题上靠，取代了学生的个性化解读。其实，散文教学的重点是作者独特的个性化情思。

以上所谈到的三个方面的问题，都可以归结到教师备课不充分上。充分预设才能精彩生成，教师的备课要考虑如下几方面因素：学科核心素养、课程目标、编者意图、文本特点、学生学情、教师风格。也就是说，教师自己先要作两个方面的研究，一方面研究教材及已有资料，备出教学设计；另一方面调查学生学情，将自己的教学设计调整到学生适合的水平。两者都非常重要，都不能忽略。"为学而教"，必须清楚"学什么""怎么学"的问题，才能做好"教什么"和"怎么教"。

二、引领学生深度学习的现代文教学建议

1. 深入分析学情，精选有用的教学内容

学生是学习的主体。教师要站在学生的立场上审视自己的教学，分析、关注学生的需要。必须深入研读文本，探寻要教给学生的最紧要的内容，这些内容应该是非常有用而学生自学又不能学会的。这样做，是因为学生对文本的理解，与文本本身的内涵之间存在着一定距离和落差。教师的任务就是在学生阅读文本的过程中，帮助他们尽可能地缩短两者之间的距离。阅读就是读者、文本和作者从表层到深层的同化过程，这要求教师对文本的研读必须是个性化的、有创意的。语文教师的看家本领就是能够读出文本的味道，读出深度、广度，这直接影响着教学设计的质量。例如，陈从周先生的文章《说"屏"》，不少教师的讲课思路就是让学生找一找作者介绍了屏的哪些知识，体味作者对屏的感情。这是一种肤浅的设计，学生只需"寻章摘句"地从文章中找些相应的话就可以应付过去了。文本内容不应该作为语文教学的内容，即"关于屏的知识"并不是教学重点内容，文本形式"怎么写的"以及"为什么这样写"，才应该是教学的重点内容。不能停留在传统说明文的常规解读方式上去把握文本关于"屏"的信息，而应根据文本关于"屏"的介绍去认识被介绍对象的根本性。为了提升学生的归纳梳理能力，可以把问题设计成：屏之为屏的根本特点是什么？虽然这个问题与"介绍了屏的哪些

知识"的答案是相似的,却能引发学生深度思考。另外,有学者认为陈从周先生的《说"屏"》是有缺陷的,是违背说明文的准确性的。作者说"屏有室内外之别",其实设置于院子或天井中的"屏",叫照壁,或者叫影壁。设置于寝室之内的"屏",才叫"屏风"。因此,本文的题目应是《说"屏风"》才确切。如果不给学生指出这个问题,那么关于"介绍了屏的哪些知识"的答案就可能是错误的。① 如果教师对文本有了如此深入的解读,就可引导学生区分"屏"与"屏风"的区别,结合原文进行修改,将对学生的阅读与写作都有很大帮助。这就是本文学生自学不会的地方,是教师应该教给学生的内容,当然,这个内容教与不教还要视学生的理解水平而定。

2. 把握文体特征,突显教学的学科特色

体裁,是文章的体制和格式,是一类文章的共性和规律的概括。既不能把文体看得僵化,也不能没有文体意识。即使是相同的文体,每一篇文章都是独特的"这一个",必须涵泳体察,于细微处见功夫。同样是散文,教学设计也会有许多不同。如《背影》作为一篇具有典型意义的散文,其独特之处是"回忆性散文",回忆性散文的文体特征主要表现为:表达作者主观情感、自我个性鲜明、两重叙述视角、追求自我同一性。② 作品中有两个"我"出现,一个是当时的"我",一个是写文章时的"我"。既然散文抒发的是作者的情感,那么,文中的两个"我"对父亲的感情是一种跨越时空的不同情感。当时的我"总觉得他说话不大漂亮,非自己插嘴不可"。写文章时,"我"认为"我那时真是聪明过分","唉,我现在想想,那时真是太聪明了!"俨然对父亲的爱有所领悟,对自己的"自作聪明"充满悔恨。忽视这种体式的特点,就容易把这篇散文和其他类型的散文相混淆。

还有一类文章,文体特征较复杂,需要我们格外留心。有的教师把《说"屏"》上成是典型的说明文,从说明顺序、说明方法、说明事物的特征这些方向去品读文章。其实,这篇文章与普通的说明文是有区别的,文中有往事的穿插、诗文的化用,使用了"纳凉""销魂""点缀"等大量雅词,有着

---

① 徐江.《说"屏"》解读[J].语文教学通讯(B刊),2011(6):31-33.
② 王荣生.散文教学教什么[M].上海:华东师范大学出版社,2014:121.

浓郁的抒情笔调，是充满了主体情感的散文式的小品文，而不是一般意义上的说明文。文章的情感色彩与浓郁的文化味儿是执教者不得不考虑的元素。在教学中如能重在感受文章的抒情笔调和文化内蕴，即引导学生体验充盈于文中的浓浓的诗境，那才是把握了本文的特殊性。《说"屏"》作者的写作意图并不是单纯为了介绍屏风的有关知识，而是想通过对"屏"的审美价值的描述，引起建筑师、家具师们的关注，"有超越前人的创作"。因此，不能忽视作者情感因素在文中的渗透以及作者为了揭示屏的审美价值而营造出的优雅的充满文化内涵的氛围。"先人善于在功能与美感上做文章"，这正是本文的艺术个性所在。山东省潍坊安丘市兴华学校的王玉霞老师执教《说"屏"》一课时，设置了这样的问题："作者对'屏'的感情是怎样的？"这个设计无疑体现了文体特征的复杂性。

3. 根据学生需要，设计有效的教学活动

课堂中经常使用民主互动的对话活动。济南博文中学的李松龄老师在执教《端午的鸭蛋》一课时，巧妙地把课文的讲解、分析与朗读结合起来。在朗读中使学生感悟，以讲解深化朗读，以朗读促进理解。如教师把"筷子头一扎下去，吱——红油就冒出来了"这句话改为"筷子头一下去，油就冒出来了"，引领学生对照原文感悟。如下是教学实录：

生：这句话有一个拟声词"吱"，有一个动词"扎"，还有一个表示颜色的词"红"。

师：找得很准。课文中的话比老师出示的句子多了三个字和一个标点符号，哪个句子好？为什么？

生：用了一个动词"扎"可以表现筷子扎鸭蛋很快的速度。"吱"是拟声词，可以生动形象地表现出红油冒出来的样子。"红"是表示颜色的词，更有食欲。

师：分析得好不好？（众生：好！）让她给大家模仿一下"扎"这个动作怎么样？

（生模仿，众生会心笑。）

师：（边模仿"扎"的动作边说）拿着小小的鸭蛋，用筷子一下就扎进去了,这个很快速的动作,说明高邮人经常吃鸭蛋,很熟练,而且扎得很稳、准、狠,能看出高邮人个个都是"咸蛋超人"(众生笑)。如果没有这个"吱"会怎样?

生:没有这个"吱"会很平淡,有了这个"吱",就生动形象了,变得很有趣。

师:有了"吱",我们的脑海中浮现出红油冒出的形象。"吱"后面有一个破折号,应该怎样读?

生:拉长读。

师:拉长读让人更加浮想联翩。如果我们用一个四字成语来描述读这句话的感受,你想用什么词?

生:垂涎三尺,垂涎欲滴。

师:如果有了这种感受,这句话该怎么读呢?哪位同学愿意读一读?

(两同学尝试读,老师评点后,让全班同学尝试读出味道。接着,男生读、女生读,老师点评引导,全班再品读。)

师:这句话充分体现了汪曾祺语言"平淡有味"的特点。

对话教学所体现的是一种和谐的师生关系。另外,语言鉴赏活动表现出语文课涵泳体察的特点,会营造出浓浓的"语文味"。品味语言有多重方法,如朗读、抓关键词、分析标点符号与"陌生化"语言现象等。还有一种方法叫"换调增删"。所谓"换",即用别的表达替换原有词句;"调",即调换次序;"增",即增加内容;"删",即删减原有的表达内容。改动之后与原文比较,以帮助更好地品词析句。

《端午的鸭蛋》中,作者用"平淡有味"的语言,表达了浓浓的乡情,体现出美学价值。文本中有这样的句子:"端午一早,鸭蛋煮熟了,由孩子自己去挑一个,鸭蛋有什么可挑的呢?有!"删改后变为:"端午早晨,鸭蛋煮熟了,由孩子自己挑,蛋是可以挑选的。"对比品味可以发现:这里的"一早",将生活中的场景平空托出;"挑一个"写出了小孩子对鸭蛋的渴望,也写出了小孩子挑鸭蛋时可爱、稚气的神态;"鸭蛋有什么可挑的呢?有!"是对话式的语言,让人感受到作者娓娓道来的喜悦与自豪。还有一个写作视角的问题。"鸭蛋有什么可挑的呢?"是从成人的视角写的,后面则是从孩子的视角写的。作者写着写着仿佛回到了童年时代,这种"视角矛盾"表现了作者对童年生活的深深怀念。

4.创设问题情境,激发学生的阅读期待

接受美学理论认为阅读前读者的大脑并非成"白板"状态,而是有一个"预成图示",即阅读文学作品前先行具备的一种知识框架和理论结构,也即既定的先在视野。学生的阅读期待是需要教师去唤醒与激发的。教师要想方设法或用鼓励的言语,或创设特定的情境,或提出具有挑战性的问题激发学生学习的动力。[①]这样做的目的主要是调动学生积极主动读书的渴望和热情,激活学生思维,让学生获得真实的情感体验与真切的品味乐趣。不过,若问题繁杂则难以调动学生的阅读积极性,课堂沉闷。要设计一个"牵一发而动全身",又能激发学生浓厚兴趣的"主问题"。艺术地设计"主问题"的前提是认真阅读教材,寻找问题的突破口或切入点。

山东省淄博市淄博区第三中学张素丽老师在《爸爸的花儿落了》一课中,巧妙设计让学生聚焦最能体现父爱的"爸爸打英子"这个场景,引导学生理解父亲对"我"严中有爱这一特点,并以此为发散点,全文梳理父亲的话语和影响我成长的相关事件,引导学生体验父亲对"我"全方位的爱。这堂课,教师正是抓住"英子是如何长大了"这样一个"主问题"选点突破,引领学生整体阅读、多角度解读父爱的伟大,使学生在探究中充满兴趣。

"主问题"的魅力除了表现在课堂的整体阅读、多角度理解、选点突破、优化活动、精细思考、合作探究、交流充分、积累丰富等方面,还有更令人感兴趣的地方。

余映潮老师在《孔乙己》的阅读教学中设计的"主问题"是:

(1)试从"手"的描写入手,欣赏对孔乙己命运和性格的描写。

(2)试从"对比"的角度体味课文的表现手法。

(3)试以"实写与虚写"为话题分析《孔乙己》的表达艺术。

---

① 张心科.从接受美学谈中学生文学鉴赏能力的培养[J].中小学教师培训,2002(8):38-40.

（4）试从语言表达的角度体味作者的情感。①

这样的主问题设计，其实都是学生活动的设计，都是学生阅读能力的训练设计，都是教师与学生的课堂对话活动设计，阅读教学中一般常用的、惯用的提问手段在这里悄然淡化了身影。"主问题"是立意高远而又切实的课堂教学问题，在教学中具有"一问能抵许多问"的艺术效果，表现出"妙在这一问"的新颖创意。所以，"主问题"的设计是对阅读教学中提问设计的一种创新。相对于课堂教学中成串的"连问"、简单易答的"碎问"以及对学生随意的"追问"而言，"主问题"的设计更为重要的意义在于：它既能让学生更多地直接接触语文材料，在大量的语文实践中掌握运用语文的规律，又能让学生在学习的过程中养成独立阅读的能力，注重情感体验，有较丰富的积累，形成良好的语感。

5. 听说读写结合，培养学生的综合素养

语文教学不能忘记语用能力培养，语文教育语用观的根本指向是"语言文字运用"。语文课程的本质在于培养和提高学生理解和运用祖国语言文字的能力。只有通过对学生言语实践能力的培养，才能真正实现母语课程对学习者语文素养和人文精神的熏陶与培养。②

教师要在课堂教学中设计学生语用能力培养的内容。山东省青岛平度实验中学的赵倩倩老师在执教《猫》一课时，采取学生默读体会、小组讨论、展示回答的方式与学生共同研讨："你最喜欢文中哪一处描写猫的语句？有感情地读一读，体会这样表达的妙处（提示：可以从修辞、用词、感情等方向来赏析）。"教师如此设计，使学生踊跃举手发言，纷纷有感情地朗读自己喜爱的语句，并进行体味分析。更进一步，教师提问：品悟作者描写猫的句子，他采用的哪些方法，我们在写作时可以运用？师生共同总结出：融入感情，运用恰当的修辞手法，用词准确，抓住特征等。教师不失时机地安排了口头写作练习：假如你是文中的"我"，你想对第三只猫说什么？假如你是文中的第三只猫，你想对"我"说什么？使学生的"说"有了基础与保障，

---

① 余映潮. 余映潮的中学语文教学主张［M］. 北京：中国轻工业出版社，2012：153.
② 曹明海. 树立语文教育语用观［J］. 语文建设，2014：7-12.

取得了不错的教学效果。

语文教学不仅要提高学生的学科素养,还要提升学生的精神境界与人文素养,因此,教学设计中一定要做到"言意兼得"。现在的教材多以单元组合,基本上是清一色的按人文主题(或话题)组元。这种组元方式有其积极的一面,比如,教师很容易把学生直接引向人文主题与人文精神,使阅读教学直奔主题,却会忽视学生的言语实践。这就使我们不得不关注当前一个倾向性的问题:阅读教学往往"得意而忘言"。另一个倾向性的问题则是"得言而忘意"。有的老师在教学中滔滔不绝地讲解表达方法,或让学生根据课文内容总结几条写作方法等,一味灌输,使学生缺少真情实感。"轻言重意"与"轻意重言"都是片面的。

"言意兼得"应是语文教师在实施阅读教学时的目标追求。何谓"言意兼得"呢?"言"者,既是文本中的外在言语形式,是文本的结构,关涉构词、造句、成段、谋篇的框架模式,也是文本中的内在言语素材,词、句、段、篇中值得学习借鉴的语言材料。

"得言",就是在阅读教学中,引导学生关注语言本身的魅力,体味语言的精妙,积累言语素材,学会语言表达。这是语文的本体性教学内容,是语文课程区别于其他课程的本质特征。这里所说的"意",主要是指文本语言——文本中的字、词、句、段中所表现出来的内涵、思想、情感等。"得意",就是引导学生披文入情,体验悟道,使学生经过阅读之后汲取文字的力量,受到人文内涵影响。这强调了母语教育所承载的文化精神内涵与意蕴,关乎语文课堂的文化境界。这是语文教学中的非本体性教学内容,是各门课程承担的共性任务。

以《背影》为例,作品中作者对父亲爱的拒绝是公开的,而为父亲感动流泪却是秘密的。亲子之间这种错位,在今天的时代中依然存在着,超越了历史,表现了人类社会中重复着的普遍的人性。所以,这篇文章所写的父爱绝不是一种"深情对视",而是只能看到父亲的"背影"。由于种种复杂原因,儿子不可能与父亲对视,即使感动得落泪,也只是偷偷抹去。从文章的叙事视角可以看出,父亲的每一个行为里面都折射着儿子的眼光。儿子的目光是专注的,然而这个"专注",儿子是不想让自己的父亲看到的。这种父子之爱，是一种抽象的概念，却细致入微地体现在日常平凡生活中。不管怎样，文本的本质意义是一种亲情教育，也是一种爱的教育。

不少老师在执教《背影》时，设计了让学生"说一说自己的父亲或母亲对自己的爱"这样的教学环节，学生于《背影》中学习从生活细节中体会父母之爱，或许是一声轻轻的嘱托，或许是一杯浓浓的牛奶，或许是下雨天悄悄递上的一把雨伞……这样的处理方式是值得肯定的。这就是语文教学中不仅有智育，更有德育。通过这篇课文的学习，让那些正处在叛逆期的孩子们学会正确对待父母的唠叨，认识到那其实都是应该倍加珍视的"爱"。语文教学中"言""意"是相融共生的胶着关系，缺一不可。

"言意兼得"是语文学习的重要途径、本质特征和客观要求。感性体验与理性分析是相辅相成的，不仅要关注"言""意"的获得，更要关注学生在获得过程中的提升：让学生既能走进文本，感受到文本本身的意义，又能从文本走向生活，从文本中看到自己，为自己的人生带来启迪与力量，提升学生的人格、精神境界与综合素养。这是阅读教学应追求的效果。

之所以突出强调"为学而教"，目的是提醒我们的教师在备课与教学过程中，要多从学生的视角来思考问题，切实为学生提供学习、展示的平台，让课堂成为学堂，让学生真正成为学习的主人，构建充满生机与活力的语文学习天地，促进学生的学习与发展，使教学围绕着培养学生的学科素养、生命素养和提升学生的综合能力而展开。

第三节　结合学习内容特点达成精彩生成

以语文古诗文教学为例，谈谈如何结合学习内容特点达成精彩生成。

古诗文是我国瑰丽文化遗产中的宝贵财富，蕴含着许多美的元素，理应成为学生涵养性情、陶冶情操的审美教育范本。然而，我所听到的语文课，很多教师的学习目标是学生能够翻译全文，把解词释义作为重难点。教师喋喋不休地告知学生字词句如何翻译，写作特点是什么，表达了作者怎样的思想情感，串讲串译，枯燥死板，急功近利，把古诗文教学变得干瘪而毫无诗意，消磨掉了学生的热情。教师没有真正让学生领略到祖国传统文化的魅力，没有带领学生进入审美境界，将古诗文教学置于尴尬境地。

高中语文核心素养研制组所研发的语文核心素养（讨论稿）主要有四个方面：语言建构与运用、思维发展与提升、审美鉴赏与创造、文化传承与理解。语文是一个具有审美特质的学科，尤其是古诗文，其思想内容、结构安排、表现手法、语言表达，都为审美教育提供了丰富素材。"审美教育同语文教育一样，是语文教学本身所决定的不可推托的分内任务。"[1] 语文审美教育"主要是引导学生了解和欣赏蕴涵在课文中的美学元索，这不仅有助于学生对课文的理解和掌握，最重要的是提高学生的审美能力，培养审美情趣"[2]。古诗文教学中落实美育是文本的审美属性和语文教学的内在需求决定的，教师应充分挖掘古诗文中的审美因素，激发学生的审美兴趣，带领学生进入审美佳境。下面从三个方面试述实践中的做法。

---

[1] 曹明海.语文教育学［M］.青岛：青岛海洋大学出版社，2002：124.
[2] 李杏保，陈钟梁.纵论语文教育观［M］.北京：社会科学文献出版社，2001：222.

一、品味语言含蓄隽永之美

古诗文教学首先是语言层教学,新课标指出,应培育学生"热爱祖国语言文字的情感"。古诗文教学先要扫清文字障碍,通过赏析,让学生感受到文字的魅力之美,产生心灵的共鸣。

1. 熟读成诵,涵泳体味

"人禀七情,应物斯感"[①],语言文字是作者表情达意的媒介,蕴藏在其中的情感、内涵等往往可意会而难以言传,非得通过朗读体会不可。古代私塾里的读书先生总是把大声朗读美文作为一种人生乐事。而美美地读,对学生来说是理解文本很好的方法,具有神奇效果。《吕氏春秋·音初》中说:"凡音者,产乎人心者也。感于心则荡乎音,音成于外而化乎内。是故闻其声而知其风,察其风而知其志,观其志而知其德。"[②]曾国藩在家信中对他的儿子纪泽说:"如《四书》、《诗》、《书》、《易经》、《左传》、诸经、《昭明文选》,李杜韩之诗、韩欧曾王之文,非高声朗诵则不能得其雄伟之概,非密咏恬吟则不能探其深远之韵。"[③]二者并进,就会使古人之声调拂拂然若与我之喉舌相习,则下笔时必有句调凑赴腕下,自觉琅琅可诵矣。诵读的重要性由此可见一斑。朱熹指出"凡读书,……须要读得字字响亮,不可误一字,不可少一字,不可多一字,不可倒一字,不可牵强暗记。"只要多诵遍数,自然上口,久远不忘。这就是人们所说的"书读百遍,其义自见"的读书方法。可见,朗读有利于提高文章感悟力、有利于培养语感,达到"使其皆若出于吾之口,使其皆若出于吾之心"的效果。这一传统语文教学方法对审美教育的重要性不言而喻。

在古诗文教学中,应该读出韵味,读出旋律,读出文本自身的声音美。教师可加强对重点词句的重点朗读训练,甚至具体到一句话、一个词、一个字。学生能否读出味道、读出什么味道,形象地显示出学生对文本的理解程

---

① 刘勰.文心雕龙[M].长沙:岳麓书社,2004:43.
② 张双棣,等.吕氏春秋[M].北京:中华书局,2010:66.
③ 曾国藩.曾国藩家书[M].上海:华东师范大学出版社,2016:227.

度。学生读完后,教师要顺理成章地进行有效指导。

《烛之武退秦师》一文中烛之武对郑伯说:"臣之壮也,犹不如人;今老矣,无能为也已。"教师点拨学生了解烛之武说这番话的背景,让学生体悟人物当时的心情。学生悟出人物心中有一股怨气,就会在"今老矣"处加重语气,将"无能为也已"加重并拉长,以突出烛之武牢骚之甚。这样读,拉近了学生和烛之武的距离。一位学生感慨地说:"我觉得我的语文老师就是通过朗读让我喜欢上了古文,让我在美丽的文学世界尽享读书的快乐。"

2. 品关键词,鉴赏评析

古诗文中的关键字词,值得反复咀嚼、品味。如常建《题破山寺后禅院》中的"山光悦鸟性,潭影空人心","悦"和"空"是"使……悦"和"使……空"的意思,鸟儿自由欢唱,给山带来了灵动之气,潭水清澈空明,拂去了人们的尘世杂念,灵动精妙,诗意幽远,使人身临其境。再如李清照《醉花阴》中的"莫道不销魂,帘卷西风,人比黄花瘦",其中的"瘦"字形象刻画了一位思念丈夫的女子所特有的哀愁美与孤独美。

3. 鉴赏写作笔法,赏析丽词佳句

《滕王阁序》中,作者用灵活多变的笔法描写了山容水态、亭台楼榭。"潦水尽而寒潭清,烟光凝而暮山紫",写出了山光水色的色彩变幻之美,整幅画面富有动感。寒潭之水因积水退尽而一片清明,一片清凉淡雅。傍晚的山峦因暮霭笼罩而呈紫色,异常浑厚浓重。由此,产生了色彩的浓淡对比之效,突出了秋景独有的特征,被前人誉为"写尽九月之景"。"落霞与孤鹜齐飞,秋水共长天色":彩霞自上而下,孤鹜自下而上,两者一起飞翔,相映成趣,青天碧水,天水相接,动静结合,以动衬静。上句着重于目随景而动,下句着重于心因景而静。好一幅视野高远、色彩明丽的"暮江秋色图"!《阿房宫赋》整齐工巧、骈散错落,读来语气张弛、文气回肠、韵味无穷。《赤壁赋》的语言则整散相间,整齐而不呆板,匀称又富于变化,参差高下、错落有致,语音平仄交替、声调抑扬顿挫,美不胜收。

二、感悟笔法意境幽远之美

从古诗文教学的文章层面讲，我们可以从布局谋篇技法的角度去欣赏作品。

1. 分析结构，学习笔法

在分析《记承天寺夜游》的章法之美时，余映潮老师将其变形为：

记承天寺夜游

苏　轼

元丰六年十月十二日夜，解衣欲睡，月色入户，欣然起行。（起）

念无与为乐者，遂至承天寺寻张怀民。怀民亦未寝，相与步于中庭。（承）

庭下如积水空明，水中藻、荇交横，盖竹柏影也。（转）

何夜无月？何处无竹柏？但少闲人如吾两人者耳。（合）

起，写出了事件的背景；承，写出了寻友的情景；转，写出了美丽的月景；合，写出了非同一般的心境。由"月色入户"到"月下寻友"到"月影清丽"到"月夜偶感"，情思荡漾，一气呵成。余老师认为，全文表现出起、承、转、合的精致结构，表现了中国古诗文创作的第一笔法，章法之美跃然纸上。①

《木兰诗》是中国古典叙事诗的经典文本之一，文中描写的花木兰一千多年来为什么受到了大家的喜爱？不仅因为花木兰是一位英雄，更重要的是她是一位女英雄。根据孙绍振先生用"还原法"所作的分析，在写作中，战争写得极为简练，作者的大量笔墨用在了为父亲担心、准备出征、行军中对父母的思念、凯旋后家庭的欢乐、换衣化妆这些琐事上。作者极尽铺排之能事。这种写法，表面看来似乎刻画儿女之情多，而描绘英雄之气少。作品美在何处呢？诗中所刻画的种种儿女情状，丰富了木兰的英雄性格，使这一形

---

① 余映潮. 余映潮的中学语文教学主张［M］. 北京：中国轻工业出版社，2012：4.

象有血有肉，真实动人。木兰的骁勇机智无须赘述，一句"策勋十二转，赏赐百千强"意思全出。儿女情与英雄气融合得天衣无缝，相得益彰。因此，教师在引导学生分析文本的时候，必须让学生领悟到花木兰的"独特"之美，她不是一般的英雄，而是一位"女英雄"：

"唧唧复唧唧，木兰当户织。不闻机杼声，惟闻女叹息。"

"当窗理云鬓，对镜贴花黄。"

这些只有在花木兰身上才会出现，在别的男英雄身上都是不可能存在的。因此，写花木兰，如果只写她在战斗中如何英勇顽强、勇敢善战，就失去了她作为"这一个"的特色。作品铺排渲染的描写手法，"隐含着一种天真的、稚拙的、朴素的、赞赏的情趣"。花木兰从平民出身又回归到平民，而且还特别自豪于自己女性的身份，更自豪的是她这个身份十二年都没有被自己的同伴发现。孙绍振先生认为："从文本出发，揭示出这个经典文本里'英雄'观念的特殊性，这就是我们的任务。"[①]

2. 调整语序，深挖内涵

通过调整词句语序，对文本进行还原，深入挖掘其内在的意蕴。如"名岂文章著，官应老病休"应调整为"名应文章著，官岂老病休"，这样才能正确理解作者的胸臆。苏轼词《念奴娇·赤壁怀古》"故国神游，多情应笑我，早生华发"应调整为"神游故国，应笑我多情，华发早生"。王维《山居秋暝》"竹喧归浣女，莲动下渔舟"应调整为"竹喧浣女归，莲动渔舟下"。调整语序，整首诗歌就很好理解了，却少了原先的意蕴，在深层次解读诗歌情感的时候，教师要引导学生重点赏析表达方式与情感态度的关系，这里是实施审美教育的佳处。

三、体验情感意蕴文化之美

从古诗文教学的文化层看，要对学生进行人文教育，培养人文素养，传承优秀文化。

[①] 孙绍振. 月迷津渡——古典诗词个案微观分析[M]. 上海：上海教育出版社，2013：47.

1. 沉浸馥郁，含英咀华

要让学生练就审美的眼睛，就得让学生具有通过含蓄隽永的诗句探讨诗歌主题的能力，可从知人论世着手。知人论世是中国传统文学批评的重要方法，源自《孟子·万章下》"诵其诗，读其书，不知其人，可乎？是以论其世也，是尚友也"的说法，意思是只有了解作家本人的思想及其所处的时代，才能真正读好他的作品。要了解诗书，就要了解作者，了解他所处的时代。许多作品必须把它放到作者的生命历程中去理解。作家的生活背景与历程，思想发展的轨迹，都会投射在他的作品中。

《记承天寺夜游》的教学中，要想理解文末作者所写的"何夜无月？何处无竹柏？但少闲人如吾两人者耳"，教师需要引领学生去探寻苏轼被贬黄州的时代背景以及他所遭受的"乌台诗案"，还要去了解苏轼旷达乐观的人生态度，才能领悟到其中"闲人"二字所蕴含的审美观照。

审美教育是一种动之以情的美感熏陶式教学，在美的享受中激起学生求知的欲望。"情感在想象中如同炼钢炉中的燃料和炉火，没有它，就不会有高温，因而也就炼不出优质的合金。"[①] 情感的参与是美育教育的重要方面，唤起学生美好的情感，让学生带着情感去体验美。张岱的短文《湖心亭看雪》叙述他独特的生命体验：大雪三日，独自到西湖湖心亭看雪，"天与云与山与水，上下一白。湖上影子，惟长堤一痕，湖心亭一点，与余舟一芥、舟中人两三粒而已"。透过景物描写作者抒发的是一种什么样的情感？乾坤同白，亭中的自己只是一点，置于莽莽宇宙、皑皑雪国中，作者的心灵在超越中拥有了世界，虽是一心，却与造化同流。教师要引领学生深入地体验中国美学所体现的生命安顿之学。"中国美学追求的是身心的安顿，它并不在意一般的审美快感，而力图超越一般意义的悲乐感，所谓'纵浪大化中，不喜亦不惧'，在超越的境界中，获得深层的生命安慰。"[②]

2. 对比赏析，联想补白

每个人都对美有自己独到的理解，这就是审美的个体性。应培养学生的

[①] 滕守尧.审美心理描述［M］.北京：中国社会科学出版社，1985：374.
[②] 朱良志.中国美学十五讲［M］.北京：北京大学出版社，2010：2-3.

审美想象能力，鼓励学生审美创造，让学生发表具有独创性的见解。

有教师上《林黛玉进贾府》，在讲解"两弯似蹙非蹙罥烟眉，一双似喜非喜含情目"时，又引来另一版本"两弯似蹙非蹙罥烟眉，一双似泣非泣含露目"的描写，让学生仔细品读上下文，结合自己对文本及人物的了解，看看哪种描写更好。学生们非常踊跃，有的支持"含情目"，也有的认为"含露目"好。其中一个学生的理解很精彩，他说：从语言上看，这是一个对仗句，"罥烟眉"是仄平平，"含露目"是平仄仄，正好相对，很工整；从上下文看，《红楼梦》一开始讲故事起于"木石前盟"，黛玉前世是绛珠草，宝玉是神瑛侍者，每日用甘露灌溉绛珠草；后来神瑛侍者因凡心偶动下凡历劫，绛珠草愿随他来到人间，并发誓用一世泪水还他深情。泪水偿还当然要"泣"，甘露灌溉又似露珠般晶莹，所以"似泣非泣含露目"更好。教师充分肯定了这位同学的解读，并顺势讲了"木石前盟"的故事，同学们也因此对宝黛形象有了更多的了解。①

审美情感的捕捉需要抓住细节和意象，真正到达自由和创造的境界，也才能在真正意义上实现审美教育。一位老师在教学刘禹锡的《酬乐天扬州初逢席上见赠》时，先是这样说的：宦海沉浮，一个有理想有抱复的人因为政治风波被贬到荒凉的边远地，二十三年后，终于得救回京，又逢好友，心情会怎样？一定会悲喜交加，感慨万千吧！怨命运不公还是重新投入新生活？然后，教师让学生说说刘禹锡究竟对白居易说了哪些临别赠言，写写这首诗给学生带来的触动。学生奋笔疾书，既进行类似黄云惨淡、风吹雪飞、鸿雁南归的景物描写，同时又展现诗人经历了生活沧桑却依然坚强面对生活的乐观心态。这些创作充分调动了学生的审美能动性，提高了学生欣赏诗词的兴趣，使学生能更深入地理解诗词的深层内涵，同时也体会到学习的乐趣和在创作中找到成就感。

美，是沉睡在每一个人心中的梦，在合适的时机进行呼唤，它就会让我们的心扉感到震颤。古诗文的美育，更多的是一种无形的感悟和浸染。鲁

---

① 王本华.作家眼中的文学作品教学——兼谈中学语文的文学作品解读[J].课程·教材·教法，2013（3）：59.

迅说:"享乐着美的时候,虽然几乎并不想到功用,但可由科学底分析而被发现……美底愉乐的根柢里,倘不伏着功用,那事物也就不见得美了。"[1]这话辩证地分析了审美活动的价值,美的事物对人类总是有用的。审美教育的"真正意义,在于给人的心灵以本质的定性,也就是要有一颗丰富而充实的心灵"。[2]审美教育的目的在于造就健全的人格,使年轻的心灵在美的氛围中得到熏陶。德国哲学家雅斯贝尔斯说过,人"作为精神性的存在,他同样紧紧地被束缚在他的生活现实之中,但他以思想的翱翔超越了生活。他摆脱了现实的束缚,通过心灵的想象力和创造力找到了回归存在的道路"[3]。这就是语文审美的魅力,也是思想的魅力与创造的魅力!

着眼于培养学生的学科素养,课堂教学是一条永远没有尽头的艺术追求之路,课堂的精彩是老师们孜孜以求的胜境,要达到这一境界,需要我们倾注一生精力进行预设,在学科内部深入学习、研究,从课堂教学细节入手去邂逅那些美丽的生成。

---

[1] 鲁迅.鲁迅全集(第17卷)[M].北京:人民文学出版社,1973:19.
[2] 蒋冰海.美育学导论[M].上海:上海人民出版社,1990:44.
[3] [德]雅斯贝尔斯.存在与超越[M].余灵灵,徐信华,译.上海:上海三联书店,1988:170.

第八章

如何巧用反馈评价提升课堂质量

导 读

课堂是师生活动的主要地所，课堂评价是提升课堂教学质量的有效手段。课堂评价能够反映出教师的语言艺术、引导艺术、激励艺术等各种教学艺术，是教师教学机智的集中体现。那么，如何巧用这门艺术提升课堂教学质量，促进学生更好地成长呢？

第一节 对学生的课堂评价艺术

学生在课堂上进行展示是课堂评价的重要方法手段。翻转课堂的要义是增加了学生在课堂上的展示机会。展示具有激励功能，教师的评价语重在鼓励与赞扬，这使学生从"要我学"有效地转向了"我要学"，学习动机不再成为问题。然而，进一步追问：学习动机强是否意味着学生一定会取得好的学习效果呢？为什么我们在有的学校看到学习动机很强的学生，而学习成效却并不令人满意呢？有专家质疑：学生忙于自我展示而忽视了深入思考。

学生仅有学习动机是远远不够的。美国心理学家耶克斯和多德森研究证实，动机强度与工作效率之间不是线性关系，而是呈"倒 U"形的线性关系。具体体现在：动机处于适宜强度时，工作效率最佳；动机强度过低时，缺乏参与活动的积极性，工作效率不可能提高；动机强度超过顶峰时，工作效率会随强度增加而不断下降，因为过强的动机会使机体处于过度焦虑和紧张的心理状态，干扰记忆、思维等正常活动。上述研究还表明：动机的最佳水平不是固定的，依据任务的不同性质会有所改变。在完成简单的任务中，动机强度高，效率可以达到最佳水平；在完成难度适中的任务中，中等的动机强度效率最高；在完成复杂和困难的任务中，偏低动机强度下的工作效率最佳。如下页图所示。

优秀的课堂评价一定是有效处理了动机水平与学习效果之间的关系的，学生学业成绩及其自身发展评价是课程评价中最核心、最基本的活动。评价领域包括认知领域、态度领域和动作技能领域等。如下几方面是保障课堂评价水平的重要因素。

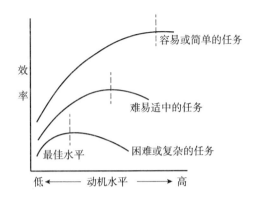

一、评价目标的生本化

当学生学习明确地知晓学习目标是什么时，会更能激发起学习兴趣。以山东省乐陵市实验小学为例，这所学校根据课程标准相关要求研制出学生学习的周目标，明确提出了学生一周内要完成的任务，成为学生人手一册的学习材料。教师依照周目标把学习内容分解到每一堂课。为了进一步保证效果，教师在前置性学习阶段还要给学生提出具体指导意见。如下示例是数学老师孟玲玲根据周目标制定的《比的认识》一课的前置性学习指导单。

一、小调查：生活中的比。

1. 红队和蓝队进行足球比赛，比分为1∶0。

2. 六六班睿智园男生与女生的比是2∶1。

3. 小明3分钟走了330米。路程与时间的比是330∶3。

4. 买2千克苹果共花了9元钱。总价与重量的比是9∶2。

我查阅资料知道了生活里还有这样的比：

通过对比我发现了：

我知道了比的相关内容有：

二、猜一猜、试一试。

3∶5=0.6，给这个比的前项和后项分别加、减、乘、除一个相同的数，观察比值的变化。

我的猜想：

我的验证：

我发现了：

三、做一做：把以下比化成最简单的整数比。

$14:21$ $1.25:4$ $\frac{1}{10}:\frac{3}{8}$

我化简比的依据：

我化简的比是这样的：

四、我还懂得了关于比的这样的知识。

我的发现：

从指导单可以看出，教师把学生要掌握的课堂学习目标用与生活相链接的问题形式呈现出来，提高了学生学习的操作性，有效地指导了学生的学习行为。这为学生的课堂展示打下了牢固基础。

以上所列只是一节课的知识类目标，除此之外，还有很重要的德育目标。课堂上，常听到老师说："某某同学这段时间学习很认真，做事扎实，老师把第一个上台展示的机会给他。""某某同学把展示的机会让给本组的其他同学，我提议大家为他鼓掌。"每个小组都有自己独特的名字：凌云阁、睿智园、同济社、行知社、德新社……每个小组都有响亮的小组口号：脚踏实地，快乐学习；未雨绸缪，有备无患；言不信者，行不果；滴水能把石穿透，万事功到自然成……

授课教师有时在课件上打出：

温馨提示

举止大方，精神饱满

声音洪亮，吐字清晰

分工合理，配合默契

诸如此类，都是对学生情感、态度、价值观的目标要求。当然，这不仅仅是一节课的目标，而是对学生的长期培养目标。

这里，仍需要深究的是，有了"确定清晰的、可操作的目标"是不是就可以高枕无忧了呢？根据20世纪40年代末50年代初到70年代出现在美国的第三代教育评价，评价者不仅要关心课程制定者规定的目标，检验这些目标达到的程度，更应注意对目标的合理性的判断，关心所作的决策和决策的依据。其主要特点把评价作为"价值判断"的依据，也就是对目标本身也要进行价值判断。[①] 课堂目标的准确性与科学性决定了课堂教学质量的高低。

二、评价方法的灵活性

斯蒂金斯将常用的评价方法归为四大类：选择性反应式评价、论述式评价、表现性评价和交流式评价。[②] 选择性反应式评价，即运用检测样题进行评价；论述式评价，即根据学生的论证陈述情况进行评价；表现性评价，即根据小组讨论表现、学生回答问题情况，适当对学生进行点拨；交流式评价，即强调师生、生生对话交流，在交流中对学生进行评价。这几种评价方法通常综合运用。

在乐陵市实验小学，教师把学习任务提前一周时间安排给学生，为了保障学习效果，教师跟进"碎片化指导"，即老师利用早到校、课间、路队时间询问、指导学生的前置性学习。老师还会把一段视频或音频放置到班级公共邮箱中，学生们根据自己的需要随时调用学习。同时，学生之间有学习小组课内外的合作交流，甚至有小组长在节假日对组员的监督抽查。这些学习与帮助行为的有效实施，仍然依赖于有一个明确的"目标"与"达成目标的标准"。由此，学生的学习摆脱了孤军作战状态，在独立思考的基础上，有困难时随时随地都有同伴、老师的帮助，还可以求助亲朋好友。小组成员经过协商交流，各自认领展示任务，每位同学都把自己认领问题的答案工工整

---

① 钟启泉. 现代课程论 [M]. 上海：上海教育出版社，2012：391.
② [美] 斯蒂金斯. 促进学习的学生参与式课堂评价（第四版）[M]. 国家基础教育课程改革"促进教学发展与学生成长的评价研究"项目组，译. 北京：中国轻工业出版社，2005：73.

整写在展示工具"小白板"上。

在乐陵市实验小学，对学生周目标学习情况的评价是学校的特色之一。以语文周目标评价为例，评价内容包括：周目标内的识字、背诵内容两周抽查一次，每学期期末总体考查一次。要求文本类、实践类课型教师上交有关资料。每次作业安排两个小组完成，不能少于16份，轮流上交，上交资料统一要求用A4纸，书写要工整，版面设计美观大方。高年级阅读课展示小组的作文，可用稿纸书写，两周统计一次，上交作业种类依每周课程规划内容确定。年级组收齐统一上交，过期不再补交。识字、背诵每项10分，基础类课型每节5分，文本类、实践类课型上课5分、资料5分。

周目标的评价由督导室工作人员出题进行检测，题目灵活多变，形式活泼，开放性强，如成语填空、古诗词连线，以及询问学生这学期读了哪些书，对哪些人物感兴趣，已经到过哪些地方，在班内认领了哪些任务，自己小组的组长是谁，小组文化是什么……评价方法灵活多样：有口头回答、背诵、朗诵、纸笔测试、表演等。不但测试了教师是否真正落实了课程方案，还测出了学生的学习成效。

两周统计一次测试分数，并在校园内公示张贴。周目标评价更加细致化，具有全面性、持久性、连续性、即时性的特点。虽然是抽查，但最终全体学生都会被抽到，保障了公正、合理性。公示制度让学生、教师随时可以了解自己当前的学习状态，便于及时调整、改进教育教学工作。这个分数不仅是学生学业成绩的组成部分，也计入教师年终考核。

周目标的评价提高了教师对周目标学习的重视性，也就是李升勇校长所要的"让课程标准的要求不流失"。田永惠老师深有感触地说："我做到目标引领及时、有效、恰当、适宜。不把偏、繁、难的问题带到孩子们的周目标学习中去，而是依据孩子们的实际情况实施周目标分层或分项学习。尽量减轻孩子们的学习负担，做到既尊重孩子们的个体差异又能提高孩子们前置性学习的积极性。这样一来，孩子们的学习力提高了、自主达标率提升了，即使不能一次性过关的孩子，他们在家长的参与下也会达到某一层次的目标或完成某一项学习的目标并最终能过关。"周目标作为一种非常实在具体的近期目标，就像闯关游戏，一周的时间，一次性不能过关的孩子，还有补救机会。周目标只是学生学习的底线要求，评价方式具有弹性，为学生的个体差异预留了空间。过关顺利的孩子则还可以拓展学习内容，到课堂上去展示各自的学习成果，获得更多的掌声与赞扬，继而获得更大的学习动力。这就是为什么乐陵市实验小学的学生们自己主动自觉学习了很多"超纲"内容，不但没感到学习负担，反而乐在其中的原因。

不同的评价方法在评价过程中起着不同作用，我们强调质性评价，定性与定量相结合。以往的教育评价过分强调带有实证倾向的"科学方法"，缺乏必要的弹性、灵活性、模糊性。1972年11月，英国剑桥大学丘吉尔学院举行教育评价讨论会。会议认为，传统的评价范式源于教育研究中一直占优势的实验或心理测量传统。这种评价范式适用范围窄，不能解决复杂问题。因此，会议倡导采用新的文化人类学研究范式以取代旧有范式，即评价不是对预期的结果进行测量，而是要对整个方案，包括前提假设、理论推演、实施效果及困难问题作出全面深入的研究。质性评价范式由此推广开来，并开创了一代新的评价理念。①

带有普遍意义的、脱离具体情境的抽象知识是不存在的，因而对教师而言，不能用对或错对知识加以判断，而必须依据它在具体情境中发挥的作用。质性评价就是要对与课堂相关的行为及其原因和意义作出判断。比如，有时学生会学到他们不愿意学或者没让他们学的内容。这可能意味着孩子们在课程内容学习上的失败，若使用量化评价方法，会测不到这方面内容而忽略了一些重要因素。由于人是活生生的生命个体，有些是不能够进行量化的，比如情感、态度、价值观。质性评价成为讨论、决策、行动的资料来源，对促进学校评价工作的开展具有积极作用。

量化评价和质性评价在理论上有分歧，但它们不是两种对立的方法，在课堂评价中均是不可或缺的。量化评价的优点是逻辑性强，标准化和精确化程度较高，能对课程现象的因果关系作出精确分析，结论也更为客观和科学。质性评价与量化评价是从不同侧面，用不同方法对事物进行评价。质性评价为量化评价提供了应用框架，而量化评价又为质性评价的深入创造了条

---

① 钟启泉.现代课程论[M].上海：上海教育出版社，2012：392.

件。两者互为补充、互相支持。定性与定量评价相结合的评价方法有利于获得全面、客观、正确、科学的评价结果。

用结果评价与过程评价相结合的方法去评价学生的知识技能掌握情况。对于数学思维强度大的问题，注重在学生学习和解决实际问题的过程中进行考查。根据学习、生活中学生的行为、情绪表现考查情感、态度、价值观等方面。分项考查学生的字、词、句等，分别根据情况采用适合的评价方法。布置学生上网查资料作业，就相当于在家中进行的开卷考试。周目标安排长作业，相当于考查与教学相结合。另外，还采用观察法、访谈法、纸笔测验法、小作文法、档案袋评价、问卷法等。评价内容不仅有学业成绩，还有情感、信心、心理素质、精神状态等方面。丰富的评价方法与内容，为学生发展打下厚实的基础，也为有专长者提供了发展空间。

三、评价指标的发展性

为了让评价更好地促进学生发展，对不同的评价对象进行差异性评价，同时，重视对团体的评价，淡化对个人的评价。在乐陵实验小学听课时，我注意到有的学生表现很好，却只得了10分，而有的学生表现逊色得多，却得了50分。这是为什么呢？原来每个小组的五名队员，分别命名为金星、木星、水星、火星、土星，回答对了问题分别可以得50分、40分、30分、20分和10分。金星队员是学习最弱的一位同学，也就是实力越强的队员得分越少。分数加给小组，不评价到个人。较容易的题目让给相对薄弱的金星队员去做，增强他们的自信心。难题由组长做，增加任务的挑战性，激发优秀生斗志。这就促使实力强的队员帮助实力弱的，共同进步以获取高分。这样的课堂把展示的机会更多地给了弱生，这样的课堂表面看是不流畅的，实则是有效的。差异性积分评价促使大家主要关注小组总分，淡化了个人竞争，增强了合作意识，避免了优秀学生过于强势，让后进生获得了更多的锻炼机会。同时，学生为了给自己的小组争分，课后会互相监督、相互促进。如星期天在家里，小组长通过电话检查本组学生的作业。长期固定的学习性组织有效帮助了后进生，促进了学生学习的自主性。

评价指标的发展性体现在评价内容的指导意义上。传统的评价制度下，课堂上教师往往进行随机性点评，用考分来评判学生，投票出结果。课堂评价如果能设计一套标准化的规则会使评价反馈更具操作性。如在山东泰安实验学校，我在王宇东老师执教的初中物理课上，看到王老师给了学生一个任务：三个分别装有水、酒精、盐水的瓶子，要求把三者区分开，并进行解释。教师设计了详细的评估规则评价学生对设计方案的解释。

优秀（4分）：完整、清楚、合乎逻辑；

良好（3分）：本质上是对的，但不完整或不完全清楚；

中等（2分）：含糊不清，但是有弥补的余地；

较差（1分）：与方案无关、不对或没有解释。

刘艳美老师在自己的教学案例中设计了这样的内容：每人尝试着设计两个问题交给本小组解决、讨论，每小组筛选两个问题交给全班讨论，比一比谁提的问题最有价值，谁能帮助别人解决更多问题。每人提出一个问题+1分，被小组选中的+2分，为别组解答问题的+3分。这里，教师特别强调规则与评价的有机统一。

四、评价主体的多元性

评价主体是指主导评价活动的人与团体。学生不应该只作为被动的被评价者，更应该是评价过程中的主动参与者。过程性评价的特点重在评价过程的教育意义。评价主体是多元的，首先是学生自己，其次才是教师，还会有其他人。学生可以进行自我评价，给自己的表现打一个分数，也可以让同伴来评价自己。课堂上，四位队员展示完毕后，小组长登台总结。有一次，小组长是一位帅气的男孩，一亮相就与众不同，完全一副镇定自若的大将风范，他简要地表扬了组员展示中的优点，重点谈了问题，并且深入地阐述了问题解决办法。全班同学报以热烈掌声，小组长深深鞠躬，连说"谢谢大家！"我听了几十节课，小组长们几乎个个优秀，原因在于这些孩子在展示的课堂上得到长期锻炼，他们的评价能力无形中得到了很大提升。同时，同伴之间的评价让学生更能理解与接受。当然，被评价的同学也可以说出自己的意见，或接受或感谢或解释或反驳。每一位学生都可以站起来对同学的观点进行质疑、补充、评论，真正解决不了的问题或感觉学生有理解不到位的地方，教师才站出来阐述自己的观点。我曾在课堂上看到同学们会围绕一个问题争论得面红耳赤，但感受到的依然是民主与和谐的氛围，这体现出师生、生生人格上的平等，体现出相互尊重与关爱，更有一种"真理越辩越明"的激动与快乐。

五、评价结果的激励性

评价结果的运用是课堂评价能否有效促进学习的关键所在。教师或同学的评价，目的是让学生掌握更多的信息，了解自己的优点是什么，还存在哪些问题，如何改进等。在这个过程中，教师可以收集学生各方面信息作为自己调整教学思路、改进教学策略的依据，使教学更有利于学生学习与发展。评价得出的分数一方面用于当堂评出优胜小组，另一方面还对小组进行累积性长期评价，如评出月冠军、学期优胜者等。当然，教师必须善于分析评价结果并作出合情合理的解释。只是简单地排名则是不合理的。必须考虑学生的知识基础、学习态度、家庭背景等，从而对评价结果有正确的分析与认识。通过评价，使学生的成就需要得到满足，让学生体验到成功感，促使学生形成自我效能感，使其成为学生进一步行动的动力源泉。

走进泰安市实验学校的教室，会看到很多张贴上墙的制度条文，诸如：《泰安市实验学校2013级"星级小组"评价细则》《泰安市实验学校2013级"星级个人"评价细则》《课堂十要》《课堂十不准》等。制度要求对学生的得分进行日积月累，学校表彰要根据学生积分多少而定。如李翠英老师在小组合作学习中对考核成绩的汇总实现了"一日一清、一周一结、一月一奖惩"，即：日清——班长、团支书每天对得分结果记录公示；周结——一周的得分成绩作为班会重要材料进行分析，分析具体到组，各组分析到个人，这对制定下一步的工作重点和奋斗目标极其重要；月奖惩——月末汇总排名次，张榜公示，落实奖惩。在评价主体方面，有个人自评、小组自评、小组互评与教师评价等。这让教学管理从"教师包办"走向了"小组自治""学生自治"。

第二节　反馈评价：课堂教学的制胜手段

为了保障课堂学习目标有效落实，提高课堂教学效率，必须有优质的课堂教学反馈评价机制作保障。这一节主要讲学校层面以反馈评价促进课堂教学效率提高的方法与手段。

一、组织健全，干部带动，流程严谨

健全的组织机构是保障评价体系完善的基础，在一所学校内建立内部评价的核心机构，以对课堂教学质量进行评估。这个组织最好是直接对校长负责，由校长亲自指导工作。干部要深入一线担负各学科教学，这有利于学校领导班子掌握鲜活的"第一手"信息。评估对象涉及各年级各教研组、每个学科教师、每个班级。对优秀和落后的学科、教师及班主任进行重点评估，这种重点抓两头的评估思想旨在总结先进经验加以推广，找出后进问题，提出整改意见以督促改正。

评估内容包括教育教学质量、课堂教学、班级管理等。班集体建设是影响学生课堂学习质量的重要因素，因此必须成为评估的重要内容。评估的主要参考指标为：学生考试数据、教育教学过程管理情况、学科建设情况、班级管理细节落实情况等。

"没有调查就没有发言权"，评估小组要自己研制切合学生、教师实际的问卷。要采用多元化的评估方式，如采取听课、当堂测试、多方数据参考、学生问卷调查、与学生进行交流访谈、班级蹲点等方式，以保证评价的客观公正。

评估报告的撰写和要求是对评估成果的固化。评估小组以学科为单位，每个月每学科形成两个评估报告，报告反馈给评估对象（教师、学科、班级）并发送评估中心报送校长，最终存档。评估报告主要包括评估原因、初评状况、整改验收三大部分。报告中肯定成绩，深入分析评估对象当前存在的问题，提出针对问题的解决措施，评估对象落实措施的情况等。评估报告的撰写要求言简意赅，通俗易懂。

对评估要求的落实是达到评估目的的重要保障。特别是要求评估对象根据问题进行整改。为了检查整改措施的落实情况，在初次评估后进行跟踪评估，要求再次撰写评估报告，提出意见与建议。

云南云天化中学在运行评估制度的过程中，将评估结果作为学科教师调整、学校名师与骨干教师推荐等评优树先项目及高三准入制度的依据。

二、专业性强，切中要害，关注细节

教育教学工作是一项专业性极强的工作，必须首先确保评估的科学性、专业性才能让评估最大限度地发挥作用。为了保证这一点，要选聘优秀专业人员进入评估团，建立学校的"学术委员会"，选聘各学科优秀教师，其中含学校领导班子成员，这是学校的最高学术权威机构。

专业性表现在评估报告一针见血，具有针对性强、实用性强的特点。类似于一份医生把脉、查体之后的"诊断报告"并附有"处方"。专业性往往还体现在细节上，深入到学科内部。如在云天化中学，高中数学组设计的一次评估内容即为：学生学习三角函数"四性"、图象平移（伸缩）变换困惑处的突破。在整改建议中提出：要通过公式例题的教学，解决三角函数"八大"问题，始终瞄准实现"三个一"。精选有代表性、迁移性的典型例题，给学生先做后析，析后总结提炼，真正突破解题障碍、困惑。在整改验收中指出：经过对三角函数教学的跟踪，发现学生对三角函数的值域、最值、作图、周期、奇偶、单调、对称、图变等"八大"问题的解决做到了有章可循、方向明确、目标清晰，基本解决了思维发散向思维收敛的转化，产生了较好效果。该老师教学处置有一定调控能力，能精选有代表性、迁移性的典型例题，例题教学有示范性、启发性，推理严谨正确，注重过程展示再现。

三、事实数据说话，有理有据，让人心服口服

评估过程以数据为准则，所使用数据包括各次大中型考试、问卷调查表统计数据，德育量化考核数据资料等等。根据德育量化考核数据，制定适合该班级和学科的问卷，调查之后形成问卷分析，并及时反馈给班主任或者学科教师。

对每个班级的各类数据进行分析，找出班级管理和班级学习过程中存在的问题。对每个教师教学过程中的成绩进行分析，对各个学科、各个班级进行总结，并找出存在的问题，拿出处理意见。以数据说话，避免了以往的主观性，使教师的教学更具有方向性、科学性和高效性。以数据说话，更加客观公正地指导教师的教育行为。对各次考试排名靠后、德育量化考核滞后、班级质量目标落实不到位的班级、学科、教师及班主任进行评估，促进学校成员间合作，形成多方面多角度管理模式，促进形成全校荣辱与共、和谐共生的氛围。

下表是云天化中学在2013年11月20日高中某年级某科的成绩分析表，可以看出15c班最高分、平均分、前10%、及格率等方面存在不足，需要对该老师的课堂进行关注，对学生进行调研。

科目	项目	×科	14a班	14b班	15c班
××	参考人数	603	67	70	65
	最高分	146	136	138	122
	平均分	99.7	101.0	109.7	88.5
	与年级平均差值		1.3	10	-11.2
	前10%（124.0以上）	64	6	18	0

2013年11月20日高×年级（×科）成绩分析表

续表

2013年11月20日高×年级（×科）成绩分析表					
××	前40% （105.0以上）	242	29	44	13
	前70% （89.0以上）	426	50	61	30
	后10% （75.0以下）	57	4	0	16
	及格率		70.1%	84.3%	46.2%
	任课教师		×××	×××	×××

为了向更优秀迈进，更好地服务学生，服务家长，服务社会，服务高校，云天化中学寻找更高的参照物，将学校的数据来源瞄向了更高标准。学校选择与昆明市教育科学研究院合作，每次统一测试之后，第一时间把试题卡送到昆明市与昆明的学生一起参加统一改卷，以掌握第一手信息。在统一改卷之后，第一时间对考试数据进行分析对比并评估，而且改卷之中发现的问题第一时间从昆明市带回学校，让各个学科掌握本学科信息，为下一步的教育教学提供更高价值的指导。这样做获得了更多的有价值的数据参考，及时掌握了更新更全面的教育信息。

四、突显实用性，评估着力于解决具体问题

评估的过程就是调研的过程、反思的过程、研究的过程。特别是对表现突出的个别班级进行优秀评估，总结班级成功之处，让全校老师参与讨论以总结好的经验并推广，从中获取班级管理的成功之道。

这是一份云天化中学高中历史教研组的评估报告：对高三学生和教学状况进行有效评估，找出深层原因和行之有效的解决办法，帮助学生树立信心迎接挑战。初评存在的问题：部分学生对一些历史概念掌握不好，在做选择题时，对备选项难以判断，通常会在剩最后两个选项时犹豫难决。对题目解

读不到位：有文字（尤其是文言文）障碍的因素；没能抓住关键词句；没有考虑题目所给的限定条件；忽略材料提供的时间（时代）背景等；对四个选项没有仔细推敲，直接根据看了材料后所得的主观印象而选取答案；对历史知识的结构和部分史实记忆不清楚，对"根据材料并结合所学知识来回答"这种类型的题目，不能很好地结合所学知识来回答；材料分析题的答题格式不规范、不分点、层次混乱等。

整改建议：老师根据近年来新课程高考选择题的变化特点，为学生归纳做选择题的基本方法，要求学生牢牢记住；及时评卷，根据所归纳的方法，让学生对照题目一一对号入座，如找出"题眼"、画出关键词句和限定条件（如时间、人物、国家、事件等）；要求学生在回答材料分析题时必须分点、有层次；有针对性地跟进相应的周练习题进行检测和巩固，周练试题答案要有详细解析；根据学生训练的情况及时调整，促进学生做题的正确率；继续加强主干知识和历史概念的复习。

评估报告实在，操作性强。

以下是一份对班级管理的整改建议：

（1）要提炼出班级文化理念并共同认可，作为班级精神鼓舞和感召学生；

（2）要打造良好的班级环境，禁止学生吃零食，课桌椅前后左右对整齐，做到干净、整齐、有序；

（3）针对班长威望不够、同学不认可的现象，建议改选班长；

（4）发动一批学生认真主动学习，以点带面，营造良好学习氛围；

（5）班主任要协调科任老师，做到课堂、晚自习齐抓共管；

（6）班主任要精心组织主题班会，针对班级存在问题与学生共同找对策；

（7）班主任要多与学生沟通，了解学生的思想动态，及时帮助和关心他们；

（8）针对作业迟交、缓交的现象，课代表要及时联系科任老师和班主任；

（9）应用足球赛这一班级活动，发动全班学生参与，针对活动中学生为班级拼搏的事迹在全班宣讲，促进学生对班级的认同。

五、追踪评估，持续跟进，倒"逼"成长

为了帮助新教师站稳讲台，特别针对年轻老师反复进行追踪评估。下面介绍云天化中学评估中心对某数学老师的评估报告。评估小组先是对这位老师进行了初评，详细指出了优点、存在问题和整改建议。初评时，评估小组发现该数学老师存在问题较多，决定进行跟踪评估，在跟踪评估报告中提出了如下观点。

已整改部分：学生学习数学的积极性较高，思维活跃；讲授过程中以学生为主体；注重证明题的推理过程。

仍存在问题：本节课是对平行线判定的专题训练，学生对本章知识点已经熟悉，但在讲解时留给学生独立思考的时间过多，讲解用同位角、内错角、同旁内角证明平行线的方法时，略显凌乱且花的时间过长（20分钟）；在题型中找同位角、内错角、同旁内角时应引导学生分类型（Z型、F型、U型），以避免漏或重复；学生对这部分知识结构较熟悉，在选题时低估了学生的能力，容量偏小了一些，选题的梯度不够，借助专题训练可以多训练学生的思维；在学生回答问题时说错的答案也应该写在黑板上，然后再订正，这种情况也许正好是部分学生容易犯的错误，可以立即纠正。

验收评价：收效良好，学生学习数学的积极性得到增强，有浓厚的学习兴趣。

两次甚至多次评估，让年轻教师体会到切实的压力、实在的帮助，更有成长的快乐。

在云天化中学，执教高中政治的文兴成老师说："从执教之初安然于授课的轻松顺畅，到现在力求每节课的严谨丰富以及对学生课后学习状况的追踪'打磨'，观念和行动的转变是被现实的挫折和教训一步步修正得来的。说实话，被人盯着作评价的感觉本身是不好受的，但人的心胸和潜力也恰是需要这样一种外部的'压力'逼着，才能让自己在路上走得更有力量。如果说教师教给学生的是知识，更是习惯，那么学校教学评估教给教师的是反思，更是做事为人的修炼。学习就是永不停止地思考，从这个层面上来讲，我们是授人以渔的老师，也是求索不辍的学生。"

我见到了多份评估小组写出的评价报告及追踪评估报告，无不言词恳切，优点方面指出了被评估对象需要继续发扬光大的地方，对缺点亦毫不避讳，尤其可贵的是，每一份评价报告都有详尽的评改意见，有利于老师及时修正自己的教学行为。

健全完善的评估体系，其价值与意义是重要和深远的。彼得·德鲁克先生告诫我们：做正确的事，而且正确地做事。反馈评价成为保障课堂教学质量的利器。教师职业不再是把门一关孤独而又有着霸权意味的工作。这个职业有一套规范的要求，这个要求如果靠年轻老师自己去摸索，效率可想而知，如果是一个团队在制度的框架下进行指导、引领，局面会焕然一新。反馈与矫正让每一位教师知道什么是正确做事，正确的事如何去做。融入云天化这个集体后会成长得非常快。执教高中生物的肖寒老师说："从初进课堂到站稳脚跟，始终都是在指导教师和教研组同事的热忱帮助下。通过各位老师和评估员从教师教学和教师素质两个方面进行指导评价，我深刻地认识到自己的教学方式和课堂应变能力还有很大的改进和提升空间。如何体现新课程理念，怎样通过教育教学评估调整自己每一个教学常规和细节，从而促进自身的教学水平的不断提高，需要我更深层次地反思与实践。"

第三节 在观评品鉴中提升课堂教学质量

观评课是教师进行教学艺术切磋、思想碰撞与交流的过程,是一种重要的对话、反思、研究行为。观评课的目的是帮助教师发展,提高教师授课水平,进而提升学生学习能力与质量。观评课的有效性直接关系到校本研修质量,因此需要采用专业视角,提高专业水平。

一、观评课态度

观评课是开诚布公地对教学进行研讨的业务活动,目的是发现和解决教育教学中存在的问题,重在研讨和改进,是教师专业化发展的重要途径,需要有端正的态度。

1. 热情负责

观评课者要尊重讲课教师的劳动,体谅、理解教师执教的甘苦,说话尽量热情、宽容,绝不能因为课有缺点,就嗤之以鼻。尤其对于初登讲台的青年人,观评课者更应该从帮助他们成长进步出发,充分肯定其优点和发展潜力,树立执教教师的勇气和自信心。观评课不要作不负责任的随口批评,而要以负责的态度,恰如其分地表达观点,真诚地提出意见与建议,反对"捧杀"与"骂杀"倾向,努力激发授课者的进取心。

2. 求真向善

有的教师或思想上缺乏研究意识、或自信心不足、或怕得罪人、或个性内向,在观评课活动中只说无关痛痒的话,导致科学精神缺失。观评课的目的是帮助教师提高教学水平,观评课者除了要指出执教教师的亮点、创新之处、发掘亮点、肯定优点之外，更要坦率真诚、客观公正地进行一分为二的分析。既要善意地点出授课中的不足之处，又要有建设性意见，提出改进办法。提出商榷意见时，尽量使用委婉贴切的语言，不要伤人自尊与信心，如"建议最好能……""如果……就更好了""……须加强"等。

3. 民主平等

观评课活动是每位研讨者的智慧共享。组织者应积极搭建民主平等的平台，给观评课活动创设融洽、和谐氛围，开展对话交流活动，发挥好执教者、观课者、评课者每位角色的作用。不要因为偏爱谁，或者谁的名气大，就一味说好话，不喜欢谁，就一味挑毛病。每个人都有充分发表见解、探讨问题的权利。执教教师也有辩护权，大家共同商议，讨论什么地方需要怎么改，下次遇到此类问题该如何解决。逐个环节、逐个节点，层层分析、丝丝入扣，打磨精品课。

执教教师一方面要有宽广的胸怀与容人的雅量，要虚心听取别人的意见与建议，正确理解别人对自己的评论，"有则改之，无则加勉"；另一方面，要有自己独立的教学主张，不跟风、不盲从。

二、观评课维度

叶澜教授认为，一堂好课没有绝对的标准，但有一些基本要求，她认为一堂好课，应该是有意义、有效率、生成性、常态、有待完善的课，这是一种扎实、充实、丰实、平实、真实的课。

不同的分类标准分出的评课维度各有不同。这里，从有利于教师实际操作着眼，提出观评课重点研讨的几个维度。

1. 学习目标

这是课堂教学设计的核心，也是教学的起点与归宿，是开发教学内容，创造性使用教材，灵活选择教法，科学调控与评价的依据，对整个教学活动具有引领性和规定性。学习目标要根据学情定位，力求明确、具体、可观测、可操作、可评价，忌大而空。重点、难点要符合学生认知规律。目标设计综合考虑知识与技能、过程与方法、情感态度与价值观，体现三维目标整体要求，且三者相互融合。表述要规范，让学生看得明白，理解得到位。

2. 问题设计

问题设计是实现学习目标向教与学行为转化的手段，好的问题是引领学生思维方向的动力。问题是为学生而设计的，应该来源于学生，引导学生提出问题。教师基于学科基本要求与学生的起始问题，遵循学生认知规律进行问题设计。问题设计包括了课堂导入时的驱动性问题，统领本课的核心问题或主问题，以及与核心问题或主问题的解决具有内在联系的推进性系列问题等。力求问题设计有一定层次性，突破学习重难点，难度适宜，嵌入评价，能够激发学生的探究欲望。

3. 学习活动

学习活动是施教者在一定学习环境中通过合适的学习内容和恰当的学习方法让受教者进行学习，从而达到学习目的的师生互动过程。它是由一个个相互联系、前后衔接的环节构成的。精心设计课堂学习流程与结构，课堂学习的引入、展开、过程与结束，各个环节之间的相互转换与承接流畅自然。学习内容的选择符合学生身心成长规律与教材的逻辑顺序，科学合理，突出重点、突破难点，合理分配学习时间，有效学习时间比例高。综合运用各种学习方法，相得益彰，因材施教，注重对学生进行学法指导。

4. 师生关系

课堂教学中应体现正确的教师观、学生观，营造民主、开放的课堂教学文化，实现教与学积极、有效、高质量互动，师生、生生之间平等、有效对话、合作和沟通。学生的参与度高，做自己学习的主人。师生、生生关系和谐融洽，情感融通，教学相长。教师富有教学机智，能够正确机敏地处理预设与生成的关系，培养学生的思维能力、质疑能力、创新能力。师生双方有知识、思想、经验和情感多方面、深层次的相互交流，通过交流实现生命与生命相互投入、相互激发与创造。

5. 反馈评估

课堂教学的最终落脚点是学生的学习效果，教师对学生的学习成果要有明确期望，反馈评价要与学习目标、问题设计、学习活动有机结合。质性与量化评价相结合，注重过程性评价，考察课堂教学是否促进了学生学习的增值，具体包括：动力值，即更想学；方法值，即更会学；数量值，即达成多；意义值，即对学生个人的成长发展具有长远意义。教师可以通过口头通知、书面评分、发还批改完作业等方式表达、流露感情，也可用细微的肢体语言，用放松或紧张的面部表情和姿势，给学生以鼓励性或批评性反馈。在正式与非正式的检查测试后，迅速及时地给学生有关其学习进步情况的反馈。通过从学生学习表现中获得的可用信息对教学工作进行不断改进。

6. 技术应用

多媒体技术应用得当、适度、适量，遵循学科教学特点，不要喧宾夺主。借助现代多媒体技术进一步拓展课程资源，实现学习方式变革，如网络资源共享拓展学习时空，学生随时随地学习，模糊课内与课外边界，凸显学生学习的个性化与民主性。更加注重教学的过程性，增强与学生的交互反馈，采用数据分析等方法使教师对学生的学情掌握更加及时、准确、科学。

三、观评课方法

提高观评课的科学性、有效性，必须讲究科学方法，归纳为以下几点。

1. 充分准备

作为执教者应选好课，提前备好课。应尽量选择课题内容具有代表性、独立性，资料相对丰富，难度适宜的课，以有利于发挥。观评课教师课前要做相应的准备工作，如利用课程标准、参考书、信息技术资源等对教学内容提前感知并了解学生等。参与者的专业素养和学术水平决定着观评课活动效益的高低，因此，要合理调配观评课人员，人员构成最好有专业人士、学校领导、执教者、骨干教师、本教研组教师等。使用课堂教学评价标准有利于观评课从模糊走向科学。山东省教师远程研修项目办拟定了《山东省远程研修观评课评价标准》，该标准从教学设计、教学过程、教学效果和技术规范四个维度进行打分，每个学科据此根据学科特点制定了自己的评课标准。网络研修中的评课，一般要求评课者给出整体评价，用评价量表打出分数，最后得到这节课的量化结果。评课者不必拘泥于评课标准，可结合自己的教学经验与认识水平，从自我感受与体验的角度综合考量，再结合量表给出分数。

2. 基于证据

评课者要重视课堂本身，评课的言语结论要基于课堂教学实际，每一个观点尽量说出相应例证，增强评课针对性、可信度与实用性。听课时要集中注意力捕捉课堂信息，认真思考。深入了解真实的课堂教学情境，观察课堂上学生、教师表现，注意搜集学生、教师在课堂上的各种信息，关注课堂教学细节，如某一教学环节，老师、学生如何对话等，以作为评课依据。看教师的教学基本功是否扎实，课堂管理能力、课程资源开发能力、教学设计能力水平如何等。以课堂上出现的真实案例为依据，紧扣课堂，不要脱离所听课过多地进行旁征博引、纵横捭阖。语文学科尤其注重是否有"语文味"，不能上成思品课、历史课、班会课、美术课等。任何一节课都要基于证据评析，分析、比较、鉴别、把握，用事实说话，用数据说话，切忌片面、独断。

3. 主题评课

有的观评课内容繁杂，或从学习目标谈，或从课堂活动说，或从教师的基本功说，而该解决的问题什么都没有解决。因此，提倡主题式听评课，反对听评课胡子眉毛一把抓。管理者应针对实际去寻找主题或方向，让观评课聚焦热点、难点，以有利于解决教师教学中的普遍性问题。观评课的责任不在于非要说出权威观点，而在于从大家的观点中梳理提炼出值得研讨的话题，共同研讨攻关。要想提炼出明确的评课主题，需要在讲课之前对教学内容有大致了解，对重点、难点有所把握，然后关注评课教师的注意点，大家谈论最多的话题是什么，从而提炼出焦点问题，利用集体智慧解决这个问题。围绕主题不仅指围绕主题提出问题，更应该提出解决问题的策略。注意话题的集中、系统和深入，突出重点，增强针对性，以便更好地体现集体智慧和力量。争取"一评一得"，而不是"评无所获"。

4. 多元视角

评课者可从多元视角思考问题，如站在学生的角度来看课的效果，站在上课者的角度来看课的设计，站在自身角度想一想如果是自己上会怎样。观评课者不妨将自己平时的教学实践和学生实际情况与执教教师进行比较，在比较中学习借鉴。这样的研讨不仅对执教者有益，对所有参加活动的教师也有借鉴和启发作用。评课还要因人而异，对年轻老师，评课重点要放在基本思路是否清晰，教学基本功是否扎实上，引导教师对讲课基本要求有所了解；对骨干老师，要注重教师的年龄和性格、素质、能力差异，在教师原有基础上，提出要求。总之，对新入职教师、经验型教师、骨干教师、优秀名师应采用不同的评价标准与方式。

5. 创新思维

听评课中要融入新思想、新信息、新举措，评课者在对教学内容进行充分理解的基础上，对课堂有敏锐洞察力和深刻思考，针对课堂教学的某一方面，谈出改进意见与建议，力求见解独特，评出特色。评课追求思维碰撞、头脑风暴，讲究对话与互动的有效性，引发真正的交流、沟通、交锋，撞击出灵感的火花。观评课是集体讨论有哪些教学方式、方法、路径、技巧可供教师选择，以不断拓宽视野、开阔思路，聚集智慧评出更多教学可能性。观课更是品课，品出新意，品出滋味，品出水平。骨干教师应发挥实践经验丰富的特长，多提建设性意见。专业人士发挥专业引领作用，克服教师以实际教学为主而形成的仅注重操作的思维模式，提高观评课专业水准。任教者要体现主体角色，不是被动接受，更重要的是提出有价值、有新意的问题，使观评课成果转化为理念的提升和行为的改善。

6. 成果推广

观评课活动中，大家经历了一个提出问题、想法，对原教学设计进行解读和批判，明确问题，分析问题，解决问题，提升优化，思维共振，情感共鸣，达成共识形成最终教学方案的成长过程。多轮反复观评课后，每一个环节的认识和设计都应有所深化。为了形成观评课成果，应做好各种资料的收集、整理和留存工作，特别是对观评课中精华的分析与研究，反复修改，作为教学、教研、科研的宝贵资料。同样的课不同的人应根据各自的知识结构、认知能力、技能水平作个性化处理。应当重视执教者的主体地位和最终选择权。观评课后，执教者要博采众长，反观自问，消化吸收，甄别筛选，整合方案，根据自己的经历和活动纪要，最终形成适合自己的优化方案。同时，参与者可将其中感悟最深、最有价值的认识写成研究文章，形成个人教研成果。更重要的是，应进一步发挥集体研修的可持续发展价值，注重与"常规课"的合理融合，提升每位教师的专业素养和专业水平。

第九章

"互联网+"时代如何变革课堂

导读

互联网思维作为一种新的思维方式，成为当今教育的重大挑战，将对教育产生深远影响，这意味着中国教育正进入到一场基于信息技术的更伟大的变革之中。"互联网+"时代的到来，到底让教学改变了什么？

第一节 课堂：为创客式学习者设计

您曾经想过创客式学习吗？在互联网技术、大数据、云计算等一系列新事物的冲击下，"创客运动"成为一种具有划时代意义的新浪潮。不以赢利为目标，每一个进行或参与创造的人都可以被称作"创客"。课堂教学必将因科技发展与课程建设而改变，乃至发生直指内核的质变。以下是我所认为的创客式学习。

一、"摒弃功利"与"一人一课表"

课堂教学最急需的就是"摒弃功利，返璞归真"。功利，是指应试主义的教育倾向。归真，是指要回归到教育培养什么样的人上面。回归学习本身具有的纯净与美丽，而不是带有太多取悦别人与承载生存压力的附属物。教育最重要的是让学生成为"真正的人"——拥有感性、丰富的灵魂，既能创造生活，又能享受生活的人。学习是学生的天生需要。课堂教学的责任是培养学生的创造力、想象力、人文思想、艺术品位、领导才能等核心素养。

课堂教学应从"教什么"与"怎么教"走向"为谁教"，是为"每一位学生的学习而设计"，让学生学习的个性化得到最大满足。未来的课堂教学，班级授课制、教师中心、教室为学习场所等将遭到颠覆。学习着眼于人的自由生长，基于大量的学习资源，问题为中心、活动为中心，实现个性化的"一人一课表"的学习。

选课走班将是满足学生个性化学习需要的一种方式。比如，初中数学、语文、英语等学科，根据难度不同可分别设四个层级。学生根据自己的学习水平，结合自测成绩选修对应的不同层级。以此类推，其他课程也可采取分层设计模式。以体育课为例，条件好的学校可以为学生开出丰富多样的科目内容，即使是学生选修人数较少的马术课，甚至只有一位学生爱好，学校也想方设法满足学生的个性化需求。

当然，"一人一课表"对学校的软硬件都提出了极大挑战。或许在短时间内很多学校难以达到如此高的要求。但是，这种思维路向对我们的启发是极大的。这提醒我们用"大课程"思想对课堂教学改革进行探索。站在课程的视野下，课堂教学更加开放而充满活力。比如，就语文学习而言，其学习的外延与生活的外延是相等的。提倡"海量阅读""读整本的书"，一个人的阅读史就是他的精神发育史。语文课的教学成绩靠做题是做不出来的。大语文大教育视野下的阅读是语文课堂教学的改革趋势。必须把学生引上阅读之路，而且要"取法乎上"，引导学生阅读经典名著。提倡为学生推荐经典阅读书目的同时，让学生自己根据兴趣爱好与阅读旨趣形成自己个性化的阅读书单，因此语文阅读有必要被正式排进课表。在《城南旧事》的阅读交流课中，我为学生设计了阅读之后的展示平台，让学生把自己的阅读体验分享出来，这可以极大地激发学生的阅读兴趣，促进学生阅读能力的提升。

二、"兴趣所在"与"生命潜能发挥"

要成为创客式学习者，前提是学生拥有正确的学习动机，也就是找到自己的学习兴趣点所在。试想，贝多芬与莫扎特，难道一定要下苦功夫去钻研代数习题吗？以往那种"让鸭子学爬树，让猴子学游泳"的做法，是教育的悲哀、课堂教学的无奈与学生的痛苦。因此，未来的课堂教学，教师最大的作用就是帮助学生对学习的东西产生热情，找到一生的兴趣所在，并发展成一生的挚爱。创客式学习者的学习是一种真正的求知——他们沉浸、陶醉在自我痴迷的领域里，而不是努力地去学习自己不擅长的科目。这样的学习才能激发生命潜能，是培养优秀人才的自然法则。如何破解著名的"钱学森之问"——为什么我们的学校总是培养不出杰出人才？为什么我们国家的诺贝尔奖获得者的数量与我们泱泱大国的地位不匹配？破解难题的钥匙恐怕就在于给人才成长以更宽松自由的时间与空间。

在某一领域真正有建树的人才有一个共同特点：一生对自己研究的领域有着持久的热爱与忘我的投入。这份情感要从娃娃抓起，这种能力要有"童子功"。因此，我们要为学生创造能够持续发展某一兴趣与能力的条件，而不是因为应试被迫放弃。未来社会更加重视人的能力，关注一个人能做出什么。课堂教学就应倡导创造精神，更注重学生各方面能力的培养。学习者以"创客"身份获得自主地位，把"死知识"变成"活知识"，让知识的品质发生改变。学生通过课堂上的畅所欲言、智慧碰撞，通过各种实践与锻炼，使知识与能力并进，并化知识为德性。

在《城南旧事》的阅读交流课中，我努力给学生开放性、自主性空间。首先让学生自主提出问题，进而师生共同归纳出有价值的问题进行研讨。这样，在老师的指导下，保证课堂教学不至于偏离目标。然后，在教学内容方面，师生就极具思维含量的挑战性问题开展深入研讨，引领学生走进深度学习佳境。再者，课堂教学任务的设计力求形式多样，如学生自主选择展示方式——PPT、作品朗诵、观点阐述、辩论比赛等，为学生充分发挥聪明才智提供保障，极大地挖掘学生的学习潜能，激发学生的学习积极性。

三、"心灵磁场"与"师生相互创造"

教育不仅应关注孩子未来的幸福，更应关注学生当下的生活是不是幸福。不能以苦行僧式的学习方式去换取未来所谓的圆满人生。教师的作用不仅是促进学生的学习，教师更是学生的精神导师，要通过文化场域引领学生确定正确的人生方向。课堂教学不是人与冰冷机器的对话，不是一个人单打独斗，而是团队活动，必须流动着爱的空气，交流、碰撞、合作、创新，承载众多生灵的喜怒哀乐，具有生命的律动。课堂教学体现出师生情感的交融，是心灵与心灵的碰撞，心灵的磁场是一种灵魂散发出来的教育软实力。

受后现代主义教育思潮影响，课堂教学倡导不确定性、多元性、去中心化与自组织。教师与学生都不再是所谓的"中心"，师生关系表现为"主体间性"，教师与学生是"双主体"，而且两者是相互作用的。整个教育由"前喻文化"向"后喻文化"转型,网络世界、知识爆炸所形成的"知识海洋",使教师权威受到挑战。教师不再是知识的拥有者、传授者,而是学习的指导者、协调者和促进者。教学中的合作,不仅是指生生间的合作,还包括师生间的合作。课堂教学更加民主与开放,既有"教学相长"还有"文化反哺",学生会受到更多尊重,师生在相互创造中共同成长。

优秀学生的学习潜力是非常巨大的。就语文的阅读教学而言,有的学生所读书目是教师未曾读过的。有的学生开设的《论语》解读、《红楼梦》赏析讲座,其水平让老师望尘莫及。开放性的学习环境,大阅读课程的设置,让高水平学生有了施展才华、发挥特长的舞台,也倒逼着教师必须终身学习,不断补充新的知识与技能。教师职业所需要的不仅是"一桶水",而应该是源源不断的"自来水"。教师职业面临着前所未有的全新境界。

在《城南旧事》的阅读交流课中,我在引导学生分析人物形象时,指导学生采用辩证的方法分析事物。比如,表面看宋妈不与自己的孩子在一起,而是看护别人家的孩子,好像不爱自己的儿女。然而,这背后隐藏着穷人家庭深深的无奈与悲哀。秀贞真的是疯子吗?我们应该以什么样的态度对待她?通过对问题的讨论,让学生体验到不要把一个苦命的人作为一个"异类"去疏远与敌视。小偷就一定是坏人吗?好人与坏人,界限很难清晰明确。以往学生习惯用好人与坏人评判人,学习之后有一种恍然大悟的感觉。这对学生的心灵有一种震撼力量,促进了学生的精神成长。这样做,促进教师从"经师"走向"人师",再走向"哲师",成为学生灵魂成长的精神导师。

四、"享受成长"与"产出丰硕成果"

课堂充满了游戏特性,可以闯关、积分、获得奖励等。学习是去探索一个未知世界,进行知识探险,充满了挑战的诱惑与竞争的快感,学习本身散发着无穷魅力。学生认识到学习是为自己而学,是自己的事,是人生的要义。真正创造价值的人既是勤奋的人,又是通过劳动享受幸福的人。学生不再把学习视为负担,而是一种责任与别样的享受。

技术让课堂的界限变得模糊,学生不仅可以在家学习,还可以在其他任何地方学习。学生可以通过互联网与教师、同学实现实时互动、交流。生活处处可学习，学习伴随着实践。课堂不只是一间封闭的教室，它为学生敞开一扇扇窗户，让学生拥有全球视野。任何一个学生都会有机会接触到世界上最好的资源和各行业的精英。

互联网提供的不仅是技术，更可能是机会。学生可以借助互联网学习并产出丰富成果。如一个来自普通家庭的17岁小女孩热爱写小说，偶然间参加了在线小说平台的互动，得以与平台上的大师级人物交流、切磋。这激发了她对写作的无限热爱，经过不懈努力，她练就了优秀的写作能力，成长为小说畅销书作者，后来被优秀大学录取。

上述案例的启示体现在《城南旧事》阅读交流课中，即让学生把这节课的学习成果在博客、微信或QQ等网络媒体中留存、分享。在网络世界里除了会遇到高人之外，还会得到来自老师、家长、亲朋好友、同伴等的支持与鼓励，营造出一个充满激励色彩的学习氛围。激励在学生学习中的作用是巨大的，特别是那种充满关爱的、持久的激励。

学生的学习不是以机械记忆为导向，而是以"产出"为导向，这种导向充满了创新特质。学生的学习任务不再是"做题、做题、再做题"，而是有丰富的任务去完成。有些甚至需要与同学或者与社会上的其他人合作完成，更具有研究性学习特点。

在《城南旧事》阅读交流课中，学生产出的作品极为丰富。学生把自己对作品的理解用幻灯片的形式表达出来，有的学生配了精美的图片和优雅的音乐，极好地渲染了小说的氛围。有的学生把手抄报设计得很有特色，根据自己的理解用思维导图的形式画出了人物图谱，向同学们生动地讲解了人物之间的关系。有的同学用诗歌、散文的形式谈了自己的读后感。这些都是艺术再创造。

五、"课程建设"与"课堂内核质变"

课程建设的目的是为学生寻找生命的意义，为学生搭建生命自我实现的平台。教师和学生都是课程建设者，也是课程领导者。在开放、多元的文化氛围下，课程对课堂的改变大致通过两个渠道，一个是课程整合，另一个是课程创新。从课程的视角去改变课堂，才能直指课堂教学的内核，从而发生质变。

课程整合是针对学生完整意义上人的成长需要，使用增、删、合并、减弱、加强等方式整合教材内容与其他课程资源，通过排列组合的变化，聚焦教学重难点，突显学科核心，为学生搭建起学习支架，使学生的学习变得轻负高质。

课程整合的前提是课程资源开发。学习与生活紧密相连，学习内容更多对学生自身具有意义与价值，更多指向学生的未来发展。

课程创新是满足每位学生多元成长需要，尽量为学生设计多样化的课程。假设学生已在微机课上学习了 Powerpoint 和 Excel，在艺术课上学习了绘画和雕塑，学校再创立一门课程——"设计课"，学生就可以利用 CAD 工具，像在笔记本上描画一样，自己设计异彩纷呈的建筑、车辆、新式机器、不同景观等，如果有 3D 打印机，学生们就能把设计的作品摆上自己的课桌。

我所设计的《城南旧事》阅读交流课，就体现了课程创新与课堂改革精神。课例中的课程资源大都来自课外，学生上网搜集了有关的评论文章，特别是电影艺术对学生理解作品起到了重要作用。学生的成果展示也利用了多种媒体手段。学生的学习空间、时间都得到了极大拓展。这样的课堂，充满了创新元素，学生享受着创造的快乐。当然，课程资源丰富多彩的同时，也会良莠不齐，教师要帮助学生选择，最终要引导学生学会选择，这是学生未来学习的重要能力。

学生面临的一个重要的选择就是职业选择。课程的丰富性，让学生不再为了学习知识而学习知识，为考试而学习相关科目，而是给了学生更多地尝试自己喜欢擅长的科目的机会。学生在一个相对自由宽松的环境里，自己去体验、尝试自己爱好与擅长的方向，这种自由生长的状态便于学生较早地产生职业定向，从而可以尽早地水到渠成地有一个相对正确的人生规划，指向自己未来人生的发展。

"创客"本质上是进行意义创造的人，创客式学习将会改变人类社会的基因，培养出适应新时代挑战的新人。

附:《城南旧事》阅读交流课教学设计

【课前准备】

在老师指导下学生完成如下任务:

1. 学生用五周时间自主阅读《城南旧事》。

2. 学生完成教师指导设计的阅读计划。

3. 学生采取自主学习或小组合作的方式写出读书报告或写出读后感或做出 PPT 展示自己的阅读成果。

4. 学生利用网络资源了解《城南旧事》相关材料,观看电影。

5. 学生根据自己的阅读体验提出问题,课前交给教师。

6. 学生根据阅读内容描写自己的童年故事。

【学习目标】

1. 学生通过自主阅读提问,培养提出问题、归纳问题的能力。

2. 学会分析人物形象。

3. 学习作者对生活细致入微的观察方法,培养用心感受生活的能力,并学习用自己的笔记录多姿多彩的童年。

4. 学会搜集与利用学习资源,学会与别人分享学习成果。

【教学重点】

掌握阅读整本书的方法,进一步运用课内习得的读书方法学习读书。感受人物形象和精彩片段的艺术魅力。

【教学难点】

激发学生自主阅读《城南旧事》的兴趣,增强阅读分析能力。

【课时安排】

1 课时。

【学习过程】

1. 对学生提出的问题进行讨论,师生归纳出有价值的讨论问题。

2. 对归纳出的问题进行分析理解。学生可展示自己做的 PPT,也可以阐述自己的观点,还可以朗读自己写的文章。当观点不一致时,可当堂辩论,要求证据要依据文本内容。教师给予点拨指导。

（1）这本书主要写了哪些内容?

教给学生看书的目录。

（2）这本书中主要写了哪些人？他们之间的关系是什么？

指导学生画出人物关系图或用思维导图的方式展示。

（3）秀贞这个"疯子"是真的疯了吗？怎么看待这个人物？

（4）厚嘴唇青年是好人还是坏人？结合文中的语句和你的理解谈谈。

（5）宋妈为什么不与家人在一起，她爱自己的孩子吗？

（6）你自己也写了童年有趣的故事吗？拿出来与大家分享。

3.体会作品中渗透的沉沉的相思、淡淡的哀愁，师生总结收获。

【作业设计】

让学生把这节课的学习成果在博客、微信或QQ等网络媒体中留存、分享。

第二节 互联网到底让教育改变了什么

互联网作为一种新思维方式，成为当今教育最大的挑战，将对教育产生深远影响，这意味着中国教育正进入到一场基于信息技术的更伟大的变革中。互联网到底给教育带来了什么样的改变呢？

我深入山东省齐河县第三中学调研。教室里，只见教师、学生人手一个笔记本电脑或 iPad，讲台上设有大屏幕。

这节课是刘莹老师执教的数学课《平行四边形的性质》。首先进入"自学反馈"环节，各学习小组交流课前已下发的导学案和相关软件提供的作业在线测试题目，学生可借助微视频回顾相关知识。学生的自学反馈情况都呈现在了讲台的大屏幕上。

教师根据反馈信息，进入重难点突破阶段。学生小组讨论重难点题目后，派代表到黑板前进行讲解。上讲台的学生们个个落落大方，口齿清晰，俨然小老师，可以看出学生平日训练有素，锻炼得颇为成熟。台下的同学进行质疑，生生互动，碰到难以解决的问题，教师出面答疑解惑，师生互动。

接着进入展示训练阶段，教师随机点名让学生上台展示内容，被点到的学生到黑板上板演，其余的同学在下面完成训练题。学生可以在手头的终端系统上调出训练题，直接在电脑或 iPad 屏幕上画图、演算。写完之后，随时可以存盘保留上传。教师利用手中的 iPad，对每位同学的学习情况和全班同学做题对错的综合数据进行及时监控，随机针对性辅导。

随后，进入合作提升阶段，学习小组内的同学交流展示训练题，纠错讲解。这期间可进行个性化学习，有的学生戴上耳机，重新温习小视频上的讲解，对拿不准的地方进行反复回味学习。学习进度较快的学生，可以从资源包中调出题目一题多解，也尝试难度更大的内容。

最后，学生对黑板上同学的展示分析评分，教师在关键处点拨。师生一起对本课的重难点进行归纳反思。

这节课是邢明月老师执教的语文课《狼》。我看到资源包中既有名师的讲解，也有挑战性问题设计，还有练习题供学生测试学习效果。本课同样是学生课前借助导学案和视频先进行自学，上课的着力点放在了教师从系统中调取的数据显示的重难点上——学生最难以掌握的的字、词、句。采取学生上台展示、小组合作学习与自主学习相结合的学习方式，教师带领学生攻克重难点知识。

这种课堂的教学主要分为两个阶段：第一阶段主要是学生借助自学导学案和微课程在家自学。第二阶段主要是课上的小组展示与提升归纳，共分四个环节。第一环节，检查反馈；第二环节，展示点评；第三环节，合作提升；第四环节，归纳反思。

我又深入到多所多媒体支持下的学校课堂现场，与学校领导、老师、学生及家长等进行深入座谈交流，并进一步查阅档案等材料，综合分析之后，把互联网对教育的改变归纳为如下几方面。

一、改变了课程结构与内容，提升了学生的学习兴趣

学校课程结构的变化是教育深度改革的表现之一。班级授课制对学生有一定规约，对课程有一定限制，课程的深度改革举步维艰。互联网让课程增大了选择性，学生可以选择自己喜欢、需要的内容进行学习。资源的丰富，使校本选修课程得到了最大限度开发。

这些学校不仅借用了相关软件提供的教学资源，而且还搜集了其他的课程资源，如"洋葱数学"。很多前沿性的知识，有些来不及进课本，就在这些资源中展现了出来。

技术使用带来了诸多便利。教师可以充分利用网络资源浏览更多的信息，搜索教案、课件、图片或电影片段，根据自己的需要进行修改，使课堂信息量增多，而且更生动丰富。教师精心整合后，课程内容更加艺术化，更

能贴近生活。既节省了时间，提高了备课效率和质量，又能使教师有更多时间去探索教法、研究学生、因材施教。

科技让教育变得更加便捷、灵活。互联网让课程内容发生了变化，扩大了课堂容量。以往的学校课程主要以课本教材为主，网络环境为学生学习提供了海量资源，能够让学生源源不断地获得学习材料。视野的开阔激发了学生的学习兴趣。这些课程可以不断重复。学生有信心找到他们想要学习的东西，甚至有的软件能够自动地提醒学生进行复习。

齐河三中初一（1）班的王雯淇同学非常高兴地告诉我："小视频讲解得非常清晰，可以帮助我理清思路。可以很好地培养我的自学能力。没有软件的话，自学感觉很难，不愿意学。现在，帮助我们分析，解决问题，新鲜，好学了。"

让学生自主掌控节奏，更加深入地理解知识，学习变得如同寻宝游戏，唤醒了学生学习过程中的乐趣，教育中传递学习的快乐。学生积极地参与学习过程，享受学习带来的自然兴奋，这种兴奋恰恰在传统课堂中服从式的教育模式中被压抑了。这从根本上激发学生学习的热情与兴趣。

二、改变了课内与课外学习边界，学生站在了学习的中心

传统课堂课内与课外的界限相对分明，以班级为单位进行共同学习，把教师和学生集中在了一个狭小的物理空间内。借助于互联网和学生手中的笔记本电脑或 iPad，突破了教室这个空间，让学习更加开放。学生可以得到各种各样的帮助，学习不只是发生在课堂上，而是在任何时候任何地点。

学生只要上网就能在线学习、在线预习、在线检测。学生可以随时随地随心地与同伴沟通，与老师交流，突破了时空限制，构成了"课上课下、线上线下、校内校外"的无限延伸的课堂。

在家里，学生可以利用自主学习平台，进行书籍阅读、学习资料搜索、问题提问和解答、资源应用、在线测评等学习功能，完成导学案中的自主学习部分。课堂上，教师的课堂教学手段更为丰富，教学过程变得更为自如。教师根据学生测评结果的反馈，引导学生以互助小组形式进行学习，对于疑

难问题可以反复观看微课程，并在小组内探究、交流，也可直接调用各种形式的教学内容开展高效的多媒体教学、演示操作。画面的形象生动性增强了，为学生答疑解惑的方式增多了。图文并茂的网络资源反映了知识之间的内在联系，能呈现出更为复杂的任务和材料，使得学生能很好地理解知识、解决更难的任务，有利于培养学生创造性思维的品质，激发学生的学习兴趣。学生被推到了前台，成为学习的主人。

齐河三中初一（2）班的王明宇同学说："自己原来的预习不能找到重难点。有了互联网之后，就很容易知道重难点在哪里了，也在预习中找到了不足之处，重点听自己不会的地方。老师还会发给我们导学案，也可以帮助我们找到重难点。"初一（1）班的刘月淇同学说："学习变得更简单。英语有录音，可以反复播放，还可以随时停止、倒退，把自己的朗读录进去，对照听。这样可以学习地道的英语。扩展了单词量，阅读理解有很多点拨，有余力的同学可以学习更多。"

三、改变了全班齐步走的学习方式，突显个性化与民主性

学生的学习步调是不一致的，有些学生的学习要快一些，有些学生要仔细琢磨之后才能理解。当然，理解得快慢并不代表学生智力水平的差异，只是学生的学习风格不同而已。面对现实存在的不同，传统课堂教室里的所有学生，几乎都是在同一时间段做着同样的事。"一刀切"式的课堂教学显然不能满足学生变化中的需求。被动学习的方法早已过时，现代社会要求处理信息更加积极主动。互联网让教育唾手可得，无论知识还是机会都能更加公平地被人们获取。

用过互联网模式教学的老师深有感触地说："网络教学平台、网络教学系统、网络教学资源、网络教学视频等诸多全新的概念，帮助教师树立了先进的教学理念，大大提升了教学素养，改变了课堂教学手段，更令人兴奋的是传统的教学组织形式也发生了革命性的变化。"

建构主义告诉我们：知识不能通过教师的讲授而传递，必须自己到真实的情境中去发现、去寻找。

基于 iPad 的小组化学习是学生重要的学习方式，并不是完全盯着电子屏幕，而是要进行相互讨论，进行一对一的交流。学生自主控制学习进度，尽可能地完全掌握知识点。网络学习是基于学习数据的分析学习，更具自主性、针对性和个性化。学生可以通过游戏闯关的方式，增强自己学习的信心与主动性。

知识的开放性让教师的权威地位下降了，教师不再是知识的唯一输出者。同时，教师的教学态度与方法、知识更新与能力培养都受到前所未有的挑战。学生可能在很多方面会掌握比教师更多的知识，教师不得不成为一名终生学习者。以前所说的"教给学生一杯水，教师需要一桶水"的观念得到颠覆。教师与学生同时拥有浩瀚的知识海洋，教师可以利用网络资源进行学习和自我提高，提升素质和业务水平，而帮助学生成为知识海洋的"弄潮儿"才是教师真正的价值旨归。教育的民主与平等不再成为空话。

四、改变了学习评价的单一滞后，注重过程性与及时性

传统教学模式对学生的评价主要是侧重于教学测试中的成绩，轻学习过程、情感态度和价值观。现在的互联网教学技术，反馈的是数据。就像游戏闯关一样，学生的学习痕迹可以记录下来，教师可以全程看到学生的学习过程。

笔记本电脑或 iPad 尽可能为学生提供了动手操作和全程参与的机会，记录了学生的学习过程，呈现了学生的思维路径。教师可以随时知道谁做完了哪道题，谁没有做完，谁做得怎么样，能及时地给予学生点拨指导、答疑解惑，调整教学方法与策略。我在山东省青岛胶州十中的英语课堂上，看到每组两位同学利用多媒体设备直接把对话内容演出来并录像上传。反馈时，教室的大屏幕上就直接播放视频，播出的先后顺序依照学生按抢答器产生。音频也可以及时上传，让学生自己反思发音的流利性、准确性。语文课上，学生也是按抢答器，在大屏幕上显示抢到学生名单，学生的答题情况可以第一时间在大屏幕显示。

教师可以与遇到困难的学生面对面地交流，摒弃枯燥的授课，将这样的

交流变成指导、激励学生的方式，同时还可以为学生提供多视角解决问题的途径。教师可以迅速地了解到学生学习的薄弱点是什么，最需要教师帮助的是什么。这种过程性的评价，让评价的导向与激励作用发挥得淋漓尽致。

每个学生对材料的掌握程度都是不一样的，以往的情况下，学生落下功课，教师再给学生补习会变得力不从心，不可能一个一个地进行辅导。在互联网状态下，学生可以根据自己的节奏掌握知识，实现一对一学习。这样就可以使用精熟教学法，这种方法实际上是指学生进入更高难度的学习阶段之前，充分理解先前所学习的概念。这可以帮助那些成绩不佳的学生，使他们增强学习信心。

教师可以通过网络评价学生，同样，学生也可以通过网络评价教师。及时有效的评价让教师与学生都能更好地发现需求——什么是最需要学习掌握的。通过教师选择与技术支持，向学生有目的地推送资源，实现定制学习、订阅学习、菜单式学习。

对学生的评价具有实时性、针对性，特别是对于学习成绩一般或较差的学生能够保证他们的教学测试成绩作为隐私不被公开，保护他们的自尊心，建立更加客观公正的评价机制。

五、改变了学生的习惯与性格，让教育回归自然本真

亚里士多德在《形而上学》的开篇即说："求知是人类的天性。"

求知是人类的自然属性。学生是一群充满了好奇心与求知欲的人，是有着创造性思维的人，培养这样的人有利于为未来社会做出更多贡献。学习是学生天生的需要，越自然而然地发生，越能取得好的效果。自主学习适合每一位学生，学习不应一味吸收知识，而应探索知识的本质，这样才能培养正确的学习习惯。互联网课堂为学生腾出了学习时间和空间，让他们进行开放式的思考和创新。

前置学习的高效性让学生在小组讨论与展示中大大地增强了底气。学生在讲台上落落大方侃侃而谈的情形已成为"新常态"。变被动为主动，学生得到了更多锻炼的机会。改变的不仅是学习方式，还有学生的性格。原先不

爱说话的学生提高了语言表达能力，可以畅快地表达思想。还增强了个体的责任感，原先对自己的学业漠不关心的学生开始明白自己的责任，曾经懒散懈怠的学生变得刻苦努力。学生性格的改变成为成绩提升的动因。

研究性学习需要大量的资源支撑，还需要调研一定的数据做保障。在互联网条件下，学生对于研究对象可以有多种渠道进行全方位研究，可以对一定量的受访者进行深度调研，甚至可以进行虚拟的科学实验。因此，综合实践活动与研究性学习的加强，培养了学生良好的学习习惯，造就了学生良好的思维品质，锻炼了学生的人际交往能力。张毅骁同学说："我们采用的是小组合作学习的方式，小组要做出课件，上台讲。做课件时，我们共同商量。机器不好用时，同学之间相互帮忙，增进了同学之间的友谊。"

张倩老师认为："互联网课堂腾出了更多时间跟学生进行思想交流。有一位学生因为爸爸打了他，情绪很不好，我跟他谈心，帮助他分析爸爸为什么生气。这使老师和同学更像朋友。"

学生家长高兴地说："孩子使用了学习软件后，回家自学的积极性提高了。不用家长反复督促了。"

互联网实现了教育资源的丰富多样，学习方式的个性创新，学习管理过程监控、学习信息存储、教育评价的科学多元等。网络时代学习以培养学生的创新精神为首要，对学习进行创新，在学习中创新，努力使教育目标与孩子的天性相结合，激发学生的思维能力、创新能力，挖掘人的潜力，提升人的尊严。

不可否认，即使在技术如此发达的今天，优秀教师的讲授依然是必不可少的，团队会营造出共同学习的氛围，那种试图用机器取代教师进行教学的想法是错误的。同时，互联网的使用会给教育带来新的问题与挑战，尽管如此，不能因噎废食，而应积极地扬长避短，让现代技术为教育变革带来新突破。

第三节　互联网背景下的教学基本功

随着社会发展，第三次科技革命、云计算、大数据等铺天盖地而来，多媒体、微课、慕课纷纷进入教师视野……在这样的背景下，教师的教学基本功应被重新审视，以发现其变与不变的趋势、规律，这对于教育改革以及教师的专业成长都是十分必要的。面对这样的变革，教师应该如何训练自己的基本功呢？有三个问题值得思考和回答。

1.新形势下当代教师要有"新基本功"

联合国教科文组织曾经提出：从新的和更加广泛的意义上讲，"教育技术"是对教与学的全过程进行构思、实施和评估的系统方式，既包括技术的资源，又包括人的资源以及人机之间的交互关系，并以此实现更有效的教育。

教育技术成为课堂教学的有利辅助手段，为教师的教育教学工作提供了强大助力，这对教师提出了新要求，教师需要学习的新知识不断增多，如计算机等现代信息技术的操作与应用，包括信息搜集能力、课件应用与开发能力、微课程制作能力、网上交流能力等都是教师教学工作不可或缺的，成为现代教师需要掌握的"新基本功"。

现代技术对教育的支持与帮助是显而易见的。微课程、课件等以其精美的动画、多彩的图案、完整的结构图等使抽象的事物变得形象生动，给学生强烈的感观刺激，有效地吸引了学生的注意力，使课堂变得多姿多彩且更加有效。有老师联合攻关，以单元或相近知识内容为单位把微课程开发成系列，以文言文教学、阅读教学、写作教学中学生的易错点为切入口，制作成十分钟左右的微课程，如《文言文特殊句式之被动句》《文言文特殊句式之宾语前置句》《文言文特殊句式之省略句》等。这既有利于聚焦问题，突破难点，又增加了教学的生动性、趣味性、针对性，而且大大为学生提供了便利条件，不同的学生可以根据需要随时随地调用资源学习。

基于面向21世纪国际竞争，培养具有创新精神和实践能力新型人才的需要，世界各国都在积极发展信息技术教育，我国也正在推进教育技术发展进程，广泛运用现代信息技术为中小学教育教学提供服务。在国家的教师资格证考试中，计算机考试作为获得教师资格证的必考科目受到了应有重视。各级各类培训部门也把信息技术作为重要的师资培训内容。

2. 传统教学基本功只能加强不能弱化

现代教育技术来势汹汹，传统教学基本功现状如何？有一次，我做评委时，连续听了六节课，发现后五节课竟没有一位执教教师动用黑板，黑板上依然还是第一节课《百合花》的板书。让人难免误以为课堂上正在学习的仍是茹志鹃的小说。这种现象并不罕见，目睹多媒体独领风骚，声、光、电你方唱罢我登场的所谓"生动课堂"，教师在多媒体技术的过度使用中迷失了学科方向，让人不得不作点"冷思考"，也不由得勾起了我对板书的怀念。

板书是最基本的教学辅助手段，是课堂教学环节的一个重要组成部分。教师一手漂亮的钢笔字、粉笔字不仅能给学生美的享受，还可以美化教师形象，让教师成为学生模仿的对象，增加学生对教师的尊敬感。新颖的板书简洁、形象，符合审美情趣。板书的作用有很多，如：集中体现了教师的授课意图，规范教师的讲授思维，对知识的重点作精要总结，给学生学习的难点作注解，吸引学生注意力，使学生深入理解教材，让学生做笔记等。教师可用简笔画激发学生兴趣，使学生对教材理解得更透彻。如讲古代以山之阳、水之阴为南，山之阴、水之阳为北时，学生难以理解。教师随手画一座高山，山下有一条大河，山河的南面画一轮红日。学生一看马上就理解了，能见到阳光的是山的南面和水的北岸，所以山南水北为阳。学生觉得很有趣。板书设计是一门艺术，其作用是多媒体所不能取代的，屏幕显示的内容稍纵即逝，板书却是一节课中学生都能看到的，会直接影响教学质量。板书作为传统教学手段并不代表着落后，更不是可有可无。

因此，有效利用现代技术，不能把传统教学基本功边缘化。人们习惯上称传统教学基本功为"三字一话（画）"，即毛笔字、钢笔字、粉笔字、普通话或简笔画。目前，教师的写字及简笔画能力尚没有列入获得教师资格证的必考科目，没有被真正重视。让教师们都做到笔画规范、字迹端正、不写错别字，能在黑板上作简笔画则很难。无论技术多么先进，传统教学基本功只能加强不能弱化，这也是中国优秀传统文化教育的基本内容。

3.让现代与传统教学基本功深度融合

现代教育技术与传统教学基本功各有优势与不足，相辅相成，相得益彰。无论技术发展到什么程度，传统的"三字一话（画）"教学基本功都是教师的基本素养。"三字一话（画）"或现代技术都是教学技术问题，教学技术的有效使用需仰仗教师的先进教育理念。如果教育理念落后，即使使用再先进的教学技术，表现出来的教学行为都可能是违背教育规律的。无论现代与传统，教师的师德水平都是教师基本功中的关键要素。有的教师找来别人的课件，不加修改就在自己的课堂上应用，这是歪曲技术应用、师德不良的表现。

作为教师基本功之一的普通话水平应该受到高度重视，这是教师入职的必考科目，对语文教师的要求尤其高。我所听的《桃花源记》一课，执教老师叫起一名学生朗读课文。学生读过之后，教师评价"读得太差了"，但并不指出学生差在哪里，自己也不范读，而是用多媒体播放了名家的配乐朗诵。刚才读书的学生一直站着，满脸通红，无地自容。语文教师的普通话基本功在于不仅自己会读，还得会指导学生读，更重要的是懂得如何维护学生的尊严，热情积极鼓励学生读好课文。如果教师的信息技术提升了，而育人、教学能力却下降了，就本末倒置了。在这个教学环节中，如果这位教师既肯定学生朗读的优点，又充分利用好名家诵读，把名家朗诵作为优秀案例给学生进行解读与示范，指出学生朗读中的不足，让学生真正学会朗读，那么就是将现代教学技术与传统教学手段有效结合，从而达到理想教学效果。

必须清醒地认识到，教育归根结底是活生生的人的教育，教师的每一项基本功修炼都要面向培养人的目标，绝不可被技术绑架。无论现代教育技术多么发达先进，教育总是第一位的，技术不能凌驾于教育之上。教学形式要服务于教学内容，因此"互联网+教育"的说法不妨更改为"教育+互联网"，突出教育为本之意，如此，让教育教学工作与现代信息技术相融共生。

后记 POSTSCRIPT

为本真课堂而歌

作为一位在基层从事教育工作21年又在高校工作了6年的"草根老师",先后教过中学生、中专生、大学生,长年为中小学管理干部和教师作培训。我曾执教过物理课、语文课、教育心理学、教育学等课程。长年在课堂教学中摸爬滚打,我与课堂结下了深深的情缘,课堂成为我生命中不可分割的一部分。对课堂,我满怀特殊感情,曾写下如下语句:

课堂
一个教师和学生生命长河天天流淌着的地方
一个充满着众多生灵喜怒哀乐的地方
一个从灵魂深处氤氲着丝丝甘泉滋润精神家园的地方
我们钟爱课堂
我们坚守课堂
我们研究课堂
我们陶醉在课堂

本书聚焦课堂教学改革研究，特别是对我孜孜以求的"本真课堂"的思考与实践。本书呈现给大家的是我通过听 2000 余节课，与 1000 多位教师面对面交流，不断积累与发现，搜集提炼的来自教学第一线的真实的活生生的原生态的大量实践案例与分析解读，以寻找课堂教学现实问题与有效解决策略，期待现实课堂向理想状态的逐渐逼近；也是我在全国各地作 200 余场次课堂教学方面的报告的总结与归纳；更是我近 30 年教育工作经验的淬炼。这些带着泥土芬芳在实践沃野中生长出来的真实研究成果，让本书更加"接地气"。

书中谈到的课堂教学问题或许您已经解决，取得了不错的经验；或许至今还在困扰着您，您正在寻找解决问题的突破口；还有一种情况或许是您对这些问题似曾相识，但是陷入了一种无意识状态，对问题仿佛视而不见，依然按照故有的职业惯性走进自己的课堂，进行着日复一日的教学。这里，我把这些问题与解决策略以一种现场感极强的形式描摹出来，以引发大家的关注与思考，并给出了我基于几十年研究历程的个人思考。本书的写作把教育实践作为丰厚的土壤，因此我相信，您对书中的场景与问题都是熟悉的，而且是有话可说的。

秉持"本真至善，立己达人"的研究宗旨，我不断探寻与追问：课堂，有没有神圣至美的本然状态？我们寻找的理想课堂指的是：着眼于学生终身发展，以培养学生核心素养为目标，顺应学生心理发展与学习材料逻辑规律，回归学习本质，以务本求真、启迪智慧、崇美向善为特征，充满智力挑战，情趣盎然、释放潜能、润泽气质、点化生命，使学生和教师内在生命活力得到充分展示的本真课堂。虽不能至，心向往之。

本书既可以作为指导教师或师范生课堂教学的参考资料，也可以作为教师专业发展的培训辅导用书，不仅会对年轻教师的专业成长有极大帮助，同时也会对骨干教师进一步发展具有参考价值。

如果此书激发了您对自己教育教学工作的深入思考，并对改进您的教学工作提供了切实帮助，促使您投入到自己的教育行动研究中，特别是如果此书触发了您的写作灵感，使您产生了很多宝贵的思想和做法想与作者或其他读者进行交流研讨，从而构成一个"写作—阅读—思考—行动—研讨—写作"的思维、实践闭合反馈回路,那将非常令人惊喜!

如下是我们能够继续交流沟通的渠道:

全国本真教育研究 QQ 群:497049040。

"徐洁本真教育"微信公众号 ID:xjbzjy。

邮箱:xujieyouxiang@163.com。

欢迎分享您的教育智慧!我们会在微信公众号等媒体平台择优刊载。期待您的回应,谢谢您的参与、分享与支持!

书中引用了一些学校和老师们创作的教学案例。衷心感谢为书稿提供鲜活实践案例的校长、老师朋友们。

衷心感谢大夏书系卢风保编辑的悉心指导,他对书稿的修改完善提出了宝贵的意见与建议。

衷心感谢我的家人,父母、公婆、丈夫、儿子等对我读书、写作的大力支持,使我有着足够的精力、愉悦的心情去思考、记录我在教育教学工作中的所思与所做。

衷心感谢所有鼓励、支持与帮助我的每一个人!

由于本人水平有限,恳请各位读者朋友把您的意见与建议通过邮箱、微信、QQ 等方式反馈给我,以便进一步改进,谢谢您!

徐 洁

2017 年 8 月于泉城济南